"中央高校基本科研业务费专项"

项目编号：202253003

海大文库著作书目提要

主　　编　高　鼎　　解登峰

副主编　孙海燕　　温江妮

参编人员　李　靓　陈　琳　扈　红

　　　　　　李文侠　齐晓晨

顾　　问　胡远珍　　刘永平

中国海洋大学出版社

·青岛·

图书在版编目（CIP）数据

海大文库著作书目提要/高鼎，解登峰主编. -- 青岛：中国海洋大学出版社，2023.4

ISBN 978-7-5670-3464-8

I. ①海…　II. ①高… ②解…　III. ①图书目录—中国—现代 IV. ①Z812.6

中国版本图书馆CIP数据核字（2023）第050432号

出版发行	中国海洋大学出版社
社　　址	青岛市香港东路23号　　**邮政编码**　266071
出 版 人	刘文菁
网　　址	http://pub.ouc.edu.cn
电子信箱	yyf_press@sina.cn
订购电话	0532-82032573（传真）
责任编辑	杨亦飞　　　　　**电　　话**　0532-85902533
印　　制	蓬莱利华印刷有限公司
版　　次	2023年4月第1版
印　　次	2023年4月第1次印刷
成品尺寸	210 mm × 285 mm
印　　张	14.25
字　　数	320千
印　　数	1～500
定　　价	68.00元

发现印装质量问题，请致电 0535-5651533，由印刷厂负责调换。

编纂说明

　　编辑本书旨在弘扬先辈,激励后人,守护我校学术记忆,促进学术繁荣。

　　本书是在对我校教师出版的著作进行广泛收集、整理的基础上编辑而成,截至目前,收录了我校601位教师在1955至2020年出版的1 931种著作。尚有部分教师著作正在整理。

　　书目按学院排列,同一学院、部处再按第一作者姓名的汉语拼音顺序排列。同一作者的书目按照题名排序规则参照《文字《条目通用排序规则(GB/T13418-1992)》,按数字字母、文字的顺序排序。以数字开头的题名按数字大小排序;以文字开头的题名按汉语拼音顺序排序,题名相同的按出版年排序。部分教师所在学院可能有变动,其著作按工作调动前所在学院排列。

　　书目著录格式采用国家统一的文献著录标准。著录格式:文献标题 / 著(译)者 . 出版地:出版社,出版年,内容提要。

Preface

序

大学之"大"在于名师荟萃,大学精神的形成和大学文化的传承离不开一代代名师的缔造和培育。近百年来,中国海洋大学历经私立青岛大学、国立青岛大学、国立山东大学、山东大学、山东海洋学院、青岛海洋大学,学者云集,学子人才辈出,成就卓著。海大人在长期的教学科研实践中取得了丰硕的成果,创作了数量庞大的著作与学术成果。海大人的著作是中国海洋大学科学成果、文化传统、大学精神的传承载体,是众多教师和学子学术思想的精华。这些著作的出版是海大人刻苦钻研、奋发有为的真实写照,也是海大发展史的一个缩影。它见证了海大的历史沧桑,见证了我国海洋事业的振兴与辉煌。这些著作和成果不仅体现了老一辈学者实事求是、严谨治学的科学精神,也展示了青年才俊追求真理、奋发进取的学术风采。这是海大人对人类学术文化知识宝库的真诚奉献,也是在校莘莘学子汲取学术知识营养与获得前行动力的精神资源。

收藏和展示这些著作,可以起到弘扬学术精神、树立学人形象、激励后学的作用,对教职工具有导向作用,对学生具有陶冶作用,对社会具有示范作用,是图书馆文化传承与教育职能的一种体现。

中国海洋大学图书馆一直重视海大人学术成果的收集与整理,早在1996年就建有海大人著作陈列室。为了将一代又一代海大人辛勤耕耘、潜心研究的学术成果保存下来、弘扬开去,让后来人了解海大的辉煌历史,创造崭新未来,图书馆于2011年专门设立了海大文库。该文库是收藏海大人文献的特色文库,是我馆重点建设的特色馆藏之一,设有专人负责藏品的收集、整理与展示。2012年9月,海大文库正式揭牌开放。2012年12月,书法家启笛先生题写了"海大文库"匾额。在校内外海大人的共同努力与大力支持下,藏品渐丰。迄今,文库已收藏海大人专著4 951种、5 776册,摄影作品141幅,书法作品43幅,绘画作品57幅,其中部分图书有作者手书题词,收藏王蒙先生为我馆所题"与读者共进"和"读者至上"各1幅。

为了探讨海大教师出版著作的整体状况,更好地宣传、利用所收藏的海大人著作,海大图书馆资源建设部的几位老师编撰了《海大文库著作书目提要》。该书是海大首部教师著作文献研究领域的检索工具书,可作为校内外师生、学者等进行学术成果交流的文献资料,也可为其查阅本校教师著作提供参考。

希望该书的出版能促进海大学术著作的阅读与研究,为促进科学与文化的发展发挥更大的作用。

陈国华

中国海洋大学图书馆

2022 年 5 月 20 日

Contents
目 录

海洋与大气学院

※ 鲍献文

福建省海湾围填海规划水动力影响评价 / 鲍献文…[等]编著

北京：科学出版社，2008

　　该书以福建省13个海湾历史围填海活动和未来围填海规划需求为主线，分析和评价各海湾围填海活动和规划对海湾纳潮量、潮汐潮流、水交换能力及泥沙冲淤等的影响。

※ 陈学恩

德国科学考察船编队：未来十年战略需求 / 陈学恩，刘岳，郝虹编译

青岛：中国海洋大学出版社，2011

　　该书介绍了德国海洋科学研究未来十年在科学上面临的挑战、德国科学考察船编队的现状与使用情况、科学考察船的需求等内容。

※ 陈宗镛

潮汐和潮流的分析和预报 / 方国洪，陈宗镛著

北京：海洋出版社，1986

　　该书是作者结合潮汐和潮流研究工作和具体应用的成果写成的，侧重有效的新方法，介绍了国内外现有的方法。

潮汐学 / 陈宗镛编著

北京：科学出版社，1980

　　该书论述了海洋潮汐现象、成因和基本规律，海洋潮波的传播和变化，潮汐分析的原理和方法，潮汐推算等内容。

潮汐与海平面变化研究：陈宗镛研究文选 / 陈宗镛编著

青岛：中国海洋大学出版社，2007

　　该书收录了陈宗镛教授的主要论文和报告，展示了作者在培养人才和海洋潮汐、现代海平面变化研究方面所做的贡献和创新性成果。

大洋潮汐：数学模型与数值试验 /（苏）格·依·马尔丘克，（苏）巴·阿·卡甘著；李坤平，白乃译；陈宗镛校

北京：海洋出版社，1982

　　该书论述了大洋潮汐数学模型各方面的问题，对于世界大洋的潮汐图的模拟、潮汐底边界层的垂直结构和具有潮汐周期的内波等问题进行了阐述。

海水运动 / 陈宗镛，奚盘根编写

济南：山东人民出版社，1963

　　该书阐述了海水的理化性质及其动态，主要内容包括海浪、潮汐、海流、海水的混合与水团等。

海洋潮汐 / 陈宗镛…[等]编著

北京：科学出版社，1979

　　该书介绍了海洋潮汐现象发生的原因、变化规律和具体应用，并扼要介绍了我国古代潮汐学的成就。

海洋科学概论 / 陈宗镛…[等]编著

青岛：青岛海洋大学出版社，1992

　　该书介绍了地球及其海洋、海洋波动、海洋环保、世界大洋和中国海、20世纪90年代海洋科学研究的若干问题等内容。

海洋学概论 / 陈宗镛,周天华编

济南:山东科学技术出版社,1979

　　该书介绍了海陆起源及其变迁、海洋水文要素、海洋动力现象、近代的海洋探测等内容;叙述了海洋中各种现象之间的联系以及在地球表面环境变化过程中海洋所起的作用。

※范植松

海洋内部混合研究基础 / 范植松编著

北京:海洋出版社,2002

　　该书阐述了有关海洋内部混合的基本理论、重要的观测实验结果及若干参数化方法,介绍了国际物理海洋学界在海洋内部混合领域所取得的重要观察及研究成果。

※方欣华

CTD 资料的质量控制 / 方欣华…[等] 编著

青岛:青岛海洋大学出版社,1992

　　该书研究了提高 CTD 资料质量的问题,提出了时域 – 频域综合订正法的方法。

海洋内波基础和中国海内波 / 方欣华,杜涛编著

青岛:中国海洋大学出版社,2005

　　该书介绍了与海洋实际工作、应用科学及其工程技术密切相关的知识与技术,强调了海洋内波的随机性和潮成内波的非线性,介绍了中国海内波实际状况。

海洋随机资料分析 / 方欣华,吴巍编著

青岛:青岛海洋大学出版社,2002

　　该书阐述了在海洋随机资料分析中广泛应用的理论和方法及所依据的基本假设、所得结果的可信程度及在实际海洋资料分析中应注意的事项等内容。

※冯士筰

渤海环境动力学导论 / 冯士筰…[等] 著

北京:科学出版社,2007

　　该书探讨了环流与输运、悬浮物及化学要素时空分布、浮游植物群落及底栖生物群落变化的动力过程,论述了渤海水域各环境要素的变化规律及其与气候变化的关系。

风暴潮导论 / 冯士筰编

北京:科学出版社,1982

　　该书论述了风暴潮的基本概念、风暴潮的机制、风暴潮数值预报及经验预报等内容。

海洋科学导论 / 冯士筰,李凤岐,李少菁主编

北京:高等教育出版社,1999

　　该书介绍了海洋科学主要分支学科的基本内容,反映了各分支学科的新研究成果。

海洋科学类专业人才培养模式的改革与实践研究 / 冯士筰主编

青岛:中国海洋大学出版社,2004

　　该书汇编了"海洋科学类专业人才培养模式的改革与实践研究"项目的研究论文和研究成果,对海洋科学教育教学改革的成果进行了总结。

面向 21 世纪海洋科学教学改革与研究 / 冯士筰主编

青岛:青岛海洋大学出版社,2000

　　该书是"面向 21 世纪海洋科学类专业教学内容和课程体系改革"项目的研究成果的汇总,反映了海洋科学类专业教学改革的研究成果。

上层海洋与低层大气研究的前沿科学问题 / 冯士筰主编

北京:气象出版社,2006

　　该书介绍了国内外上层海洋与低层大气研究的发起、发展与前沿科学问题。

物理海洋数值计算 / 冯士筰,孙文心主编
郑州:河南科学技术出版社,1992

　　该书介绍了物理海洋学有关数值研究中的理论、模拟、预报方面的部分新成果。

※ 傅刚

海洋气象学 / 傅刚主编
青岛:中国海洋大学出版社,2018

　　该书是海洋气象学专业的教材,采用循序渐进的方式,先理清海洋气象学中的有关定义、概念,再论述它们在实际生活中的应用。

海洋探索 / 傅刚主编
青岛:中国海洋大学出版社,2012

　　该书用案例结合专题的方式,展示了古今中外人类在探索海洋过程中的一些重要活动、重大发现和海洋科技的重要进展。

图说壮美极地 / 傅刚,杨立敏主编
青岛:中国海洋大学出版社,2013

　　该书以图说的形式对南极、北极进行了全方位的展现,带领读者探秘神奇的极昼、极夜,走近企鹅、北极熊、海豹、燕鸥等众多生灵,感受因纽特人的文化。

※ 郭佩芳

话说中国海洋国土 / 郭佩芳,石洪源编著
广州:广东经济出版社,2014

　　该书在讲述海洋国土基本概况的基础上,以海洋国土战略的重要性为出发点,对海洋国土战略构想、实施条件和基本国策做了详细讲解。

※ 郭心顺

"东方红2"船海上实践教学指导 / 郭心顺主编
青岛:中国海洋大学出版社,2006

　　该书阐述了海洋调查是海洋学的重要组成部分,为海洋资源开发利用、海洋环境保护、军事国防及科学研究等提供科学依据。

※ 韩树宗

工程环境海洋学 / 蒋德才,刘百桥,韩树宗编著
北京:海洋出版社,2005

　　该书介绍了我国近海自然环境概况,着重讨论了水动力和泥沙运动的规律和计算及工程环境参数分计算方法,阐述了海洋工程环境要素的测验方法及遥感技术和同位素测定技术的应用等内容。

海洋工程 / 韩树宗…[等]编著
北京:中国少年儿童出版社,2002

　　该书根据青少年摄取知识的特点,采用问答的形式,图文并茂地回答了有关海洋工程知识的365题。

※ 胡基福

气象统计原理与方法 / 胡基福编著
青岛:青岛海洋大学出版社,1996

　　该书阐述了概率统计和多元统计分析的理论与方法及其在大气科学、海洋科学领域,特别是天气分析与预报中的应用。

※黄祖珂

潮汐原理与计算 / 黄祖珂, 黄磊编著

青岛: 中国海洋大学出版社, 2005

　　该书论述了海洋潮汐现象及其成因、引潮势的各种展开、潮波数值计算、固体潮分析及海潮对固体潮的负荷效应等内容。

※景振华

海流原理 / 景振华编

北京: 科学出版社, 1966

　　该书阐述了大洋上层、中层的环流, 论及了大洋深处的流动, 阐明了发生这些流动的原因及其规律, 探讨了它们合成以后的表现。

海洋物理 / 景振华编写

济南: 山东人民出版社, 1963

　　该书介绍了海洋舞台上的三大主角、不让海洋结冰的护卫者、海洋里神奇的侦察兵、不在电线里流的电流、海洋深处的涌泉等内容。该书于1978年修订, 增加了同位素的示踪和激光的探索等内容。

※李春

海洋气象学 / 邱春华, 李春编著

广州: 中山大学出版社, 2019

　　该书研究了海上大气的物理信息, 包括海洋与大气相互作用规律、海洋对天气和气候变化的影响等内容。

※刘秦玉

热带海洋: 大气相互作用 / 刘秦玉, 谢尚平, 郑小童著

北京: 高等教育出版社, 2013

　　该书以热带海洋－大气相互作用最基本的理论为主线, 在对历史上重要学术观点进行回顾的同时, 将作者及其团队有关热带海洋－大气相互作用重要研究成果介绍给读者。

※刘玉光

卫星海洋学 / 刘玉光主编

北京: 高等教育出版社, 2009

　　该书前三章介绍了卫星遥感在海洋监测中和海洋学研究中的作用、现有各种卫星和传感器等常识性信息。第四章至第六章叙述了海洋遥感的基本概念和基础理论等内容。第七章至第十二章阐述了与卫星海洋学密切相关的各种卫星传感器的遥感原理、算法和产品及在海洋学研究中的应用。

※毛汉礼

动力海洋学 / (英) 普劳德曼著; 毛汉礼译

北京: 科学出版社, 1956

　　该书从动力学及热力学的基本原理及海水的物性出发, 假设了在海洋领域以外所产生的情况, 进而归纳了关于海水的运动。

海洋. 第一卷 / (美) 斯费德鲁普…[等] 著; 毛汉礼译

北京: 科学出版社, 1958

　　该书为海洋学界的经典巨著, 译文分三卷出版。第一卷包括原书的第一章至第十章, 介绍了海洋的形貌、海水的物理性质、海洋中的生物群及其环境、海上的观测与采集方法等内容。

海洋. 第二卷 / (美) 斯费德鲁普…[等] 著; 毛汉礼译

北京: 科学出版社, 1958

　　该书为原书的第十一章至第十五章, 包括海洋力学与海洋水文志部分, 介绍了海洋的一般性质、静力学和运动学、海流动力学、海洋中的水团和海流等内容。

海洋. 第三卷 / (美) 斯费德鲁普…[等] 著; 毛汉礼译

北京: 科学出版社, 1959

　　该书为原书的第十六章至第二十章。第十六章至第十九章为海洋生物生态学, 阐明了海

洋中的动植物和自然环境及生物环境之间的关系,并说明了海洋中有机物的生产量;第二十章介绍了海洋沉积学。

海洋科学 / 毛汉礼著

北京:科学出版社,1955

该书介绍了海洋的形态,海水的理化性质,海水的各种运动方式——潮汐、波浪、海流,以及海洋中的生物界等内容。

湾流:自然地理的及动力学的说明 / 毛汉礼译

[出版地不详]:国家科委海洋组办公室,1963

该书将有关湾流调查研究的主要成果,用深入浅出的办法扼要叙出。

※ 秦曾灏

海洋环流物理学 / (美)斯特恩著;秦曾灏译

北京:海洋出版社,1982

该书概括了海洋环流的理论基础和某些近代研究成果,叙述了波动的产生、旋转流体、密度流、准地转运动、剪切湍流、温跃层和密度跃层的基本内容及其近代发展;重点介绍了大洋风生环流理论、海洋热力学和混合效应。

※ 沈积均

海洋物理学.第一卷,海洋水文物理学 / (苏)卡缅科维奇,(苏)莫宁主编;沈积均…[等]译

北京:海洋出版社,1984

该书阐述了世界大洋温度、密度和盐度的分布,世界大洋环流及主要海流特征,概述了发生在海洋中的天气式涡旋,讨论了海洋的薄结构,从而揭示了海洋湍流的新概念。此外,该书阐述了小尺度和大尺度的海洋与大气的相互作用,讨论了海洋光学问题及海水的放射性。

※ 施正铿

俄汉海洋学词汇 / 施正铿…[等]编

北京:海洋出版社,1993

该书共收词36 000余条,以海洋科学中的基础学科海洋物理、海洋化学、海洋生物和海洋地质的词汇为主,适当收录了海洋环境科学、海洋调查与观测、航海学等方面的词汇,海洋学方面常用的缩写词及国外海洋组织机构名称,以及400多艘海洋调查船的船名。

海洋学常用表 / (苏)朱波夫著;施正铿…[等]译

北京:科学出版社,1965

该书分为九个部分,内容丰富。书后附有垂直稳定的计算、潮位推算等分析实例。

※ 史久新

大洋环流:风生与热盐过程 / 黄瑞新著;乐肯堂,史久新译

北京:高等教育出版社,2012

该书是关于大洋环流动力学和热力学的简明导引,其中包括海水热力学和海洋环流能量学、风生环流理论、热盐环流及风生环流与热盐环流的相互作用。在关于大尺度海洋环流的论著中,该书是第一本涵盖这两个重要方面的专著。

中国第1—第4次北极科学考察北极上层海洋生态基础要素图集 / 史久新…[等]编著

北京:海洋出版社,2017

该书由五章组成,第一章为概述,对历次北极科学考察及站位情况进行了介绍;其余四章为第1次—第4次考察断面设置图及各断面基础要素剖面图。

※ 侍茂崇

沧海桑田:海洋与人类文明 / 侍茂崇编著

哈尔滨:哈尔滨工程大学出版社,1999

该书介绍了地球、海洋、人类的起源与发展、

大陆漂移说与板块结构理论的前前后后、辉煌的古代文明以及至今令人不解的关于人类和生命的起源之谜等内容。

传奇教授侯国本 / 侍茂崇,纪玉洪著

青岛:中国海洋大学出版社,2019

该书以时间为线索,记录了侯国本的一生。该书从侯国本的求学之路、科研生涯、主要成就、教书育人等方面入手,详细介绍了侯国本为水利、海岸工程和日照港、东营港、跨海大桥选址进行多项实验和研究的事迹。

海洋调查方法 / 侍茂崇…[等]编著

青岛:青岛海洋大学出版社,2000

该书介绍了深度、温度、盐度等水文要素,以及相应的气象、化学、生物、地质等要素的调查,海洋调查资料的分析和处理等内容;既介绍了最先进的测量仪器,又介绍了最先进的调查方法。

海洋调查方法 / 侍茂崇,高郭平,鲍献文主编

青岛:中国海洋大学出版社,2016

该书在介绍海洋仪器的同时,重点介绍了海洋仪器的正确使用方法;在介绍各种海洋调查方法的同时,重点介绍了正确的站位设置、有效的协调和组织;既介绍了常规的资料处理方法,又对一些计算中最容易忽视的问题做出了谆谆善诱的解释。

海洋调查方法 / 侍茂崇主编

北京:海洋出版社,2018

该书从海洋调查的基本内容、分类和发展史等讲起,介绍了海洋调查所涉及的水文、气象、生物、化学、极地等调查内容,并在此基础上探讨了海洋调查规划与数据分析及其应用,包括实际调查案例分析等。

海洋调查方法导论 / 侍茂崇,高郭平,鲍献文编著

青岛:中国海洋大学出版社,2008

该书既包括深度、温度、盐度、水色、海流、潮汐、波浪等水文要素的调查,也包括气象、化学、生物、声学、光学等与海洋科学有关的要素调查;介绍了海洋调查资料的分析和处理、海洋要素多年一遇极值求取、资料库与地理信息系统等内容。

海洋史话 / 侍茂崇,刘安国编著

天津:天津科学技术出版社,1980

该书介绍了海洋的形成,海洋中的矿物来源,生命的孕育和发展,海洋的沧桑之变,人类诞生后初期的航海历险、后期的研究和实践,海洋与气候的变迁,现阶段海洋污染等内容。

海洋与人类文明 / 侍茂崇编著

哈尔滨:哈尔滨工程大学出版社,2008

该书介绍了地球、海洋、人类的起源与发展、海洋与海洋的变迁怎样决定着生物与人类的进化、辉煌的古代文明,以及至今令人不解的关于人类和生命的起源之谜等内容。

话说海洋动力资源 / 侍茂崇编著

广州:广东经济出版社,2014

该书旨在向全社会普及海洋能源的相关知识,带领读者了解潮汐发电、泥流发电、温差发电、风力发电、浓度差发电等海洋能源利用的原理和前景,以期吸引更多的社会力量加入这一开发行列。

浪里也风流:我的海洋历程 / 侍茂崇著

青岛:中国海洋大学出版社,2015

该书概略地描述了侍茂崇自1955年至2008年从事海洋调查一线工作的经历,内容涉及诸多方面。

蔚蓝色的涌动 / 侍茂崇编著

北京:海洋出版社,1998

该书介绍了海洋的诞生、大海的风姿、海水的秘密、撩开南大洋的面纱、海洋动力能源库、智能眼看世界等内容。

物理海洋学 / 侍茂崇主编

济南:山东教育出版社,2004

该书系统阐述了海洋表面热平衡与水平衡、

海水运动方程等内容,特别对上升流、浅海海流等进行了较多论述。

一代宗师:赫崇本 / 侍茂崇,李明春,吉国著
青岛:中国海洋大学出版社,2014

该书记录了赫崇本的一生,表达了作者对赫老的深切缅怀。除了寄托哀思,作者旨在将赫老的业绩和风范化为巨大的精神财富,在我辈和后辈中得以传承并发扬光大。

※孙即霖

海洋气象 / 孙即霖,彭垣编著
北京:中国少年儿童出版社,2002

该书根据青少年摄取知识的特点,采用问答的形式,图文并茂地回答了有关海洋气象知识的400题。该书于2012年再版。

※孙文心

近海环境流体动力学数值模型 / 孙文心,江文胜,李磊编著
北京:科学出版社,2004

该书介绍了设计和使用近海环境流体动力学数值模型的相关知识,强调了对近海环境至关重要的近海天文潮和近海环境模型的特征,对与海洋环境动力学直接相关的物质输运模型也做了介绍。

军事海洋学引论 / 孙文心,李凤岐,李磊主编
北京:海洋出版社,2011

该书介绍了物理海洋学、海洋物理学、海洋气象学和海洋地质、地理等几个领域中最基本的知识及其海上军事活动密切相关的内容,阐述了海洋环境对海上无线通信、舰船操纵、潜艇作战等相关问题。

※田纪伟

海洋监测高技术论坛 / 田纪伟主编
北京:海洋出版社,2004

该书集中收录了"海洋监测高技术2003年度战略研讨会"会议论文40篇。

※汪文胜

中国国家地理自然百科系列.海洋 / (英)斯蒂芬·哈钦森博士…[等]著;汪文胜…[等]译
北京:中国大百科全书出版社,2011

该书介绍了地球上的水、海洋动力学、海洋环境、海洋生物与海洋资源、极地海洋等内容。书中配有大量地图和手绘图、精准的三维海底图片及生动的海底照片等。

※王彬华

海雾 / 王彬华著
北京:海洋出版社,1983

该书介绍了海雾的生成及其分类、海雾及其水文气象特征、海雾的物理性质、海雾预报方法和程序、平流雾及区域性海雾的预报,以及海雾的数值预报和长期预报方法。

海洋气象 / 王彬华编著
济南:山东科学技术出版社,1979

在辽阔的海洋上空,各种各样的风云在不时地变幻着,有寒潮、雷雨、海龙卷、海雾,还有车水马龙的海空仙境等。该书介绍了这些海上风云变化的原因、规律以及与人类的关系。

海洋气象学 / 王彬华编写
济南:山东人民出版社,1963

该书介绍了海上风云变化的原因和规律,主要内容包括海洋与大气、海上天气现象、海洋气象与人类的关系等。

普通气象学. 上册 / 王彬华编著

济南：山东人民出版社，1961

　　该书为上册，包括第一章至第十四章，介绍了大气的组成及其性质、气象要素、大气中的热量传递、大气透明度与雾霾现象、大气中的物理现象等内容。

普通气象学. 下册 / 王彬华编著

济南：山东人民出版社，1962

　　该书为下册，包括第十五章至第二十八章，介绍了大气的静力平衡、气压与风、大气环流、气团、气象观测、天气分析和预报等内容。

※ 王辉

全球海洋科学：走向交叉与合作 /（美）美国国家科学研究理事会地球科学、环境与资源委员会海洋研究委员会编；王辉…[等] 译

北京：海洋出版社，2005

　　该书重点研究了美国重大研究计划在海洋研究中的作用，评估了过去与当前一些重大研究计划的影响，并提出了重大研究计划今后发展与管理的建议。

中国海洋科学发展战略研究 / 王修林，王辉，范德江主编

北京：海洋出版社，2008

　　该书汇集了国内外专家学者关于海洋科学重大进展、国际合作研究计划等有代表的资料，收录了部分海内外华人专家学者、管理专家等关于我国海洋科学技术发展方向、体制创新等方面的见解。

※ 王景明

海洋气象导航论文集 / 王景明，刘世岐主编

青岛：青岛海洋大学出版社，1991

　　该书介绍了航线的优选及船舶性能，长、中、短期海洋气象要素预报方法，海浪、海流的预报方法等内容。

※ 王衍明

大气物理学 / 王衍明编著

青岛：青岛海洋大学出版社，1993

　　该书介绍了大气概况、大气辐射、大气动力学、海洋气象、云物理学等内容，并将大气演化、遥感原理、大气湍流、大气电学等基础知识有机地结合到适当的章节中。

※ 文圣常

海浪理论与计算原理 / 文圣常，余宙文编著

北京：科学出版社，1984

　　该书阐述了海浪理论的发展及计算原理。前三章叙述了液体波动基本理论；第四章将海浪视为随机过程，利用谱的概念描述海浪的内部结构和外观上的统计特征；第五章介绍了风和海浪的关系；第六章讨论了地形影响下海浪于近岸发生的变化。

海浪原理 / 文圣常著

济南：山东人民出版社，1962

　　该书前三章介绍了研究海浪所需的液体波动理论的基础知识；中间三章分别讨论了海浪要素的分布规律、海浪谱及海浪的能量来源与消耗；最后三章叙述了风浪的成长、涌的传播及近岸波的变化。

※ 吴德星

渤黄东海月平均风和气温场图集（1960～2007） / 吴德星…[等] 编著

青岛：中国海洋大学出版社，2011

　　本图集直观地反映了渤海、黄海与东海近50年月平均海面风与海面气温的基本空间分布特征，对再分析数据库的构建与图集的制作做了详细说明。

大洋环流理论 / (美) Joseph Pedlosky 著；吴德星，陈学恩译

北京：海洋出版社，2002

　　该书介绍了海洋环流理论在近 15 年所取得的进展，阐述了海洋大尺度动力学物理理论的根本结构。风生环流、热盐环流、赤道环流和深层环流理论是该书的重点。

规范化海上试验管理规程 / 吴德星，陈学恩编著

青岛：中国海洋大学出版社，2011

　　该书紧扣海洋技术，研究制定了有严格科学依据和标准化条件支持的海洋仪器研制规范化海上试验技术体系，对海洋技术和海洋仪器研制发展具有重要的应用价值。

规范化海上试验论文汇编 (2000～2010) / 吴德星，郭心顺主编

青岛：中国海洋大学出版社，2011

　　该书除收录了海上试验技术论文外，还收录了海洋仪器研发过程中形成的原理探讨、方法研究、样机设计、数据处理分析等论文。

海洋仪器设备实验室检测方法 / 高占科，吴爱娜，吴德星主编

青岛：中国海洋大学出版社，2011

　　该书介绍了海洋测温仪器、海洋测深仪器、声学测波仪、部分海洋化学要素测量仪器的实验室检测方法，规定了以上仪器的计量性能要求、通用技术要求、检测项目、检测方法和检测结果的处理等具体程序和要求。

中国海洋大学海洋实习调查船大事记 / 吴德星主编

青岛：中国海洋大学出版社，2004

　　该书记录了海洋实习调查船 40 年来在国家海洋科学事业和学校各学科发展，尤其是建设综合性、研究型高水平特色大学中所发挥的作用。

重点仪器设备海上试验大纲和海上试验报告汇编 / 吴德星，郭心顺主编

青岛：中国海洋大学出版社，2011

　　该书介绍了船载多参数拖曳剖面测量系统海上试验大纲、深海拉曼光谱仪海上试验大纲、深海下方式声学多普勒流速剖面仪海上试验大纲、船载多参数拖曳剖面测量系统海上试验报告等内容。

※ 徐德伦

海洋随机数据分析：原理、方法与应用 / 徐德伦，王莉萍编著

北京：高等教育出版社，2011

　　该书以随机过程的基本知识为首章内容，相继介绍了七大类行之有效的海洋随机数据分析方法，每一大类又包括若干分析方法。在方法的论述上，该书既强调原理也注重应用，并给出了应用实例。

上层海洋动力学 / (美) 菲利普斯著；徐德伦，李心铭译

北京：科学出版社，1983

　　该书论述了上层海洋中各种形式的海水运动的动力学过程，讨论了运动的成因、维持运动的内部因素和外部因素，综述了迄今已得到的这一领域的研究成果。

随机海浪理论 / 徐德伦，于定勇编著

北京：高等教育出版社，2001

　　该书共分六章。第一章为后五章的论述提供了必要的随机过程理论基本知识。第二章至第六章依次论述了随机海浪模型、海浪特征量的统计分布、海浪研究的谱方法、随机波群和深水风浪破碎的统计特征。

※ 徐肇廷

海洋内波动力学 / 徐肇廷编著

北京：科学出版社，1999

　　该书是一本系统论述海洋内波动力学的论著，介绍了平均剪切流与内波的相互作用、内波在水平非均匀海洋中的传播、海洋内波数据的处理方法、内波实验室实验等内容。

※杨殿荣

海洋学 / 杨殿荣主编

北京：高等教育出版社，1986

　　该书基于山东海洋学院公共基础课海洋学的讲义编写而成，较好地总结了长期的教学经验，概括了当时海洋学所应包括的基本内容。

※叶安乐

物理海洋学 / 叶安乐，李凤岐编著

青岛：青岛海洋大学出版社，1992

　　该书阐述了物理海洋学的基本理论及发展，介绍了该学科自20世纪80年代以来的一些新的研究成果，以期使读者了解物理海洋发展的全貌、已达到的水平及今后的发展方向。

※于华明

海洋可再生能源发展现状与展望 / 于华明…[等] 主编

青岛：中国海洋大学出版社，2012

　　该书阐述了国内外潮汐能、潮流能、波浪能、温差能等海洋可再生能源的发展状况，介绍了德国、英国、挪威等国的海洋能产业发展政策和海洋能开发技术，并结合我国海洋区域的特点提出了我国海洋区域内应重点发展的新能源方向。

※于宜法

中国海洋基本法研究 / 于宜法…[等] 编著

青岛：中国海洋大学出版社，2010

　　该书审视了世界主要沿海国家海洋政策与法律制度的发展概况，论述了当代中国海洋立法的现状，论证了我国制定海洋基本法的必要性和迫切性，提出了制定海洋基本法的具体建议。

中国海洋事业发展政策研究 / 于宜法…[等] 编著

青岛：中国海洋大学出版社，2008

　　该书对海洋综合管理、海洋经济发展、海洋权益维护、海洋科技发展、海洋灾害预防及应对政策、海洋教育与海洋管理体制改革等诸多方面进行了研究。

※张润秋

海洋管理概论 / 张润秋，郭佩芳，朱庆林编著

北京：海洋出版社，2013

　　该书介绍了海洋管理的概念和理论、海洋资源管理、海洋环境管理、海域使用管理、海洋权益、海岸带、海岛等内容。

※赵传湖

天气和气候的变化与预测 / 赵传湖…[等] 编著

青岛：中国海洋大学出版社，2014

　　该书介绍了大气科学的基本概念和理论、天气和气候变化的事实与规律、天气预报与气候预测及预估的基本方法等内容。

※赵进平

发展海洋监测技术的思考与实践 / 赵进平著

北京：海洋出版社，2005

　　该书记述了实施863计划对社会发展的重大影响，表现了863计划对社会进步的重要带动作用，描述了主题专家组对各类问题的思考与实践，介绍了在实践中遇到的问题。

海洋科学概论 / 赵进平…[等] 编著

青岛：中国海洋大学出版社，2016

　　该书介绍了海洋科学主要分支的基本内容，力图从较高的立点看待海洋科学，努力建立基础知识与最新科学认识的关系，注重不同学科之间的联系，有利于海洋科学的学科交融。

通量监测区域治理：近海污染监测的新模式 / 赵进平，关道明著

北京：海洋出版社，2013

　　该书提出了通量观测、区域治理的新理念，

在选定的近海区域两端布设浮标阵列,监测流出流入的物质通量,从而确定区域内排污的种类和排放量。

壮美极地 / 赵进平主编

青岛:中国海洋大学出版社,2011

该书从认识极地、踏上南极、探秘北极、极地与人类四个部分进行了全方位的展现,力求以最客观的真实告诉读者一个最为壮美的极地。

※ 周发琇

大气科学概论 / 周发琇编

青岛:青岛海洋大学出版社,1990

该书基于《气象与天气学》讲义改编而成。根据新的教学大纲,该书压缩了天气学内容,增加了大气辐射、数值天气预报及其产品应用和现代气候学问题,吸收了近代的若干新成果。

※ 周天华

海洋漫话 / 周天华编

济南:山东科学技术出版社,1978

该书介绍了海洋的起源、海水的性质、海洋的动力现象、中国海巡礼、开发与利用海洋的广阔前景等内容。

※ 朱庆林

海洋环境保护 / 朱庆林,郭佩芳,张越美编著

青岛:中国海洋大学出版社,2011

该书论述了海洋环境管理理论和海洋环境管理的任务等内容,阐述了海洋环境保护与管理技术、海洋环境的有效保护与海洋资源的合理利用。

水产学院

※ 陈大刚

黄渤海渔业生态学 / 陈大刚编著

北京:海洋出版社,1991

  该书是我国第一部区域海洋渔业生态学专著。全书共分两篇:第一篇介绍了黄渤海鱼类种群、生长、洄游分布及群落生态学的一般规律、特征和渔业管理等内容;第二篇介绍了96种黄渤海习见或经济鱼类、海蜇、对虾等十种黄渤海主要经济无脊椎动物的个体与种群生态学特征。

渔业资源生物学 / 陈大刚主编

北京:中国农业出版社,1997

  该书阐述了如何保护、增殖和合理利用渔业资源,掌握渔业生物学规律,达到人类可持续利用的目的,介绍了鱼类的种群及其研究方法、群落概念与鱼类群落特征、区域渔业资源等内容。

中国海洋鱼类 / 陈大刚,张美昭编著

青岛:中国海洋大学出版社,2015

  该书全面介绍了分布于我国海洋的鱼类的种类和简明形态特征,收入盲鳗纲、头甲纲、软骨鱼纲和硬骨鱼纲共计47目、313科、3 200余种,收录品种创我国同类图书之最。

※ 陈正霖

褐藻胶 / 陈正霖…[等]编

青岛:青岛海洋大学出版社,1989

  该书介绍了褐藻胶的基本概念、化学组成与结构、物化性质、生产工艺、检验方法、应用技术、作用机理、实例配方、使用效果,并扼要地介绍了

国内外发展动态及有关技术、配方等内容。

※ 董双林

水产养殖生态学 / 董双林,田相利,高勤峰编著

北京:科学出版社,2017

  该书是国内外第一部水产养殖生态学教材。该书在水产养殖生态学方面的特色主要表现为研究对象的复杂性和多样性、研究对象的多功能性、服务于产业发展的应用性和学科交叉性。

养殖水域生态学 / 董双林,赵文主编

北京:中国农业出版社,2004

  该书阐述了养殖水域生态系统的结构与功能,介绍了生态学基本理论、养殖水域生态的类型、能量流动、天然生产力和环境保护以及一般研究方法。

中国综合水产养殖的生态学基础 / 董双林著

北京:科学出版社,2015

  该书是国内外第一部系统介绍海水和内陆水域综合水产养殖原理和技术的专著,其内容包括我国综合水产养殖的历史沿革、综合养殖水体的生产力与养殖容量以及综合水产养殖在未来水产养殖业发展中的作用等。

※ 杜守恩

海水工厂化高效养殖体系构建工程技术 / 曲克明,杜守恩编著

北京:海洋出版社,2010

  该书旨在总结最新科研成果,介绍了海水工

厂化高效养殖体系构建工程的基本理念和技术，加快海水循环水养殖模式的发展与推广应用，逐渐使海水工厂化养殖走向节能、环保、高效可持续发展的生产方式。

海水工厂化高效养殖体系构建工程技术.修订版 / 曲克明,杜守恩,崔正国编著

北京:海洋出版社,2018

该书在2010年版的基础上,结合了国内外最新研究成果编著而成,介绍了海水工厂化养殖、海水工厂化养殖场勘察与规划、海水工厂化养殖场取水与给水构筑物、供热及供电系统等内容。

海水养殖场设计与施工技术 / 杜守恩…[等]编著

青岛:青岛海洋大学出版社,1998

该书作者根据我国国情,重点选择了实用性强、经济效益较高的海水养殖场、育苗场、养成场的设计与施工技术内容向读者进行了介绍。附录部分介绍了主要海养品种育苗设施的工艺要求等。

水产养殖工程技术 / 杜守恩编著

青岛:青岛海洋大学出版社,1993

该书讲述了养殖场勘察与规划、土坝沟渠工程、鱼虾养殖地设计、淡海水苗种生产场设计、大水域集约化养殖工程、拦鱼工程和水体净化技术等内容。

※ 高天翔

小黄鱼种群生物学与渔业管理 / 林龙山,高天翔主编

北京:海洋出版社,2013

该书收编了18篇科技论文,汇集了国家海洋局第三海洋研究所、中国海洋大学、中国水产科学研究院东海水产研究所科技人员近十年的科技创新研究成果。

※ 葛国昌

海水鱼类增养殖学 / 葛国昌编

青岛:青岛海洋大学出版社,1991

该书介绍了海水鱼类养殖方式、海水鱼的人工养殖与育种、仔稚鱼的培育、成鱼养殖、饵料与施肥、鱼类资源增殖的途径等内容。

※ 侯恩准

渔具理论与设计 / （苏）A. Л. 弗里德曼著;侯恩准,高清廉译

北京:海洋出版社,1988

该书阐述了渔具力学的基本原理和各类渔具的设计方法,对渔具的动力学问题提出了新观点。此外,该书还阐明了各种渔具基本要素的选择原则。

※ 华敬炘

海洋法学教程 / 华敬炘著

青岛:中国海洋大学出版社,2009

该书阐述了海洋法的形成、发展和编纂,论述了当代中国海洋立法的历史发展、法律体系和海洋法各方面的原则、规则和制度,反映了我国海洋事业发展的基本政策。

渔业法学通论 / 华敬炘著

青岛:中国海洋大学出版社,2017

该书论述联合国和粮农组织为有效执行《公约》有关渔业的规定,实现可持续渔业提出的新理念、新方法,系统地论述了我国渔业法的基本原则和基本制度及实施的各项具体原则、规则、制度和标准的背景和要义,以及适用和解释中可能出现的理论和实践问题。

※康斌

福建滨海湿地小型底栖动物与海洋线虫 / 康斌…[等]著

北京：中国农业出版社，2018

　　该书收录了福建省海域已有报道的自由生活海洋线虫 11 科、18 属、28 种，提供了手绘图、显微摄影形态图、测量数据和鉴定特征，有些属还提供了检索表。

闽江口生态环境与渔业资源 / 康斌…[等]著

北京：中国农业出版社，2018

　　该书以课题组开展的闽江口渔业资源调查为主题，内容涉及闽江口自然环境、生物资源，尤其是渔业资源的历史变化过程及现状评估，并阐述了资源所受威胁及管理的措施。

※蓝进

道德经导论 / 蓝进著

青岛：中国海洋大学出版社，2016

　　该书包括 81 章，从总序、各论两部分讲述了道德经的精髓，提出道德经是人类理性、良知和智慧宝藏。

老子哲学 / 蓝进著

青岛：中国海洋大学出版社，2019

　　该书分为上篇和下篇。上篇从哲学观、物质论、认识论、价值观、人权观、世界观、政治观等方面进行讲解；下篇从道可道、美之为美、天地不仁、上善若水、善为道、致虚极等方面进行解读和讲解。

※李德尚

Proceedings of the International Symposium on Aquaculture / Li Deshang (Editor in Chief)

Qingdao: Qingdao Ocean University Press, 1996

　　该论文集收录了 24 篇论文，涉及水产养殖发展现状与技术、水产动物营养与配方饲料、水产生物病害、遗传学与生物技术、水产动物等水产养殖相关领域。

水产养殖生态学研究：李德尚论文选集 / 李德尚著

青岛：中国海洋大学出版社，2007

　　该书按水库养鱼的生态学研究、对虾池塘养殖的生态学研究和水产养殖动物个体生态学及其饵料生物培养的生态学研究分类，收录了李德尚与其指导的研究生创作的 93 篇论文。

水产养殖手册 / 李德尚主编

北京：农业出版社，1993

　　该书介绍了水产养殖生产技术的要领、通用的观测分析方法、同生产及科研有关的各种参数、指标、定额等常用的基本资料与数据。

天然水域鱼类增殖学 / （苏）切尔法斯著；李德尚，王乐勤译

北京：高等教育出版社，1958

　　该书讲述了鱼类生物学及水域生产性能方面的理论知识，详细介绍了生产实践中各环节的组织与技术。

※李琪

水产动物育种学 / 范兆廷主编；李琪…[等]副主编

北京：中国农业出版社，2005

　　该书介绍了水产动物育种中种质资源、选择、杂交的基本原理和方法，引种驯化、基因转移和性别控制的基本理论和应用技术等内容。

无公害鲍鱼标准化生产 / 李琪编著

北京：中国农业出版社，2006

　　该书集成了国内外鲍养殖的新技术、新经验和新成果，介绍了鲍的生物学、鲍的苗种生产、鲍的养殖、鲍的收获与加工等内容。

中国近海软体动物图志 / 李琪主编

北京：科学出版社，2019

　　该书精选了中国近海 600 余种常见贝类，详细展示了每种贝类的高质量原色图谱、分类地

位、形态特征、生态习性、栖息环境等相关资料。

※ 梁英

浮游生物学与生物饵料培养实验 / 梁英,田传远编著

青岛:中国海洋大学出版社,2009

　　该书包括概述、浮游生物学实验、生物饵料培养实验、研究型实验及附录部分。附录部分收录了光学显微镜的构造和使用、生物绘图法、载玻片和盖玻片的使用等内容。

海水生物饵料培养技术 / 梁英,孙世春,魏建功编著

青岛:青岛海洋大学出版社,1998

　　该书介绍了光合细菌、生产上常用的单细胞微藻、轮虫和卤虫的形态结构及培养方法。附录部分介绍了轮虫的定量方法、卤虫卵孵率的测定等内容。

※ 马琳

黄渤海鱼类图志 / 刘静,陈咏霞,马琳编著

北京:科学出版社,2015

　　该书记述了黄渤海鱼类 323 种,隶属 4 纲、35 目、124 科、231 属;采用最新分类系统重点记述了种级阶元,内容包括形态特征、地理分布、生态习性和经济意义。每种鱼类均有黑白插图,其中 129 种配有彩色实拍照片。

鱼类学实验 / 马琳主编

青岛:中国海洋大学出版社,2010

　　该书分为形态学实验、形态分类学实验和研究设计性实验,形态学实验中所介绍的代表鱼种全部附有彩色或黑白照片。

※ 马甡

海水虾蟹类养殖技术 / 张道波,马甡,魏建功编著

青岛:青岛海洋大学出版社,1998

　　该书介绍了虾类、蟹类的育苗方法和养殖技术。

※ 麦康森

非粮型蛋白质饲料资源开发现状与高效利用策略 / 麦康森,张文兵主编

北京:中国农业出版社,2019

　　该书总结了我国大宗非粮型蛋白质饲料资源的种类与利用现状、对各类非粮型蛋白质饲料资源,介绍了其作为饲料原料的营养价值、抗营养因子、加工方法与工艺及开发利用的政策建议等内容。

水产动物营养与饲料学 / 麦康森主编

北京:中国农业出版社,2011

　　该书介绍了现代水产动物营养与饲料学的基本理论和技术,强化了营养素的代谢原理、水产养殖动物能量学、营养免疫学、分子营养学、营养研究新方法等内容。

无公害渔用饲料配制技术 / 麦康森主编

北京:中国农业出版社,2003

　　该书介绍了水产动物营养学原理和水产饲料的配方设计与加工工艺,分析了渔用饲料的有害物质的主要来源,提出了我国水产饲料生产质量和有害物质控制良好操作规范。

鱼类与甲壳类营养需要 / (美)美国科学院国家研究委员会著;麦康森…[等]译

北京:科学出版社,2015

　　该书涵盖了水产动物营养学研究的基本方法、水产动物的消化生理及能量代谢、各类营养素的需要、鱼粉及鱼油替代技术、饲料加工及投喂技术、幼体营养及水产养殖对环境的影响等内容,同时,介绍了水产动物营养研究的最新趋势

及亟须开展的研究领域等内容。

※ 孟庆显

对虾疾病防治手册 / 孟庆显著

青岛：青岛海洋大学出版社，1991

　　该书阐述了对虾的形态构造、对虾疾病的发生与环境及饲养管理的关系，介绍了对虾育苗、养成和亲虾越冬期间各种疾病的病原、病理变化、诊断方法、危害性和防治方法。

海水养殖动物病害学 / 孟庆显主编

北京：中国农业出版社，1996

　　该书重点叙述了我国已发现的海水养殖动物疾病，概要介绍了国外海水养殖动物的一些重要疾病。

养殖对虾疾病的诊断与防治 / 孟庆显著

北京：海洋出版社，1991

　　该书主要论述了对虾疾病的发生与环境的关系、诊断疾病的基本方法、疾病的综合预防措施和用药方法，阐述了对虾每个生活时期疾病的症状和病理变化、流行情况和防治方法。

鱼虾蟹贝疾病诊断和防治 / 孟庆显，俞开康编著

北京：中国农业出版社，1996

　　该书广泛收集了国内外有关淡、海水中鱼、虾、蟹、贝及牛蛙、鳖等疾病的文献，重点论述了海水养殖动物疾病的诊断和防治，介绍了一些危害严重而又常见的淡水动物疾病。

※ 缪国荣

海带养殖生物学 / 缪国荣…［等］编著

北京：科学出版社，2015

　　该书在对已有的海带养殖技术的原理与方法进行更新、补充、改写的基础上，对新时期条件下的海带基础生物学研究及海带的精细加工所取得的成果进行了较为系统的总结。

海洋经济动植物发生学图集 / 缪国荣主编

青岛：青岛海洋大学出版社，1990

　　该图集介绍了我国海水鱼、虾、贝、藻类目前已开展养殖种类的胚胎发生图和发生学基础资料，计65种，135幅图。各图均按生物学绘图标准、按比例绘成，各个发育阶段的基本形态特征均表示了出来。

海藻养殖 / 缪国荣编著

北京：海洋出版社，1992

　　该书介绍了海藻的经济价值和我国的海藻资源，阐述了海藻养殖的生物学基础知识及海藻养殖与海洋环境的密切关系，叙述了养殖海藻的基本方法、苗种生产、病害防治、施肥及新品种的培育等。

※ 慕永通

渔业管理：以基于权利的管理为中心 / 慕永通著

青岛：中国海洋大学出版社，2006

　　该书的研究重点在于剖析渔业问题成因和系统评估渔业管理主要措施的制度效果，介绍评估了基于权利的渔业管理制度。

※ 曲学存

中国常见海洋生物原色图典：软体动物 / 魏建功总主编；曲学存分册主编

青岛：中国海洋大学出版社，2020

　　该书遴选了我国最常见的海洋软体动物205种，从分类学地位、形态特征、生态习性与地理分布等方面进行了简明介绍，并配有原色图片。

※ 任素莲

水产动物组织胚胎学 / 李霞主编；任素莲…［等］编

北京：中国农业出版社，2006

　　该书分为组织学和胚胎学，组织学包括基本

组织学、生殖器官、呼吸器官、排泄器官、免疫器官、消化器官等内容；胚胎学包括腔肠动物的发生、环节动物的发生、软体动物的发生等内容。

水产动物组织胚胎学实验 / 任素莲，杨宁，王德秀编著

青岛：中国海洋大学出版社，2009

　　该书内容涉及组织学和胚胎学，实验内容充分体现了水产动物组织学和胚胎学的特点，既有代表性，又有鲜明的水产养殖特色。

※任一平

胶州湾渔业资源与栖息环境 / 任一平…［等］编著

北京：中国农业出版社，2018

　　该书研究和总结了胶州湾渔业资源与栖息环境，阐述了胶州湾概况、海洋水文环境、海洋化学环境、渔业生物资源数量分布与渔业生物学特征，以及渔业资源养护与可持续利用等内容。

生态模型在渔业研究中的应用 / 张崇良，任一平主编

北京：中国农业出版社，2019

　　该书阐明了生态模型的意义不仅在于描述生态模式，更在于解释生态过程、机理并预测系统的动态。对于渔业来说，生态模型有助于我们认识和了解海洋生态系统的结构和动态，预测人类活动对生态系统的影响，进一步指导渔业资源的可持续利用和海洋生态系统的保护。

渔业资源生物学 / 任一平主编

北京：中国农业出版社，2020

　　该书对渔业资源的生物学基础及其研究方法进行了阐述，讲述了鱼类的生命周期与早期生活史、洄游类型及其研究方法，概述了群落概念与鱼类群落特征、海洋渔业区划与渔场等内容。

※沈汉祥

远洋渔业 / 沈汉祥…［等］编

北京：海洋出版社，1987

　　该书阐述了世界渔场形成的条件、各海区的渔业资源状况及其开发利用，介绍了适合我国开发的海区及捕捞对象的形态特征、生活习性、洄游分布，以及渔场、渔期、捕获量和渔具渔法。

※绳秀珍

生物实验技术 / 绳秀珍，刘竹伞编著

青岛：中国海洋大学出版社，2007

　　该书介绍了固定与固定剂，染色、染料及染色剂，脱水透明和封固，切片法的制作，光学显微镜及其附属用具，照相和显微照相，电子显微镜生物样品的制备，组织芯片技术，显微切割技术等内容。

※宋微波

腹毛类纤毛虫的细胞发生模式 / 宋微波，邵晨著

北京：科学出版社，2017

　　该书作为国内外第一部全面反映腹毛类群纤毛虫细胞发生学研究的专著，介绍了各亚型的结构演化特征，并扼要给出了发生学名词术语、相关系统学地位和发生学文献等信息。

海水养殖中的危害性原生动物 / 宋微波…［等］著

北京：科学出版社，2003

　　该书论述了我国北方海水养殖中常见的经济鱼类、贝类、对虾等各类寄生性及其他危害性原生动物的病原学、危害性及开展相关研究的基本方法学等，并对国际迄今所知的黏孢子虫和车轮虫类纤毛虫两大类主要寄生原生动物的分布及宿主情况进行了介绍。

原生动物学专论 / 宋微波…［等］著

青岛：青岛海洋大学出版社，1999

　　该书包括概论、原生动物学的现代研究方

法、纤毛虫原生动物的个体发生学和系统学、海水养殖水体中纤毛虫原生动物的病原生态学和病害学,以及海洋与淡水环境中原生动物的生态学。该书就当前国际上原生动物系统学研究的最新成果做了评述性编译介绍。

原生生物学 /（德）K. 豪斯曼,（德）N. 胡斯曼,（德）R. 阿戴克著;宋微波…[等] 译

青岛:中国海洋大学出版社,2007

该书从原生生物学的基本概念与内容出发,融贯原生动物学研究发展史并突出热点领域,概述了国际上原生生物学领域的研究全貌。

中国黄渤海的自由生纤毛虫 / 宋微波,（英）A. 沃伦,胡晓钟编著

北京:科学出版社,2009

该书作为国内外第一部全面反映我国北方海区各类群的纤毛虫专著,扼要介绍了包括 350 种类之活体特征、纤毛图式等重要鉴别性状及相关文献等信息。

※ 宋协法

中华人民共和国水产行业标准:玻璃钢渔船舾装件安装技术要求 /[农业部渔业局提出][青岛海洋大学起草];宋协法…[等] 起草

北京:中国标准出版社,2001

该标准对 SC/T 8068-1986《渔船玻璃钢舾装件标准》进行了修订。该标准包括九个舾装件的形式、结构及其技术要求。第一章至第十章是对原标准的修改和补充,第十一章至第十二章是根据科技、生产的发展新增加的内容。

※ 田传远

刺参健康养殖技术 / 田传远,李琪,梁英编著

青岛:中国海洋大学出版社,2008

该书立足可操作和解决问题,努力追求实战、易懂、实用、可行,介绍了生物学、苗种生产、养殖、增殖、敌病害与自然灾害、刺参加工与品质

鉴别。

※ 田相利

半滑舌鳎健康养殖实用新技术 / 田相利…[等] 编著

北京:海洋出版社,2010

该书结合近年来半滑舌鳎人工育苗和养殖技术方面的研究最新进展,介绍了半滑舌鳎的生物学基础知识、人工繁殖、成鱼养殖及常见病害的防治等知识。

刺参养殖生物学新进展 / 王吉桥,田相利主编

北京:海洋出版社,2012

该书介绍了海参的营养成分与保健作用、形态与分类及刺参的形态、摄食与生长、代谢、运输、免疫与病害的生物学理论及其应用,以期为刺参养殖提供理论基础和技术支撑。

※ 王克行

对虾健康养殖新技术问答 / 王克行…[等] 编著

北京:中国农业出版社,1999

该书以问答形式介绍了如何健康养殖对虾。从对虾生物学出发,具体讲述了对虾苗种生产、对虾亲虾越冬、对虾养成新技术、对虾的营养与饲料、对虾常见疾病的防治、对虾疾病发生的原因和健康管理。

对虾养殖技术 / 王克行…[等] 编

北京:气象出版社,1991

该书介绍了对虾的生物学特性,对虾的种类、生长、习性及对生活环境的要求;阐述了对虾工厂化育苗技术、对虾的病害防治、对虾的收获加工及育苗场和养成场的设计等技术。

海水养殖手册 / 山东海洋学院主编;王克行…[等] 编写

上海:上海科学技术出版社,1985

该书介绍了我国近海海洋物理和化学的性

质及测定方法,海藻、贝类、鱼类、甲壳类等养殖方法,饵料生物的基础知识和人工培养方法等内容。

实用对虾养殖技术 / 陈宗尧,王克行编著
北京:农业出版社,1987

　　该书结合科研与生产中的成果,编著成册,介绍了生物学概论、对虾的苗种生产、对虾的养成、对虾的疾病与防治等内容。

虾类健康养殖原理与技术 / 王克行主编
北京:科学出版社,2008

　　该书在介绍虾类生物学研究新成果的基础上,论述了虾类健康养殖的原理与应用技术;在总结群众高产、高效养虾经验的基础上,吸收了近年来具有应用价值的最新研究成果。

虾蟹类增养殖学 / 王克行主编
北京:中国农业出版社,1997

　　该书以增加水产资源为目的,研究经济虾蟹类生存、生长、繁殖的内在规律及其与环境条件的关系。

※王启华

渔政教程 / 王启华…[等]编著
青岛:青岛海洋大学出版社,1993

　　该书对渔政工作人员所必须具备的管理、法律、水产专业等有关知识做了全面、详细的介绍,如渔政概念、渔业资源与渔业环境保护、渔政监督检查与办案、渔业行政复议和诉讼。

※王如才

海水贝类养殖学 / 王如才,王昭萍,张建中著
青岛:青岛海洋大学出版社,1993

　　该书论述了养殖贝类的环境及贝类菌种生产、育种的基本理论与方法,介绍了十余种贝类的生物学、菌种生产与养成技术、贝类增殖的方法。该书于1998年再版。

海水贝类养殖学 / 王如才,王昭萍主编
青岛:中国海洋大学出版社,2008

　　该书对1998年版进行了修订,总结了我国海水贝类养殖的新技术、新成果,并适当吸收了国外的一些新成果。

海水养殖技术手册 / 王如才…[等]编著
上海:上海科学技术出版社,2001

　　该书介绍了鱼类养殖、虾蟹养殖、贝类养殖、海藻养殖等的人工繁殖、养成、运输、加工,以及饵料生物培育、工厂化人工育苗与养殖用水处理技术等内容。

牡蛎养殖技术 / 王如才主编
北京:金盾出版社,2004

　　该书讲述了牡蛎的生物学特征,牡蛎的繁殖、发育与生长,牡蛎的苗种生产技术,牡蛎的疾病防治,牡蛎的养成技术,牡蛎的收获与加工等内容。

中国水生贝类原色图鉴 / 王如才…[等]编
杭州:浙江科学技术出版社,1988

　　该图鉴收集了我国水生贝类697种,分别隶属于5纲、125科,拍摄各种贝类的原色照片800张,描述了各种类的分类地位、形态特征和分布。

※王昭萍

海水贝类养殖技术 / 王昭萍…[等]编著
青岛:青岛海洋大学出版社,1998

　　该书总结了我国海水贝类养殖生产的成功经验和科研成果,并适当吸收了国外的新技术、新成果,介绍了主要养殖贝类的苗种生产和养成技术。

※温海深

海水养殖鲈鱼生理学与繁育技术／温海深…［等］著

北京：中国农业出版社，2019

该书梳理了三种海水养殖鲈鱼生物学知识，人工繁育、苗种培育技术，以及产业发展前景；阐述了花鲈的生理学最新研究进展；总结了南方和北方花鲈群体亲鱼培养等相关技术；介绍了花鲈人工繁殖及苗种培育技术。

鲇鱼应用生物学与生理学／温海深主编

呼和浩特：内蒙古人民出版社，2005

该书展示了国内外有关鲇鱼研究的最新进展，论述了鲇鱼的生物学特性、繁殖生理、育种与生殖调控、人工繁殖技术、苗种培养和成鱼饲养技术等内容。

水产动物生理学／温海深主编

青岛：中国海洋大学出版社，2009

该书介绍了水产动物生理学绪论、神经肌肉组织的一般生理、感觉器官生理、血液循环生理、消化与吸收生理、内分泌生理学等内容。

现代动物生理学实验技术／温海深，张沛东，张雅萍编著

青岛：中国海洋大学出版社，2009

该书分基本型实验、综合型实验和研究创新型实验三部分，介绍了神经肌肉组织、中枢神经系统、循环系统、呼吸系统、消化系统、排泄系统等15个实验，创新型实验列出了10个参考题目。

鱼类繁殖学／（葡）玛丽亚·若昂·罗查，（挪）奥古斯丁·阿鲁克，（印）B.G.卡普尔主编；温海深，齐鑫主译

北京：中国农业出版社，2020

该书阐述了影响正常鱼类生殖发育方式的重要生理学事件，对比了生活在不同环境中的物种，对可能影响鱼类生殖系统激素变化的环境原因和机制进行了综述。

※武云飞

海洋脊椎动物学／武云飞主编

青岛：中国海洋大学出版社，2013

该书对《水生脊椎动物学》进行了重大修改，并更名为《海洋脊椎动物学》，介绍了脊索动物门及其尾索动物和头索动物亚门、哺乳纲、动物的进化研究与系统生物学的发展及有关学科概要等内容。

话说中国海洋渔业／武云飞主编

广州：广东经济出版社，2014

该书阐述了中国海洋渔业的主要功能及其在捕捞、养殖、病害、水产加工、医药和资源保护与管理等方面对国计民生的贡献，以此来反映我国渔业的基本情况。

青藏高原鱼类／武云飞，吴翠珍著

成都：四川科学技术出版社，1992

该书作者测量并统计了青藏高原鱼类及其毗邻地区的有关标本5 380尾，分别隶属于3目、6科、46属、152种。该书介绍了青藏高原鱼类的起源、演化及特点，对青藏高原各类群鱼类的形态特征、生态特点、地理分布及经济意义进行了概要描述。

水生脊椎动物学／武云飞，姜国良，刘云编著

青岛：青岛海洋大学出版社，2001

该书以动物进化为主线，系统地讲述了动物形态结构、分类等方面的基本知识和理论。代表动物尽量选用海洋或水生生活种类，如爬行纲、鸟纲和哺乳纲分别选用龟、鸥和白鳍豚。

系统生物学／武云飞编著

青岛：中国海洋大学出版社，2004

该书阐述了现代系统生物学的基本概念与研究方法，在介绍系统生物学原理与方法的基础上，分析了学派间争论的焦点，探索了其分歧的主要根源，并着重研究了支序系统学的特征分析等内容。

※ 谢宗墉

渤海开发与保护 / 蒋铁民,谢宗墉主编

北京:海洋出版社,1991

　　该书以环渤海区域为研究对象,重点研究了海洋资源的开发利用和环境保护,对环渤海渔业资源的保护、海洋环境的治理,以及防御和减轻海洋自然灾害等问题提出了对策建议。

海洋水产品营养与保健 / 谢宗墉编著

青岛:青岛海洋大学出版社,1991

　　该书阐述了如何科学食用海洋水产品,以达到治病强身的保健作用;利用海洋水产品制成药物、保健食品促进人类的健康长寿。

水产品的食疗与健康:DHA+EPA 水产品→脑黄金→大脑智力 / 谢宗墉,刘竹伞编

北京:中国农业出版社,1995

　　该书以药食同源的观点,介绍了鱼、虾、蟹、贝等水产品的营养价值、食用方法、食疗效果及其与人体健康的关系,阐述了水产品进一步的开发利用。

※ 徐宾铎

胶州湾湿地生态系统功能保护与生态修复研究 / 徐宾铎…[等]著

青岛:中国海洋大学出版社,2015

　　该书在介绍胶州湾湿地自然地理、胶州湾湿地研究目标和内容等的基础上,对胶州湾湿地生态系统结构、功能退化机理、生态修复措施及技术等方面进行了系统研究,对合理利用与保护胶州湾湿地资源、恢复胶州湾退化湿地生态系统的技术与实践进行了总结。

※ 姚善成

海水鱼类养殖技术 / 姚善成,丛娇日编著

青岛:青岛海洋大学出版社,1998

　　该书重点介绍了真鲷、黑鲷、牙鲆、红鳍东方鲀、石斑鱼、鲻鱼、梭鱼、海马、美国红鱼和大菱鲆等十种主要海洋经济鱼类的养殖技术。

※ 叶振江

中国习见海洋鱼类耳石图谱.第一辑 / 叶振江,朱柏军,薛莹编著

青岛:中国海洋大学出版社,2007

　　该书共记述了中国习见海洋鱼类耳石223种,分隶13目、81科、144属。书中耳石系作者现场进行种类鉴定后采集并于实验室内拍摄。

※ 于瑞海

贝类安全生产指南 / 于瑞海,郑小东编著

北京:中国农业出版社,2013

　　该书总结了我国主要海水贝类健康养殖的成功经验和科技成果,适当吸收了国外贝类安全生产的新技术、新成果,重点突出了我国主要养殖贝类的安全苗种生产和健康养成技术。

贝类增养殖学实验与实习技术 / 于瑞海…[等]编著

青岛:中国海洋大学出版社,2009

　　该书讲述了贝类增养殖学的17个实验,阐述了贝类增养殖学生产实习技术,着重培养了学生分析问题和解决实际生产问题的能力。

贝类增养殖学实验指导 / 于瑞海主编

北京:科学出版社,2018

　　该书包括基础性实验、综合性实验、研究性实验。基础性实验部分介绍了腹足纲、瓣鳃纲和头足纲贝类的外部形态和内部解剖构造;综合性实验部分介绍了贝类分类现状;研究性实验部分则安排了贝类生物学及苗种繁育技术相关的15组实验。

海产贝类的苗种生产 / 于瑞海…[等]编

青岛:青岛海洋大学出版社,1993

　　该书介绍了海产贝类苗种生产,将贝类苗和生产归纳为人工育苗、室外土池人工育苗、半人

工采苗和采捕野生等四大类,叙述了固着型、附着型、埋栖型和匍匐型 20 多种贝类的苗种生产方法。

名优经济贝类养殖技术手册 / 于瑞海主编

北京:化学工业出版社,2011

　　该书介绍了鲍、牡蛎、扇贝、东风螺、蛤仔、文蛤、青蛤、西施舌等名优经济贝类的苗种生产、中间培育、养成管理及病害防治等内容。

食用贝类与营养 / 于瑞海,曲学存,马培振编著

北京:中国农业科学技术出版社,2015

　　该书介绍了食用鱼类、食用虾蟹、食用贝类及海洋蔬菜等在人类食物链中的地位和对人体健康的重要性;同时,介绍了多种海洋食品家庭调理方法及相关食谱等内容。

我国海产经济贝类苗种生产技术 / 于瑞海,李琪主编

青岛:中国海洋大学出版社,2016

　　该书介绍了我国经济海产贝类的苗种生产技术、育苗场的设计及建设,详细叙述了 40 多种主要经济贝类的苗种生产方法。

※ 俞开康

海水养殖病害诊断与防治手册 / 俞开康,战文斌,周丽编著

上海:上海科学技术出版社,2000

　　该书介绍了海水养殖的疾病发生原因,疾病的检查和诊断方法,海水养殖的鱼类、虾类、贝类等的病害诊断与防治,药物防治技术,海水养殖健康管理技术等内容。

海水鱼虾蟹贝病诊断与防治原色图谱 / 俞开康主编

北京:中国农业出版社,2008

　　该书汇集了国内外有关资料,介绍了海水鱼类病害防治、虾类病害防治、蟹类病害防治、贝类病害防治等内容。

※ 战文斌

海水养殖鱼类疾病与防治手册 / 战文斌,绳秀珍编著

北京:海洋出版社,2010

　　该书针对我国海水养殖鱼类病害,从鱼类疾病名称、病原、疾病的主要症状、流行情况及防治手段几个方面重点对因寄生虫、细菌、真菌和病毒引起的疾病及其他常见病害进行了介绍。

水产动物病害学 / 战文斌主编

北京:中国农业出版社,2004

　　该书阐述了水产动物病害学的基本原理和防治方法,介绍了我国水产养殖动物常见疾病的病原、症状和病理变化、流行情况、检测诊断方法、治疗方法和预防措施等内容。

※ 曾晓起

100 种青岛人身边的海洋生物 / 曾晓起,刘梦坛编著

青岛:青岛出版社,2017

　　该书介绍了青岛沿海岩礁、砾石、泥沙和河口等不同海岸和浅海环境中栖息的海洋生物,介绍了 100 种具有代表性的海洋生物及有关它们的资源环境保护的话题。

中国常见海洋生物原色图典:腔肠动物 棘皮动物 / 魏建功总主编;曾晓起,李洪武分册主编

青岛:中国海洋大学出版社,2020

　　该书收录了我国沿海和国内水族馆中常见的 138 种腔肠动物与棘皮动物,介绍了这些腔肠动物与棘皮动物分类学地位、形态特征、生态习性与地理分布等内容,并配以原色图片。

※ 张美昭

海水鱼类健康养殖技术 / 张美昭,杨雨虹,董云伟编著

青岛:中国海洋大学出版社,2006

该书讲述了我国沿海常见的主要养殖鱼类,分别从其生物学、苗种培育及成鱼的健康养殖等方面介绍了生产中的配套技术,概括了海水鱼类养殖的基础知识和养殖模式。

无公害大黄鱼标准化生产 / 张美昭编著

北京:中国农业出版社,2006

该书概述了大黄鱼生物学特征、养殖场的建设与环境、大黄鱼人工繁殖、苗种培育工艺、成鱼养殖、常见疾害防治及安全用药、无公害大黄鱼的营销管理等内容。

无公害鲆鲽类标准化生产 / 张美昭编著

北京:中国农业出版社,2006

该书介绍了鲆鲽类育苗原理与通用技术、饵料的培养、牙鲆的养殖技术等内容,以图文并茂的形式详细介绍了无公害鲆鲽类的标准化生产技术。

※ 张群乐

海参、海胆增养殖技术 / 张群乐,刘永宏编著

青岛:青岛海洋大学出版社,1998

该书总结了国内已形成的行之有效的技术,同时,努力吸收国外有关新技术、新经验、新成果加以充实,力求将国内外海参、海胆增养殖的最新技术全貌献给读者。

※ 郑小东

水产生物遗传育种学实验 / 郑小东…[等] 编

青岛:中国海洋大学出版社,2012

该书主要内容包括基础性实验部分、综合性实验部分、创新性实验和设计部分。

中国水生贝类图谱 / 郑小东,曲学存,曾晓起主编

青岛:青岛出版社,2013

该书共收录贝类物种 812 种,反映了我国现生贝类基本面貌。全书按生物学分类梳理,并对生物学名称、生物学分类、经济学价值、养殖利用情况、分布区域等进行了描述,同时,配有高清实物标本照片。

※ 周丽

海水鱼虾蟹贝病害防治技术 / 周丽,宫庆礼编著

青岛:青岛海洋大学出版社,1998

该书吸收了海水养殖动物疾病防治的最新研究成果,切合海水养殖生产的实际应用,介绍了海水养殖鱼类疾病、虾、蟹、贝类疾病及其防治等内容。

信息科学与工程学院

※ 丁香乾

山东省"十一五"制造业信息化科技工程应用案例 / 孟祥旭,丁香乾主编

济南:山东大学出版社,2010

    该书选取了20家有代表性的企业,简要介绍了这些企业在制造业信息化实施过程中,"甩图纸、甩账表"示范中的成功做法和典型经验,以供正在实施或将要开展制造业信息化的企业和研究单位借鉴。

物流信息系统 / 丁香乾主编

北京:中国劳动社会保障出版社,2006

    该书介绍了物流信息系统概述、物流信息系统基本子系统、物流信息系统的设计、电子商务对物流发展的影响和物流信息系统应用案例等内容。

※ 董军宇

Excel 97 中文版应用与提高 / 董军宇编著

青岛:青岛出版社,1999

    该书以循序渐进的方式,通过与实际工作实例的配合,为各层次的读者提供了参考。

Excel 2000 中文版应用与提高 / 董军宇,胡建海编著

青岛:青岛出版社,2000

    该书从实用出发,通过大量的图例,详细介绍了 Excel 2000 中文版的各种功能。

※ 冯天瑾

计算智能与科学配方 / 冯天瑾,丁香乾主编

北京:科学出版社,2008

    该书以全新视角分析了如何用计算机智能方法解决原来主要凭专业人员经验解决的高度复杂的生产实践问题,阐明了计算智能的基本原理、概念和如何变经验配方为科学配方。

神经网络技术 / 冯天瑾著

青岛:青岛海洋大学出版社,1994

    该书论述了神经网络的基本理论、方法、技术及在铁路运输现代化中的应用。

西行随笔 / 冯天瑾著

青岛:中国海洋大学出版社,2014

    该书以大量照片和日记、杂记为基础素材,以游记形式漫谈亲身经历,既浏览与介绍世界风光,又观察与思考社会文明,坦露所见、所闻、所感与所思。

智能学简史 / 冯天瑾著

北京:科学出版社,2007

    该书从古代中国和古希腊文明开始,跨越几千年的时空,顺延历史长河而下,向读者展示了"智能学"的发展历程、多个派别的理念和睿智的争论。

※ 葛源

量子力学 / 潘传增,葛源编著

济南:济南出版社,1989

    该书介绍了绪论、波函数和薛定谔波动方

程、力学量的算符表示、微扰理论、电子自旋、多粒子体系等内容。

※ 郭忠文

物联网系统设计开发方法与应用 / 郭忠文著

北京：科学出版社，2017

　　该书针对物联网软件开发特点，阐述了物联网软件开发的总体架构、开发模型、互联标准和软件集成高效开发方法，并通过多个典型应用案例促进读者对开发方法的理解。

※ 李海涛

数据库 Access / 李海涛，秦颂编著

西安：西安交通大学出版社，2004

　　该书介绍了创建数据库及数据表、编辑数据表、创建和使用选择查询、查询的高级应用、创建使用窗体、报表的应用等内容。

※ 李欣

VHDL 数字系统设计 / 李欣，张海燕编著

北京：科学出版社，2009

　　该书从数字集成电路和可编程逻辑器件的基本知识入手，逐步介绍了数字系统的设计工具和设计方法、基于 VHDL 的数字系统设计方法，展示了一些典型数字单元电路的 VHDL 描述实例等内容。

※ 李志刚

现役海洋平台结构检测与安全评估技术 / 李志刚…[等] 著

青岛：中国海洋大学出版社，2013

　　该书论述了现役海洋平台结构快速振动检测技术、桩基形位成像测量与地基土弱化评估技术、平台结构损伤识别与模型修正技术等，并结合海上平台结构完整性管理的需要、流程与意义，论述了海上固定平台结构检测和安全评估相关技术和主要设备。

※ 梁作娟

Dreamweaver 8 中文版基本功能与典型实例 / 梁作娟，山兵，贾玉忠编著

北京：人民邮电出版社，2007

　　该书详尽地介绍了 Dreamweaver 8 中文版的基本功能和知识点，通过典型实例介绍了如何在网页中插入文本，如何利用层和时间轴来制作滚动文本、动态图像等动画效果等问题。

数据结构习题解答与考试指导 / 梁作娟，胡伟，唐瑞春编著

北京：清华大学出版社，2004

　　该书分为十三章，前十二章每章包括基本知识结构图、知识点、习题及参考答案、考研真题分析、自测题，最后一章精选了近年各大名校研究生入学考试试题。

※ 刘海霞

近代物理实验 / 刘海霞，康颖主编

青岛：中国海洋大学出版社，2013

　　该书选择了一些在物理学发展历史上具有代表性的著名实验，挑选了一些在理论和技术上具有显著时代性的实验项目，提供了较全面的基本知识，注重实验原理、方法和技术的系统性。

※ 刘洁

海洋经济学 / 刘洁，陈静娜编

北京：海洋出版社，2017

　　该书以问题为导向，从现实中凸显的海洋经济问题入手，使用大量案例、新闻报道、统计数据及图表，既普及了海洋经济知识，又深入浅出地研究了实际问题。

※刘培顺

网络安全实验教程 / 刘培顺…[等]编著

北京:清华大学出版社,2007

　　该书不仅包含了密码学常用算法的实验,还包含了大量的网络安全的工具和设备、计算机病毒防护等方面内容。针对网络安全的发展趋势,该书增加了无线网络安全的实验内容。

※刘智深

海洋物理学 / 刘智深,关定华主编

济南:山东教育出版社,2004

　　该书论述了声波、光波、电磁波等与海洋相互作用的机制,在海洋中传播的规律,以及在海洋探测中的应用。

※路德明

水声换能器原理 / 路德明编著

青岛:青岛海洋大学出版社,2001

　　该书概述了当前实用换能器及其基阵的理论、设计方法及制作工艺。书末附录列出了换能器常用材料的物理性能的参数表。

※苗洪利

大学物理综合设计实验 / 苗洪利,盖磊,王桂忠编著

青岛:中国海洋大学出版社,2016

　　该书介绍了该门实验课的教学目标及教学指导思想,增加了与本实验相关的背景知识,以附录的形式补充了本实验所需要的理论知识、可供参考的实验手段和方法。

※秦尚海

高校德育评估论 / 秦尚海著

北京:中国社会科学出版社,2006

　　该书探讨了德育评估的规律,提出了标准化构建高校德育质量评估体系,并从高校德育整体评估与个体评估两个纬度分析了质量评估的标准及实施规程,阐述了德育评估应对的形势与任务。

高校科技道德教育论 / 秦尚海编著

青岛:中国海洋大学出版社,2010

　　该书论证了高校科技道德教育的思想引导和道德保障作用日益重要,加强高校科技道德教育在理论上和实践上都需要深入探索。

蓬勃发展的研究生教育:中国海洋大学研究生教育回顾与展望 / 秦尚海,周珊珊,李八方主编

青岛:中国海洋大学出版社,2007

　　该书分为历史篇、成就篇、体会和展望篇,阐述了研究生教育是我国教育体系中最高层次的学历教育,进一步概括了中国海洋大学研究生教育的发展历程。

※师玉荣

探究物理现象:演示实验教程 / 师玉荣,马君,马丽珍编著

北京:清华大学出版社,2015

　　该书的实验分为力学、振动和波、热学、电磁学、光学、高新技术,共86个实验项目。每个实验主要包含实验目的、实验装置、实验步骤及现象、实验现象探究、拓展探究与思考、实验原理提示六个版块。

※谈世哲

Protel DXP 2004 电路设计基础与典型范例 / 谈世哲编著

北京:电子工业出版社,2007

　　该书主要以 Protel DXP 2004 的功能为主线,从基础入手,以实例为引导,介绍了 Protel DXP 2004 电路设计的基本过程和方法,并通过大量实例说明了软件的功能和应用方法。

※魏振钢

数据结构 / 魏振钢主编

北京：高等教育出版社，2011

　　该书以基本数据结构和算法设计为知识单元，介绍了数据结构的知识与应用、算法的设计与分析方法。每章均配有大量的习题和模拟题，并安排相关的案例和实验题目，供学生实习使用。

※熊建设

海洋物理 / 熊建设…［等］编著

北京：中国少年儿童出版社，2002

　　该书根据青少年摄取知识的特点，采用问答的形式，图文并茂地回答了有关海洋物理知识的303题。该书分别于2007年和2012年再版。

卡拉OK厅音响、电视与灯光：工程设计与操作指南 / 熊建设编著

成都：四川科学技术出版社，1995

　　该书分别对听音环境与听觉环境特性、卡拉OK厅的音响、电视与灯光的种类、性能特点、工作原理、操作使用、日常维护及其系统配置、总体安装调试等方面进行了详细的介绍。

※姚明达

姚明达诗文选 / 姚明达著

北京：长征出版社，2001

　　该书介绍了莫斯科红场巡礼、战斗的情谊、地下交通线上的日日夜夜等内容。

※姚文琳

编译原理习题解答与考试指导 / 姚文琳，徐建良，魏爱敏编著

北京：清华大学出版社，2004

　　该书每章均包括基本知识结构图、知识点、习题及参考答案、考研真题分析、自测题，精选了近几年的各大名校硕士研究生入学考试题。

※张爱军

综合与近代物理实验 / 青岛海洋大学物理实验教学中心编；张爱军主编

青岛：青岛海洋大学出版社，2001

　　该书共有22个实验，在实验中又增加了有关实验的背景知识和有关应用，保留了部分仪器的英文说明，同时保留了英语原版的计算机辅助教学软件，供学生参考学习。

海洋地球科学学院

※ 常瑞芳

海岸工程环境 / 常瑞芳编著

青岛:青岛海洋大学出版社,1997

　　该书在理论分析的基础上,结合现场和实验研究成果论述了近岸带的各种动力学现象的发生与变化规律。

物理海洋学. 第一卷 / (日)渊秀隆著;刘玉林,常瑞芳,刘安国译

北京:科学出版社,1985

　　该书阐述了海水的基本性质、海面边界过程,作者对书中所涉及的一些理论问题提出了自己的看法,指出今后需进一步进行研究的方向和任务。

※ 冯秀丽

海洋工程地质专论 / 冯秀丽…[等]编著

青岛:中国海洋大学出版社,2006

　　该书论述了海洋土的工程分类、海洋土的工程性质、海洋灾害地质和底坡不稳定性等问题,探讨了现代黄河水下三角洲土体工程特性、海底土对波浪作用的孔压响应及桩基周围的冲刷等问题。

※ 韩宗珠

宝石学与宝石鉴定 / 韩宗珠,翟世奎,赵广涛编著

青岛:中国海洋大学出版社,2003

　　该书阐述了宝石的概念、分类命名、化学组成等,叙述了各种常见的宝石和玉石的历史文化、基本特征、主要种属等,还介绍了宝石的合成工艺、鉴定方法、珠宝文化等内容。

※ 李安龙

海洋工程地质学 / 李安龙,林霖,赵淑娟编著

北京:科学出版社,2020

　　该书阐述了海底地形地貌和近海地质构造对工程建设的影响,海洋土的来源、结构与构造,海洋不良地质现象的产生、形成与演化规律等基本原理,介绍了海洋工程地质的调查和原位测试方法及海洋工程地质勘查等内容。

※ 李广雪

胶州湾地质与环境 / 李广雪…[等] 著

北京:海洋出版社,2014

　　该书针对胶州湾所面临的新形势、新问题开展了研究,在胶州湾基础地质与环境研究的基础上重点关心以下核心问题:胶州湾海岸带演变与现状、胶州湾空间演变与现状、胶州湾寿命问题。

山东半岛滨海沙滩现状与评价 / 李广雪…[等]著

北京:海洋出版社,2015

　　该书作者在三年的滨海沙滩调查和研究基础上,收集了历史上关于山东半岛沙滩的调查资料,经过分析研究,提出了关于保护和合理利用山东省珍贵的沙滩资源的建议,实现蓝色经济的可持续发展。

山东半岛蓝色经济区海洋产业现状与优化分析 / 李广雪,王璇,丁咚编著

北京:海洋出版社,2014

该书介绍了蓝色经济、蓝色经济特区,以及海洋产业的内涵和特征,对国内外海洋产业发展现状、山东省海洋资源状况、山东半岛蓝色经济区社会经济现状、调整产业结构分析等问题做出了详细论述。

中国东部海域海底沉积物成因环境图 / 李广雪,杨子赓,刘勇编制

北京:科学出版社,2005

该图集是在全球气候和海平面变化理论指导下,经过十年多的野外调查和资料分析基础上编制而成,包含海底沉积物类型图、陆架海底沉积环境图、文字说明。

※李庆忠

多波地震勘探的难点与展望 / 李庆忠,王建花编著

青岛:中国海洋大学出版社,2007

该书列举了四个国外比较成功的多波浪地震勘探的实例,对其中存在的问题进行了分析,并系统地总结了多波地震勘探的难点。最后,该书提出了今后多波地震勘探的出路。

寻找油气的物探理论与方法.第一分册,基础篇 李庆忠编著

青岛:中国海洋大学出版社,2015

该文集汇集了李庆忠院士从事石油勘探工作以来的主要研究成果。第一分册包括13篇文章,李庆忠院士根据地球物理的基础理论对一些重要的技术问题进行了认真分析,提出了如何判断地震记录好坏的方法,论述了地震反演技术的策略等。

寻找油气的物探理论与方法.第二分册,方法篇 / 李庆忠编著

青岛:中国海洋大学出版社,2015

该书收录了16篇文章,李庆忠院士对多年

来在物探方法上的创新进行了归纳和总结。在解释技术方面,他对地震地层学方面做出了重要补充;针对地震勘探的几个重要领域的关键问题提出了解决方向;提出今后我国地震勘探技术进步的十个重要方向。

寻找油气的物探理论与方法.第三分册,争鸣篇 / 李庆忠编著

青岛:中国海洋大学出版社,2015

在该册中,李庆忠院士指出了在油气勘探的理论和方法上的一些误区。在石油地质理论探索方面,他对无机生油论提出了自己的见解;对井间地震勘探,他指出了误区、出路及改进方向。

岩性油气田勘探:河道砂储集层的研究方法 / 李庆忠,张进编著

青岛:中国海洋大学出版社,2007

该书阐述了陆相河道砂沉积的规律,讨论了相应的勘探方法的改进方向,着重指出水下河道和陆上河道存在的不同。

走向精确勘探的道路:高分辨率地震勘探系统工程剖析 / 李庆忠著

北京:石油工业出版社,1993

该书在理论结合实践的基础上,分析了高分辨率地震勘探的各个环节,讨论了从野外采集到室内处理和解释过程中的一系列关键问题。

※李三忠

渤海湾盆地区前第三系构造演化与潜山油气成藏模式 / 李三忠…[等]著

北京:中国科学技术出版社,2003

该书描述了渤海湾盆地区主要断裂带,并进行了新的构造单元划分;对比了这些构造单元的构造样式,提出了它们形成演化的不同动力学机制;侧重对比了大港滩海区东侧和西侧的异同。

海底构造系统.上册 / 李三忠,索艳慧,刘博编著

北京:科学出版社,2018

该书的核心和实质内容是板块构造理论框

架下的活动大陆边缘、被动大陆边缘等,介绍了很多新概念、新技术、新理念。

海底构造系统.下册 / 李三忠,索艳慧,刘博编著

北京:科学出版社,2018

　　该书介绍了伸展裂解系统、俯冲消减系统的基本概念、本质内涵和前沿研究;从现象到本质,从过程到机理,由浅及深地重点分析了各子系统成因认识、基本特征、发展与运行规律。

海底构造原理 / 李三忠,索艳慧,郭玲莉编著

北京:科学出版社,2017

　　该书介绍了地壳、地幔和地核的基本概念、本质内涵和前沿研究;介绍了地球、海水、洋壳、基本特征、发展与运行规律;按照认知海底构造的思想起源顺序概括了相关学说。

区域海底构造.上册 / 李三忠…[等]编著

北京:科学出版社,2019

　　该书从大洋盆地演化和洋底多圈层相互作用出发,条理化、凝练性地介绍了太平洋和印度洋的构造单元划分、典型构造分析及洋盆演化过程。

区域海底构造.中册 / 李三忠…[等]编著

北京:科学出版社,2019

　　该书侧重介绍了大西洋和北冰洋的构造单元划分、典型构造分析及洋盆演化过程,并介绍了大火成岩省与深海深部演化过程的关联。

区域海底构造.下册 / 李三忠…[等]编著

北京:科学出版社,2019

　　该书介绍了古大洋演化的板块重建和古洋陆格局恢复,探讨了特提斯洋、古亚洲洋和古太平洋变迁,以及超大洋与超大陆的演化历史。

※ 李巍然

东海宝藏 / 李巍然主编

青岛:中国海洋大学出版社,2014

　　该书分为东海生物万象、东海资源大观、东海考古藏典,介绍了东海特有的海洋生态系统、渔业资源,讲述了东海最新的水下考古情况。

海洋教育新进展:2011年海洋教育国际研讨会论文集 / 李巍然主编

青岛:中国海洋大学出版社,2013

　　该书总结了世界范围内海洋教育的实践经验和理论成果,展示了海内外学者对海洋教育的理解和发展预期。入选论文集的论文,主题涉及海洋学科专业教育及海洋跨学科教育等诸多方面。

探索与实践:中国海洋大学首届本科教育教学讨论会研究文选 / 李巍然主编

青岛:中国海洋大学出版社,2009

　　该书收录了中国海洋大学首届本科教育教学研讨会论文42篇,较全面地反映了中国海洋大学近三年来贯彻"通识为体、专业为用"的教育理念。

※ 林振宏

海岸河口区重力再沉积和底坡的不稳定性 / 林振宏,杨作升编

北京:海洋出版社,1990

　　该书介绍了近年来应用地质、地球物理和地球化学相结合的方法,在海岸河口区研究沉积物搬运,再沉积作用和底坡不稳定性的最新进展。

※ 刘怀山

储层地震学 /(美)Mamdouh R. Gadallah 著;刘怀山译

北京:石油工业出版社,2009

　　该书介绍了储层地震学,内容包括地震勘探基本原理、地震数据采集、地震数据处理、三维地震勘探、层析成像、应用实例等。

地球物理环境探测和目标信息获取与处理 / 刘代志主编;刘怀山副主编

西安:西安地图出版社,2008

　　该书汇集论文35篇,介绍了地磁环境探测

与信息处理及应用、水下目标探测与定位预警、核物理环境监测技术与应用、工程与油气地球物理环境探测和地球物理信息处理等内容。

地震资料分析：地震资料处理、反演和解释 / (美)渥·伊尔马滋著；刘怀山…[等]译

北京：石油工业出版社，2006

　　该书系统地介绍了地震资料分析——地震资料处理、反演和解释技术，内容包括绪论、信号处理基础、速度分析和静校正、倾斜时差校正和叠前偏移，以及在各章提供的一些主要理论研究数学公式。

※ 刘喜武

弹性波场论基础 / 刘喜武编著

青岛：中国海洋大学出版社，2008

　　该书针对地震波理论及其地震勘探工程技术的需要，阐述了弹性波场论的基本知识，介绍了应力分析、应变和位移分析、应力与应变的关系、弹性动力学基本方程和定解问题等内容。

※ 孙晓霞

海湾生态系统的理论与实践：以胶州湾为例 / 孙晓霞…[等]著

北京：科学出版社，2015

　　该书在总结国际典型海洋生态系统研究进展及近海生态学研究理论的基础上，以胶州湾生态系统为例，基于胶州湾生态系统长期、综合、系统的观测与分析，从不同角度系统地阐述了海湾生态系统的长期变化规律与关键控制过程。

※ 王琦

海洋沉积学 / 王琦，朱而勤编著

北京：科学出版社，1989

　　该书论述了河口湾、潮坪、潟湖及海滩沉积体系，阐述了各种动力陆架类型的特征、判别标志及东海的动力沉积作用，阐述了各类远洋沉积

的分布和控制因素。

※ 王硕儒

多金属矿床测井 / (苏)梅耶尔，B.A. 著；李舟波，王硕儒译

北京：中国工业出版社，1965

　　该书简述了作为测井对象的多金属矿床的一般特征，介绍了矿床的地质特点和岩石、矿石的物理性质，研究了在多金属矿床所用的各种测井方法，叙述了测井曲线纪录的技术和自动化的主要问题。

※ 辛柏森

海洋地磁学 / 辛柏森…[等]著

青岛：青岛海洋大学出版社，1995

　　该书介绍了有关地磁学、岩石磁学的基础知识，在此基础上对海洋地磁学进行了较全面的论述，主要内容包括地球磁场、岩石的磁性、海洋地磁场的测量、世界大洋磁场的分布及洋底的演化等。

※ 杨作升

东海海洋通量关键过程 / 杨作升…[等]著

北京：海洋出版社，2001

　　该书论述了东海海洋通量的有关关键过程和机理，在海气碳通量估算、细颗粒物质输运沉积机理、冷涡区沉积动力学、浮游生物在垂直碳通量过程中的作用等方面有很多创新成果。

海岸带污水排放工程环境设计导则 / 杨作升…[等]著

北京：海洋出版社，2004

　　该书结合工程实际需要，从污水海洋处置工程的环境分析、海岸带污水排放工程的环境设计参数、环境要素对海岸带污水排放工程设计的影响研究、工程实例四个方面进行了系统的介绍。

黄河口水下底坡不稳定性 / 杨作升,沈渭铨主编

青岛:青岛海洋大学出版社,1991

该书讨论了黄河悬浮泥沙在现行河口外的运移、扩散和沉积过程,黄河水下三角洲的海底面貌及不稳定现象,黄河三角洲前缘上的异重流及其锋面,渤海中南部及黄河水下三角洲——沉积物的物理力学性质等。

※于联生

海底地磁学 / (美)瓦奎尔著;于联生…[等]译

北京:科学出版社,1984

该书论述了海底地磁学理论、方法及其应用,介绍了地磁学的基础理论、海上磁测工作方法及仪器使用、地磁场的倒转与演变、地磁场形成机理的探讨等内容。

海底地质学 / (美)谢帕德著;梁元博,于联生译

北京:科学出版社,1979

该书总结了国外近20年来在海底地质方面的调查研究成果,并试图提出若干重要的理论综合,是这方面的一部奠基性的著作。

海洋沉积 / (英)英国开放大学教材研究室编;于联生译

北京:海洋出版社,1986

该书为英国开放大学海洋学教程第十一、十二单元,讨论了海洋的沉积作用,介绍了海洋沉积物导论、近岸的沉积境、大陆边缘的沉积作用、大洋盆地的沉积作用等内容。

※翟世奎

冲绳海槽的岩浆作用与海底热液活动 / 翟世奎…[等]著

北京:海洋出版社,2001

该书是作者对其近20年科研工作的总结,在大量第一手实测分析资料的基础上,系统地论述了在冲绳海槽岩浆作用与现代海底热液活动研究中所取得的新认识。

海洋地质学 / 翟世奎编著

青岛:中国海洋大学出版社,2018

该书介绍了有关海洋地质学的基础知识和基本理论,吸收了当前海洋地质学研究的新成果,重点讲述了海洋地质学重要分支或学术方向上的学术进展和前沿科学问题。

海洋科学中若干前沿领域发展趋势的分析与探讨 / 翟世奎…[等]主编

北京:海洋出版社,1994

该书对海洋科学研究领域中若干前沿课题、研究热点的国内外研究现状及发展趋势进行了较详尽的介绍,并就未来的研究设想进行了大胆的分析和探讨。

三峡工程一期蓄水后的长江口海域环境 / 翟世奎…[等]著

北京:科学出版社,2008

该书介绍了长江流域及河口的自然地理和气象水文环境,讨论了长江河口及其邻近海域悬浮体的分布特征,三峡水库一期蓄水后入海生源要素和有机污染物的种类、分布及通量变化等内容。

※张国伟

华北断块区南部前寒武纪地质演化 / 张国伟…[等]主编

北京:冶金工业出版社,1985

该书在地层、岩石、沉积、地球化学、同位素地质和构造地质研究,以及变质岩区地质构造填图的基础上,论述了华北断块区南部晚太古代至晚元古代的地质演化历史。

秦岭勉略构造带与中国大陆构造 / 张国伟…[等]著

北京:科学出版社,2015

该书系统地论证了秦岭－大别等中央造山系勉略复合构造带的组成、结构、属性、特征及其形成演化,并结合秦岭－大别中央造山系区域

构造,讨论了中国大陆地质与大陆构造的基本问题,进而探讨了当代地球科学发展前沿领域的重大科学问题。

秦岭造山带与大陆动力学 / 张国伟…[等] 著

北京:科学出版社,2001

　　该书论述了秦岭造山带岩石图现今三维结构及其动力学特征,分析了秦岭造山作用和造山过程,并对秦岭造山模式与大陆动力学进行了探讨。

※ 张会星

基于双相介质理论地震预测瓦斯技术 / 杨双安,张会星编著

太原:山西科学技术出版社,2011

　　该书介绍了双相介质理论的原理及应用,从双相介质理论出发,研究固体和流体之间的相互作用所引起的岩石力学属性变化,从而进一步引起流体波速度的频散和振幅的衰减,产生慢纵波,以此理论来预测煤层瓦斯的分布规律。

※ 张金亮

储层沉积相 / 张金亮,谢俊主编

北京:石油工业出版社,2008

　　该书从储层的沉积作用理论、沉积相标志入手,论述了冲积扇、河流、扇三角洲、风成沙漠、碎屑滨岸和浅海、海洋碳酸盐和湖泊沉积等多种沉积相模式,形成了一个较完整的储层沉积体系结构。

※ 张利丰

海岸地貌 / 张利丰编写

济南,山东人民出版社,1963

　　该书介绍了海洋地貌与海上岛屿、海岸带的冲积物、海岸地貌的类型、掌握海岸地貌发展规律为生产建设服务等内容。

海洋地质 / 张利丰编著

济南:山东科学技术出版社,1980

　　该书介绍了海洋地质知识,内容丰富,文字简明通俗,配有 30 多幅图表。

※ 赵广涛

青少年应当知道的 100 种海洋资源 / 赵广涛主编

青岛:中国海洋大学出版社,2016

　　该书分为为海洋生物资源、海洋矿产资源、海洋化学资源、海洋能源资源、海洋旅游资源和海洋空间资源,带领读者领略神奇的海洋,探索海洋资源宝库的奥秘。

图说海底世界 / 赵广涛主编

青岛:中国海洋大学出版社,2013

　　该书以图说的形式向读者展示了大陆架、海沟及火山,海底形形色色的深海生物,富饶的海底矿藏和充满神奇的海底遗迹,我国"蛟龙"号科考的成就等内容。

※ 朱而勤

大洋锰结核矿物学 / 朱而勤著

济南:山东大学出版社,1987

　　该书阐述了锰结核的基本特征,介绍了锰结核矿物学的主要研究方法,论述了锰结核的主要矿物成分,从晶体场理论、结构矿物学的角度,讨论了锰结核矿物的晶体化学问题。

海底矿产 / 朱而勤编

济南:山东科学技术出版社,1980

　　该书系统地介绍了海底矿产的种类、分布及合理开发和利用。

海洋自生矿物 / 朱而勤,王琦编著

北京:海洋出版社,1988

　　该书讨论了自生矿物的类型、形成作用及形成条件等基本问题,阐述了各种自生矿物的种属、晶体化学、地球化学及成因问题,对中国近海的主要自生矿物做了总结。

近代海洋地质学 / 朱而勤主编

青岛：青岛海洋大学出版社，1991

该书介绍了海洋地球物理及其地质应用，地壳结构模型的新认识，西太平洋大陆边缘的发展演化历史，海底岩石学的最新成果，海底多金属结核、热液矿床，以及海底工程地质等内容。

离子晶体与金属相的结构 / （苏）别洛夫，H. B. 著；朱而勤…［等］译

北京：中国工业出版社，1962

该书用最密累迭原理，阐明了很多离子晶体与金属相的结构，且在此基础上提出了解决新结构的方法。

山东半岛近岸带沉积动力过程 / 朱而勤主编

青岛：青岛海洋大学出版社，1992

该论文集是国家自然科学基金项目"砂质海岸动力沉积作用中的过程响应体系"和山东省科学基金"山东近岸带海滨砂矿富集的沉积的动力学模型"等科研课题的阶段性研究成果。

山东昌乐蓝宝石 / 朱而勤著

济南：山东科学技术出版社，1997

该书重点阐述了山东昌乐蓝宝石的优良宝石学特征及新进发现的具有特殊宝石学内涵的奇珍异宝，使国内外宝石界了解它们的美学价值和在国际蓝宝石珍藏领域中的地位。

钻石——宝石之王 / 朱而勤，郭志越撰写

济南：山东科学技术出版社，1996

该书用生动的语言、简练的文字、瑰丽的图片，告诉大家一些鉴别钻石真假和评价钻石质量

的实际可行方法。

※庄振业

第四纪环境演变 / 庄振业编著

青岛：青岛海洋大学出版社，1999

该书侧重基础知识介绍和基础理论的研讨，吸取了海洋地质、沉积动力和一系列定量研究成果，反映了国内外第四纪地质学领域的最新研究成果和发展趋势。

海岸泻湖 / （英）巴恩斯著；庄振业…［等］译

北京：海洋出版社，1985

该书介绍了海岸泻湖的形成和发展、泻湖的形态学和泻湖的生态学。作者从生物学角度较多地介绍了泻湖对人类的用途，也涉及研究泻湖的若干方法。

※邹志辉

地球物理数据分析 离散反演理论 / （美）威廉·门克著；邹志辉，张建中译

北京：科学出版社，2019

该书以离散反演理论为对象，在介绍了离散反演理论所需要的编程和基本数学工具的基础上，讲解了线性反演理论的三种观点，概述了非线性反演理论、因子分析和连续反演理论的思想和要点，讨论了地球物理的典型反问题，列举了离散反演理论在地球物理中的应用实例。

化学化工学院

※陈德昌

海洋化学手册 / 陈德昌,刘涛,顾红堪编

北京:海洋出版社,1987

　　该书作者将散见于有关专著和期刊中的海洋化学的数据资料整理成册,介绍了海水性质、无机物、有机物、放射性物质和海水分析等内容。

实验室实用化学试剂手册 / 陈德昌编

济南:山东科学技术出版社,1987

　　该书收编的资料和数据大都采用表格的形式,不再论述基本概念、基本原理和操作方法。第一章介绍了化学试剂基础知识;第二章介绍了无机试剂和有机试剂的式量和物理性质;第三章介绍了溶液;第四章介绍了化验室专用试剂部分。

※陈国华

电化学方法应用 / 陈国华…[等]编著

北京:化学工业出版社,2003

　　该书在介绍电化学方法及其原理的基础上,全面介绍了电化学方法在金属电解精炼、湿法电冶炼、金属电镀、有机电合成、材料腐蚀与防护、化学电源及纳米材料制备等领域的应用。

海水电导 / 陈国华,吴葆仁编著

北京:海洋出版社,1981

　　该书讨论了海水导电的机理、影响海水导电性的各种因素、海水电导率和盐度的相互换算以及海水电导对电波传播的影响,介绍了常用的海水电导与盐度的测试方法、原理及相应的仪器装置。

环境污染治理方法原理与工艺 / 陈国华编著

北京:化学工业出版社,2003

　　该书介绍了水体、大气中的化学污染物及固体废弃物的物理化学和生物化学治理方法、技术与工艺,同时介绍了一些典型的废水、污染物治理实例,还包括典型的海洋污染治理方法与技术。

水体油污染治理 / 陈国华编著

北京:化学工业出版社,2002

　　该书介绍了治理原理、方法和技术,各种典型的含油废水治理实例,各种海洋溢油治理方法及其原理和实际应用的新技术,以及国际、国内有关油污染防治法规和条约等内容。

应用电化学 / 陈国华主编

青岛:青岛海洋大学出版社,1994

　　该书介绍了金属电沉积过程的基本原理和现代概念,金属铜、锌、银的电解精炼原理与工艺,电铸工艺与技术,各种化学电源、各种锂电池、银锌电池构成、机理性能和研究进展等内容。

应用物理化学 / 陈国华…[等]编著

北京:化学工业出版社,2008

　　该书介绍了表面活性剂溶液的物理化学、固体吸附的物理化学、分散体系的流变性及其应用、凝胶的物理化学及其应用、催化及其应用、水盐体系相图及其应用等内容。

※崔清晨

海水化学 / （日）堀部纯男…［等］著；崔清晨，郁纬军译

北京：科学出版社，1983

　　该书包括海水的物理化学和物质的循环两部分，收集和整理了有关内容的大量资料，介绍了日本海洋化学家的研究成果。

海洋化学辞典 / 崔清晨，孙秉一主编

北京：海洋出版社，1993

　　该书为《海洋科技辞典》的海洋化学分册，收集了海洋化学及有关学科的词条 1 700 余条，还收集了有关化学方面的新理论、概念和名词术语。

海洋资源 / 崔清晨…［等］编著

北京：商务印书馆，1981

　　该书是基础知识读物，介绍了海洋资源的种类、特性、分布、储量、开采方法及资源利用的现状和发展趋势等内容。

化学海洋学 . 第八卷 / （英）赖利，（英）切斯特主编；崔清晨译

北京：海洋出版社，1992

　　该书阐述了近年来迅速发展的化学海洋学某些新的研究课题，介绍了压力对海洋中化学过程的影响、海水中的痕量元素、深海沉积物间隙水的化学、海洋中的热液通量和天然水化学等内容。

※崔伟

Word 97 中文版应用与提高 / 崔伟主编

青岛：青岛出版社，1999

　　该书从实用出发，结合作者多年的工作经验，通过大量的图例，详细介绍了 Word 97 中文版的各种基本功能和应用技巧。

Word 2000 中文版应用与提高 / 崔伟主编

青岛：青岛出版社，2000

　　该书介绍了 Word 2000 中文版的入门知识、Word 2000 中文版的基本操作、Word 2000 的图文混排功能、使用 Word 2000 的网络功能等内容。

※杜敏

基础化学实验 . Ⅲ，物理化学实验 / 顾月姝主编；杜敏…［等］副主编

北京：化学工业出版社，2004

　　该书介绍了物理化学实验基本知识、基本测试方法和技术，以及数据处理等内容。在实验部分，编写了 34 个基础实验和 18 个设计性实验，书末收集了大量的物理化学基本数据。

※范玉华

无机及分析化学实验 . 修订版 / 范玉华主编

青岛：中国海洋大学出版社，2013

　　该书含 56 个实验，主要内容包括化学实验基础知识、化学实验基本操作和技能、基本操作与制备实验、化学原理和常数测定实验、综合与设计实验等。

无机及分析化学实验 . 第 3 版 / 范玉华主编

青岛：中国海洋大学出版社，2018

　　该书对 2013 年修订版进行了再次修订，增加了相关内容，更具实用性。

※冯丽娟

化学专业英语：化学与社会 / 冯丽娟，李先国主编

青岛：中国海洋大学出版社，2006

　　该书内容主要选材于国外化学类原版教材和专著，以当今社会最关注的环境、能源、材料、生命科学等问题与化学的联系为主线，介绍了化学与人类的密切关系。

无机化学实验 / 冯丽娟主编

青岛：中国海洋大学出版社，2009

　　该书介绍了常用仪器及使用方法、基本知识和基本技能、基本操作和原理实验、元素性质和无

机化合物制备实验等内容。该书于 2013 年再版。

※ 高从堦

海水淡化及海水与苦咸水利用发展建议 / 高从堦主编

北京：高等教育出版社，2007

　　该书根据我国水资源状况、国内外海水淡化与综合利用的现状和发展趋势，比较了海水淡化方法的技术性和经济性，阐明了海水淡化与综合利用的重要性和必要性，提出了发展海水淡化与综合利用技术和产业的建议、对策和措施。

海水淡化技术与工程 / 高从堦，阮国岭主编

北京：化学工业出版社，2016

　　该书在介绍水资源、膜分离、传热、传质知识的基础上，对热法和膜分离技术的各种过程和工艺做了重点阐述，对海水淡化后处理、海水淡化后浓海水综合利用、海水淡化对环境的影响及评价与对策等做了详尽阐述。

海水淡化技术与工程手册 / 高从堦，陈国华主编

北京：化学工业出版社，2004

　　该书在介绍世界水资源概况与海水、苦咸水淡化技术知识的基础上，介绍了各种现代海水淡化技术与工程，并介绍了各种水质标准和水质检测方法。

海水资源综合利用装备与材料 / 阮国岭，高从堦主编

北京：化学工业出版社，2017

　　该书对蒸馏法海水淡化、反渗透海水淡化、含盐废水处理的工艺和装备特点、装备选材原则、结构材料在特殊工况环境中的腐蚀防护措施、功能分离膜材料的种类和性能要求等进行了详细论述。

液体分离膜技术及应用 / 张玉忠，郑领英，高从堦编著

北京：化学工业出版社，2004

　　该书介绍了已工业化的用于液体分离的膜分离技术，重点介绍了液体分离膜技术在海水淡化、纯水制备、食品工业、生物工程、石油化工、医疗卫生和环境工程等领域的开发及应用。

※ 李春虎

煤气净化技术 / 许世森，李春虎，郜时旺编著

北京：化学工业出版社，2006

　　该书介绍了煤气净化理论基础、煤气干法脱硫、煤气同温脱硫、硫回收工艺等内容，重点突出了煤气净化工艺和煤气高温净化技术的原理、现状、应用及发展趋势。

※ 李静

仪器分析实验 / 李静，陈淑珠主编

青岛：青岛海洋大学出版社，2002

　　该书选编的实验内容既有验证实验又有分析方法的研究，既有成分分析又有结构分析。实验中尽量采用实际样品进行测定，旨在使学生在掌握仪器原理和实验方法的同时，了解它们的应用。

※ 李克强

渤海主要化学污染物海洋环境容量 / 王修林，李克强著

北京：科学出版社，2006

　　该书阐述了海洋环境容量理论基础、渤海海洋环境质量分析、渤海主要化学污染物海洋环境容量计算等内容。在海洋环境容量理论方面，阐述了海洋环境容量计算原理，提出了海洋环境容量计算的方法体系。

胶州湾主要化学污染物海洋环境容量 / 王修林，李克强，石晓勇著

北京：科学出版社，2006

　　该书以胶州湾为目标海域，针对我国近海海域海水水质恶化、赤潮灾害频发等重大海洋生态环境问题，在分析胶州湾化学污染物排海总量、

海洋生态环境质量等历史演变的基础上,阐述了海洋环境容量基本概念和一般计算方法。

※陆贤昆

海水分析方法 / (德)格拉斯霍夫主编;陆贤昆…[等]译

北京:科学出版社,1982

该书介绍了有关海水分析的采样、过滤、贮存等技术,以及海水盐度、氧、硫化氢、总碳酸盐、营养要素、痕量金属、有机组分的分析方法,讨论了海水自动分析技术及其应用。

※钱佐国

海洋有机化学译文集 / 钱佐国,孙明昆译

北京:海洋出版社,1980

该书共译载 16 篇近年发表的综述论文,介绍了海洋环境中有机化合物的来源、分布、循环和归宿等方面的研究成果和知识现状,有的论文对今后的研究提出了一些有价值的建议。

现代有机合成方法 / (英)卡鲁思著;钱佐国…[等]译

青岛:青岛海洋大学出版社,1990

该书介绍了有机合成化学的基本原理,阐述了近代有机化学的新方法、新试剂和新理论在有机合成中的应用。

※孙玉善

海洋资源化学 / 孙玉善编著

北京:海洋出版社,1991

该书论述了海洋无机资源化学和海洋天然有机物资源化学,介绍了海洋中微量和痕量元素的富集与分离,综述了海洋资源化学发展概况和新近进展。

※谭丽菊

化学海洋学实验 / 谭丽菊主编

青岛:中国海洋大学出版社,2018

该书比较全面地介绍了海洋化学的理论和实践体系,实验涵盖了海洋体系各个部分和各组分的相关理论和研究方法。

※王佳

液膜形态在大气腐蚀中的作用 / 王佳著

北京:化学工业出版社,2017

该书介绍了初始液滴、分散液膜、锈层液膜等不同液膜形态下金属腐蚀电化学行为特征、作用机理和模型,阐述了液膜腐蚀电化学测量技术和数据解析方法,以及液膜电化学腐蚀在大气腐蚀过程中的作用等方面的最新研究进展。

※王江涛

海洋功能区划理论和方法初探 / 王江涛著

北京:海洋出版社,2012

该书基于海洋生态系统区划管理理念,探索海洋功能区划控制指标体系,为保护渔业和海洋保护区用海空间,形成优化的海洋功能区划结构提供借鉴。

海洋物理化学 / 王江涛,谭丽菊主编

青岛:中国海洋大学出版社,2015

该书介绍了海洋化学的基础理论,论述了海水的组成、物理化学性质及其规律,海洋中各种化学资源的开发和利用,海洋自然环境的保护,海洋中生物、地质和水文等环境因子与海洋化学的关系等内容。

※王俊鹤

海水淡化 / 王俊鹤…[等]编

北京:科学出版社,1978

该书是关于海水淡化及咸水脱盐的基础理

论著述,系统地介绍了海水淡化各种方法的基本原理、典型工艺过程和设备,以及与之有关的若干理论问题。

※ 王庆璋

海洋腐蚀与防护技术 / 王庆璋,杜敏编著

青岛:青岛海洋大学出版社,2001

　　该书介绍了基础理论知识和近代防护技术的实用知识,包括腐蚀分类、电化学腐蚀热力学、表面处理与涂镀层技术、海洋防污损技术等内容。

※ 王中柱

分析化学实验 / 王中柱…[等]编

青岛:青岛海洋大学出版社,1990

　　该书对各实验的目的、基本原理、实验的操作步骤、所用试剂的配制进行了详尽的叙述,并对实验操作中应注意事项加以说明。各实验后均有本实验记录格式及思考题。

※ 夏树伟

简明结构化学学习指导 / 夏树伟,夏少武主编

北京:化学工业出版社,2004

　　该书是《简明结构化学教程》(第二版)的配套教材,作者简洁、清晰地介绍了每章基本内容,详细地解答了全部习题。每章后附有补充习题及解答。

结构化学 / 夏少武,夏树伟编著

北京:科学出版社,2012

　　该书以化学键理论、结构与性质的关系、结构的测定方法为主线,反映了当代结构化学新的研究进展和发展趋势。该书在介绍基本概念和基本理论的同时注重介绍应用,并介绍了当前理论研究的前沿成果。

量子化学基础 / 夏少武,夏树伟编著

北京:科学出版社,2010

　　该书介绍了量子化学原理及其应用,包含量子力学基础及简单应用、定态微扰方法及其应用、电子相关、量子化学的计算方法等内容。

※ 谢式南

放射化学基础 / 谢式南编著

青岛:青岛海洋大学出版社,1990

　　该书介绍了放射性元素遵循的基本规律、原子核结构和原子核反应、射线和物质的相互作用、射线的安全防护及同位素的应用等基础知识。

※ 于志刚

高校考试模式研究与实践 / 于志刚主编

青岛:青岛出版社,2003

　　该书阐述了我国高校考试制度的现状,围绕我国高等院校教育考试制度改革的各种现实问题进行了较深入的探讨。

海洋地理 / 于志刚主编

北京:海洋出版社,2009

　　该书介绍了海洋文学、海洋绘画、海洋雕塑、海洋音乐、海洋神话、海洋文字、海洋民俗、海洋学说等内容。

海洋地质 / 于志刚主编

北京:海洋出版社,2009

　　该书介绍了海底地形地貌、海岸带地质作用、海洋沉积、海底构造、海底工程与灾害地质、海底资源与开发、古海洋学等内容。

海洋环境 / 于志刚主编

北京:海洋出版社,2009

　　该书分为海洋环境基础、海洋污染及环境效应、海洋环境质量与标准、海洋环境灾害四个部分。

海洋技术 / 于志刚主编

北京:海洋出版社，2009

　　该书介绍了海洋物理、水声技术、海洋观测、海洋工程等内容。

海洋经济 / 于志刚主编

北京:海洋出版社，2009

　　该书介绍了海洋环境基础、海洋污染及环境效应、海洋环境质量与标准、海洋环境灾害等内容。

海洋军事 / 于志刚主编

北京:海洋出版社，2009

　　该书介绍了海军武器、名舰传奇、海军人物、海军战史、海军与海洋等内容。

海洋权益 / 于志刚主编

北京:海洋出版社，2009

　　该书阐述了有关海洋权益的基本知识,介绍了海洋管理、海洋权益、海洋执法等内容。

海洋生物 / 于志刚主编

北京:海洋出版社，2009

　　该书分为海洋植物、海洋无脊椎动物、海洋脊椎动物,介绍了海洋生物的分类和命名、食用真菌、药用海藻、海洋中的有孔虫和放射虫等内容。

海洋文化 / 于志刚主编

北京:海洋出版社，2009

　　该书介绍了海洋文学、海洋绘画、海洋雕塑、海洋音乐、海洋神话、海洋文字、海洋民俗、海洋学说等内容。

河口生物地球化学 / (美)Thomas S. Bianchi 著;于志刚…[等]译

北京:海洋出版社，2017

　　该书从河口地形地貌、水动力、物质循环和人类活动的影响等方面阐述了河口的物理特性、地球化学特性和生态特点,介绍了全球和区域尺度上的河口生物地球化学循环及过程。

极地海洋 / 于志刚主编

北京:海洋出版社，2009

　　该书介绍了地球两极、冰雪世界、寒冷环境、极地生灵、极地探险等内容。

物理海洋 / 于志刚主编

北京:海洋出版社，2009

　　该书分为物理海洋、海洋气象,介绍了海洋的特征、海流的类型、海雾的种类、洋流与气候等海洋基本知识等内容。

※张曼平

海洋化学论文选 / 张曼平主编

北京:海洋出版社，1994

　　该书为青岛海洋大学校庆 70 周年专集,分为研究论文、文献综述、研究简报和校友小传。

水质分析:水的物理化学、化学及微生物检验和质量控制实用指南 / (德)弗雷泽纽斯…[等]编著;张曼平…[等]译

北京:北京大学出版社，1991

　　该书介绍了几种水质分析方法,阐述了各种水分析技术的理论基础,介绍了水分析实验室使用的从简单到现代化仪器的使用方法,讨论了水分析数据的数字处理方法。

※张前前

深水溢油应急技术 / 张前前…[等]著

北京:科学出版社，2016

　　该书针对深水溢油应急技术,首先综述了深水油气田开发现状及溢油风险,进而阐述了深水溢油监测技术、深水溢油量估算方法,全面调研了深水溢油应急处置技术和全球深水溢油应急资源,然后介绍了深水溢油应急体系与法律法规,最后展示了南海深水溢油三维可视化系统的研究成果。

无机化学简明教程 / 张前前主编

青岛：中国海洋大学出版社，2006

该教程分为无机化学原理和元素化学，分别介绍了化学热力学、化学平衡、四大离子平衡、原子结构、分子结构和配合物结构等内容。该书采用中英文双语编写。

无机化学简明教程. 第2版 / 张前前编

青岛：中国海洋大学出版社，2019

该书对第1版进行了修订。该书涵盖无机化学的经典基础内容，包括中英文两个部分。中文部分以宏观和微观两条线讲授无机化学原理。英文部分介绍了无机化学原理。

※张正斌

海洋化学 / 张正斌主编

青岛：中国海洋大学出版社，2004

该书介绍了海洋的形成和海水的组成、海洋中的常量元素、海水中的气体和中国近海碳化学、海洋资源的利用与国民经济可持续发展等内容。

海洋化学. 下册 / 张正斌…[等]著

上海：科学技术出版社，1984

该书以我国海洋化学工作者和作者自己的研究成果为主体，对海洋化学在基础理论、海洋调查和资料处理以及技术应用等方面做了系统和全面的论述。

海洋化学. 下卷 / 张正斌，刘莲生主编

济南：山东教育出版社，2004

该书介绍了海洋中的反应、过程、循环，以及海水和海洋生物中元素量、元素的主要存在形成和分布类型。

海洋化学进展 / 张正斌，刘莲生编著

北京：化学工业出版社，2005

该书介绍了海水中电解质活度系数的若干进展、海水中元素物种化学存在形式和存在形态、海水中金属－配位体－固体微粒三元配合

物研究进展、海水微表层化学和海－气界面作用研究近况等内容。

海洋化学原理和应用：中国近海的海洋化学 / 张正斌…[等]著

北京：海洋出版社，1999

该书理论和实际应用并重，内容系统、全面，笔锋直达学科发展前沿；收集和总结了大量中国海洋化学家和中国近海的科研成果，预测了21世纪海洋化学的发展前景。

海洋物理化学 / 张正斌，刘莲生著

北京：科学出版社，1989

该书以作者和我国有关专家的研究成果为主体，全面地总结了国内外有关文献，对海洋物理化学各主要领域做了较深入的论述。

唤醒沉睡的蓝色：海洋化学揭秘 / 张正斌著

长沙：湖南教育出版社，2001

该书介绍了海洋的形成和海水的化学组成，海水中常量元素、营养元素、气体和同位素的含量和分布规律；着重说明了海洋化学在国民经济中的重要地位和在可持续性发展中的关键作用。

南沙群岛海区化学过程研究 / 张正斌…[等]著

北京：科学出版社，1996

该书汇集17篇论文，并附两篇英文著作，主要对该海区微表层和次表层的界面化学过程进行了研究。

平衡、非平衡和天然水 / （美）佩特科维茨著；张正斌…[等]译

北京：海洋出版社，1994

该书指出了学科发展的前沿，突出了作者独有的学术体系，是地球科学和化学科学的世界名著。

※祝陈坚

海水分析化学实验/祝陈坚主编

青岛：中国海洋大学出版社，2006

该书介绍了海洋中各个组分常用的分析方法及氯度、盐度、pH、营养盐和重金属等基本的海洋化学参数，力求全面翔实又有所侧重，是当前较为全面系统的海水分析实验教材。

海洋生命学院

※陈西广

壳聚糖基海洋生物医用材料 / 顾其胜,陈西广,赵成如主编

上海:上海科学技术出版社,2020

　　该书从物质性能、原料、产品及归属管理以及新产品和新技术等方面阐述了甲壳素/壳聚糖,论述了壳聚糖基海洋生物医用材料的研发现况、医用原料制备及风险控制、智能型新材料、发展新趋势等内容。

※池振明

现代微生物生态学 / 池振明主编

北京:科学出版社,2005

　　该书对第1版的内容进行了补充和修改,重点突出了微生物生态学目前研究的热点问题,反映了现代微生物生态学发展的最新内容和新方法。

现代微生物生态学.第2版 / 池振明主编

北京:科学出版社,2010

　　该书对第1版的内容进行了补充和修改,重点突出了微生物生态学目前研究的热点问题,反映了现在微生物生态学发展的最新内容和新方法。

※董树刚

植物生理学实验技术 / 董树刚,吴以平编

青岛:中国海洋大学出版社,2006

　　该书共收录30个实验,内容涉及水分生理、矿质营养、光合作用、呼吸作用、物质代谢、植物激素、生长发育、植物与环境等。书中增加了综合性和研究性实验教学内容。

※樊廷俊

细胞生物学实验技术 / 樊廷俊主编

青岛:中国海洋大学出版社,2006

　　该书包括细胞形态与结构观察技术、细胞生理学技术、细胞工程技术等模块的31个实验,又增加了教学实用性强的细胞生物学实验。

※方宗熙

达尔文进化论全集.第五卷,**动物和植物在家养下的变异**.上册 / (英)达尔文著;叶笃庄,方宗熙译

北京:科学出版社,1996

　　该书是达尔文59岁时出版的,刊载了他对家养动物和栽培植物所做的全部观察,以及他从各种著作中所搜集到的大量材料。该书还论述了变异、遗传等原因及其法则和他创立的"泛生论"。

达尔文主义 / 方宗熙编著

北京:高等教育出版社,1959

　　该书系方宗熙先生为纪念达尔文诞生150周年和《物种起源》发表100周年而作。该书介绍了苏联近年来有关达尔文主义的研究、我国古代有关进化问题的研究和记载。

达尔文主义.上册 / 方宗熙编

北京;人民教育出版社，1961

　　该书阐述了达尔文主义的发展史略,系统地分析了进化思想(特别是达尔文进化基本原理的发展过程)介绍了各学派的意见,提出了作者的一些见解。

达尔文主义.下册 / 方宗熙编

北京:人民教育出版社，1961

　　该书阐述了达尔文主义的基本问题和基本原理,提出了以下专题讨论:生命的本质、起源和发展,变异,自然选择,适应,物种的性质,物种的形成,个体发育和系统发育的相互关系,生命自然界前进发展的规律性。

动物和植物在家养下的变异 / （英）达尔文著;叶笃庄,方宗熙译

北京:北京大学出版社，2014

　　该书对数十种人工驯化的动植物的历史及其形态或行为特征进行了描述,阐释了达尔文对遗传和变异的思考。

懂一点达尔文进化论 / 方宗熙著

北京:中国青年出版社，1977

　　该书简明扼要地介绍了达尔文进化论,并且依据现代科学成就加以评价,用辩证唯物主义观点对它进行了分析,提供了有关生物进化的科学知识。

懂一点遗传学 / 方宗熙,江乃萼著

北京:中国青年出版社，1980

　　该书用大量的生物遗传实验材料阐述了现代遗传学的基本原理和基础知识,并对分子遗传学和遗传工程做了概要的介绍。

方宗熙文集 / 方宗熙著

北京:海洋出版社，1993

　　该书收录了32篇方宗熙有关海藻遗传育种和其他方面的论文,编入了作者的传略、照片。书后列有作者全部专著和论文目录。

普通遗传学.修订本 / 方宗熙著

北京:科学出版社，1978

　　该书介绍了现代遗传学的基本原理,引用的例证包括微生物、植物、动物和人类。该修订本保存了初版的体系,但在分子遗传学、医学遗传学等方面进行了修订,并增加了许多新材料。

普通遗传学.第5版 / 方宗熙著

北京:科学出版社，1984

　　该书对修订本进行了修订,较好地反映了现代遗传学的水平。

普通遗传学:细胞遗传学 / 方宗熙著

北京:北京科学出版社，1959

　　该书介绍了现代遗传学的基本原理,讨论了数量性状的遗传、遗传和环境的关系、性别的决定和发育、遗传和个体发育的关系、遗传和进化的关系等内容。

生命发展的辩证法 / 方宗熙,江乃萼著

北京:人民出版社，1976

　　该书介绍了生命的本质、生命的起源、生命的发展、人类的出现等内容。该书尝试运用马克思主义辩证法来分析、讨论生命的进化问题,即讨论在生命起源和发展中的唯物辩证法问题。

生物的进化 / 方宗熙著

北京:科学出版社，1973

　　该书用简明的事实论证了生物是进化而来的,不是上帝创造的,并且按照现代达尔文主义的基本原理说明了生物进化的过程。

细胞遗传学:普通遗传学 / 方宗熙著

北京:科学出版社，1961

　　该书介绍了现代细胞遗传学的基本原理,讨论了数量性状的遗传、遗传和环境的关系、性别的决定和发育、细胞质遗传、遗传和个体发育的关系、遗传和进化的关系等内容。

细胞遗传学.增订版 / 方宗熙著

北京:科学出版社，1964

　　该书介绍了现代细胞遗传学的基本原理,讨

论了数量性状的遗传、遗传和环境的关系、性别的决定和发育、细胞质遗传、遗传和个体发育的关系、遗传和进化的关系。

遗传学的两个学派 / 方宗熙著
北京：科学普及出版社，1962

摩尔根学派与米丘林学派对遗传和变异的见解很不相同。该书简要地介绍了两个学派的理论和他们争论的主要问题。

遗传与育种 / 方宗熙，江乃萼编
北京：科学出版社，1979

该书主要介绍了植物的遗传和育种的一些基本原理和方法，重点介绍了与育种有关的遗传学原理和基本的育种方法。

※郭华荣

Cytotechnology / 郭华荣主编
青岛：中国海洋大学出版社，2011

该书分为植物细胞工程和动物细胞工程，包含植物细胞、克隆动物等内容，增加了细胞核重编程和诱导性胚胎干细胞这些新的概念和技术，以及体外培养细胞的基因转染和表达等实用性很强的技术内容。

细胞工程技术 / 郭华荣主编
青岛：中国海洋大学出版社，2011

该书分为植物细胞工程和动物细胞工程，包含植物细胞、克隆动物等内容，增加了细胞核重编程和诱导性胚胎干细胞这些新的概念和技术，以及细胞毒理、体外培养细胞的基因转染和表达等实用性很强的技术内容。该书为中英对照双语教材。

※李永祺

海水养殖生态环境的保护与改善 / 李永祺主编
济南：山东科学技术出版社，1999

该书对作者五年来的主要研究成果进行了全面的总结，对保护和改善海水增养殖生态环境，指导海水养殖生产及促进养殖业与环境的协调、健康发展起积极的推动作用。

海洋恢复生态学 / 李永祺，唐学玺主编
青岛：中国海洋大学出版社，2016

该书介绍了海洋恢复生态学的内涵和定义，海洋生态恢复的程序及海洋生物、生境和生态系统恢复的方法与技术，国内外在典型海洋生态受损区、典型海洋环境污染区和典型海洋生态灾害发生区生态恢复的典型案例。

海洋污染生物学 / 李永祺，丁美丽编著
北京：海洋出版社，1991

该书以现代生物学为基础，广泛利用了海洋环境科学及其他分支学科的新技术、新成就，系统研究了各种污染物质入海后的生物学过程，以及在不同水平阐明污染物对海洋生物作用的规律和机制。

海域使用管理基本问题研究 / 李永祺，鹿守本主编
青岛：青岛海洋大学出版社，2002

该书围绕海域管理的基本问题进行了较深入的研讨，如沿海省、市之间的海域勘界，海域使用的法律制度，海洋功能区划，海洋行政执法管理，海洋特别保护区建设与管理。

中国海洋高技术及其产业化发展战略研究 / 孙洪，李永祺主编
青岛：中国海洋大学出版社，2003

该书以世界海洋高技术及其产业化的现状和发展趋势为背景，以我国海洋高技术及其产业发展为基础，探讨了我国发展海洋高技术及其产业的发展，并对其运行机制进行了分析。

中国区域海洋学：海洋环境生态学 / 李永祺主编
北京：海洋出版社，2012

该书介绍了人类活动和海洋环境污染对海洋生物及生态系统的影响、海洋生物多样性及其保护、海洋生态监测及生态修复。

※刘涛

北方海带苗种繁育技术 / 刘涛主编
青岛：中国海洋大学出版社，2019

该书以图文并茂的方式对北方地区现行苗种繁育技术进行了详细介绍，期待广大读者能够更直观地了解和掌握苗种繁育技术。

大型海藻实验技术 / 刘涛主编
北京：海洋出版社，2016

该书介绍了大型海藻生物学调查、常见种类形态观察、组织与细胞培养、生理学、经济成分测定等内容，汇集了当前我国大型海藻资源学、生物学、生理学、生物化学等方面经典技术方法。

黄、渤海及东海常见大型海藻图鉴 / 刘涛主编
北京：海洋出版社，2018

该书首次详细记录了东海及黄、渤海常见大型海藻外部形态及组织细胞结构的图鉴，记录了大型海藻 119 种，其中绿藻门 7 属、22 种，红藻门 40 属、66 种，棕色藻门 17 属、31 种。

科技项目管理 / 陈省平，李子和，刘涛编著
广州：中山大学出版社，2007

该书介绍了科技项目及其特点、科技项目管理创新、科技项目过程管理、科技项目组织实施模式、科技项目评估以及依托单位对科技项目的管理等内容。

南方海带苗种繁育技术 / 刘涛主编
青岛：中国海洋大学出版社，2019

该书介绍了海带基础知识、海带育苗场布局与环境条件、海带育苗设施与器具、海带夏苗培育技术及种海带的选育、采孢子、育苗、出库等过程。

中国常见海洋生物原色图典：植物 / 魏建功总主编；刘涛分册主编
青岛：中国海洋大学出版社，2020

该书汇总和整理了我国沿海常见海藻、海草和红树植物的图片、分类地位、形态特征、生态习性、地理分布、经济价值等资料，方便读者通过该书更直观地了解我国沿海常见的海洋植物。

中国海带产业发展研究（2018）/ 刘涛主编
青岛：中国海洋大学出版社，2019

该书作者通过调研和数据分析，梳理了当前我国海带产业结构与发展状况，并对面临形势和问题提出了发展建议，以期为我国海带产业的可持续发展提供绵薄之力。

※刘云

中国常见海洋生物原色图典：鸟类 爬行类 哺乳类 / 魏建功总主编；刘云分册主编
青岛：中国海洋大学出版社，2020

该书介绍了我国海洋鸟类的种类、形态特征、生活习性和地理分布，介绍了海龟和海蛇适应海洋生活的结构特征、鉴别、繁殖和保护等内容，讲述了海洋哺乳类的种类、食性、繁殖和面临的主要问题。

※茅云翔

海洋生物学 / （美）Peter Castro，（美）Michael E. Huber 著；茅云翔…[等] 译
北京：北京大学出版社，2011

该书讲述了亿万年来发生在海洋中的许许多多有趣的故事，描述了一个由珊瑚、海葵、海绵及众多美丽的生灵装点的五彩缤纷的水下世界。

※钱树本

海藻学 / 钱树本，刘东艳，孙军主编
青岛：中国海洋大学出版社，2005

该书阐述了海藻各门植物的形态、构造、系统分类及分布，重点介绍了研究海藻入门的基础知识。该书主要内容包括藻类的定义、细胞结构、生活史及系统演化、蓝藻门、红藻门、金藻门等。

海藻学．修订本 / 钱树本主编
青岛：中国海洋大学出版社，2014

该书对 2005 年版进行了修订，收录了蓝藻门、褐藻门、红藻门和绿藻门的全部属、种，其中

很多物种是中国海域内的新纪录及新物种,其他门海藻的内容仍保留原海藻学的系统及图文叙述。

※汝少国

伸向海洋的杀手 / 汝少国,庄仲华著

北京:海洋出版社,2001

该书介绍了大海的呼吸、形形色色的污染、来自海洋的警告、海洋生物在呼救、保护海洋行动、向往蔚蓝色的海洋等内容。

※唐学玺

海洋生态灾害学 / 唐学玺,王斌,高翔主编

北京:海洋出版社,2019

该书介绍了海洋生态灾害学的内涵和定义,海洋生态灾害的基本类型,成灾标准和灾害等级划分,海洋生态灾害的生物学基础,海洋生态灾害风险的识别、评价、区划及控制,海洋生态灾害的预报技术及预警信息发布的管理制度和流程,海洋生态灾害的处置技术等内容。

莱州湾人工海岸生态化建设理论与实践 / 刘洪军,唐学玺,王其翔主编

青岛:中国海洋大学出版社,2019

该书探讨了人工海岸发展历史、我国人工海岸现状及面临的主要问题,分析了国内外人工海岸生态化建设研究现状,介绍了人工海岸基本概念、类型及生态影响,提出了生态型人工岸段建设管理对策。

※田华

话说中国海洋生态保护 / 田华,辛蕾编著

广州:广东经济出版社,2014

该书描述了海洋正面临的严酷危机,倡导大家团结起来,共同守护我们的蓝色家园。在阐述我们所面临的诸多海洋生态问题的同时,作者结合典型实例介绍了一些切实有效的治理措施。

※童裳亮

仿生技术 / 童裳亮著

南宁:广西教育出版社,2003

该书讲述了如何将生物模型及其技术应用于相关的或适宜的领域。该书以实例的形式介绍了一些生物的奇趣现象及相应的仿生技术。

海洋生物技术 / 童裳亮编著

北京:海洋出版社,2003

该书介绍了海洋生物技术的研究内容和发展方向,对海洋新兴科学技术进行了系统的介绍。

海洋生物趣谈 / 童裳亮编著

北京:科学出版社,1982

该书除介绍了有关海洋生物的基础知识及海洋生物与人类的关系外,还介绍了海洋生物研究的新领域。

鱼类生理学 / 童裳亮编著

北京:科学出版社,1988

该书按鱼类的器官系统,全面介绍了鱼类生理学的基本原理,以及这些原理在养殖和捕捞中的应用。

中老年健康自助 / 童裳亮编著

北京:科学出版社,2005

该书从营养学、生理学、心理学、运动学等方面介绍了中老年的强身健体知识和预防疾病的知识,同时介绍了自测体温、自量血压、学看心电图的技巧及常见老年病的自我调理方法。

※王秋

发育生物学引论:兼忆童第周先生 / 王秋,吕连升,姚纪花整理

北京:科学出版社,2008

该书回顾和总结了童第周先生在生命科学领域所取得的学术成就,分为上篇和下篇。上篇是童先生关于发育生物学的系统叙述,下篇是童先生关于生命科学的种种观点及童先生的回忆

录、诗等。

童第周百年诞辰纪念集：纪念童第周老师诞生100周年、叶毓芬老师诞生96周年 / 王秋编

青岛：青岛海洋大学出版社，2002

该书作者选编了童先生有关胚胎学的哲理文章及作者在童先生指导、教育下进行的主要研究成果，作为对童先生的殷切怀念，并借此重温童先生的教诲，弘扬这位生物学大师的不朽业绩。

※王诗红

生态文明通识教程 / 王诗红编

青岛：中国海洋大学出版社，2014

该书对人类文明发展的历史进程做了简单扼要的回顾，探讨了工业文明给人类带来的巨大的生态灾难和社会问题，批判了人类妄图征服自然的错误的价值观；在此基础上，介绍了生态文明的基本概念。

※王祥红

微生物与海洋微生物学实验 / 王祥红编著

青岛：中国海洋大学出版社，2011

该书分为基础性实验、综合性实验和研究性实验。附录部分收录了微生物实验常用染色液和试剂的配制、培养基的配制等内容。

※徐怀恕

对虾苗期细菌病害的诊断与控制 / 徐怀恕…[等]著

北京：海洋出版社，1999

该书对中国对虾育苗阶段的水质、病原菌、虾病的快速诊断技术等进行了系统的研究，探索了对虾免疫机制、疫苗防病及应用有益菌对改善水质提高虾苗健康水平的作用，提出了适合我国对虾育苗的育苗技术和育苗过程中的改进意见。

※薛廷耀

海洋细菌学 / 薛廷耀编译

北京：科学出版社，1962

该书依据佐贝尔所著的海洋微生物学专著及国内外一些有关海洋细菌学的研究资料编译而成，重点介绍了浅海细菌学的基本内容及研究方法，并综述了世界各国科学工作者对海洋细菌学的研究成果。

※杨德渐

海错鳞雅：中华海洋无脊椎动物考释 / 杨德渐，孙瑞平编著

青岛：中国海洋大学出版社，2013

该书由古达今，追溯了海洋无脊椎动物的记载、历代沿革、命名含义、辨识正名，简记了轶事典故、生物学知识。该书依现代动物分类体系分条记述，每条包含主名、次名、正文。

海洋沉积物生态学：底栖生物群落结构与功能导论 / （英）格雷著；杨德渐…[等]译

北京：海洋出版社，1987

该书介绍了海洋沉积物生态学研究的理论问题，总结了近年来一些最新的研究成果，特别对海洋沉积物中底栖生物群落的结构和功能做了较详细的理论概括。

海洋无脊椎动物 / 杨德渐，孙瑞平著

济南：山东科学技术出版社，1983

该书介绍了海洋原生动物、海洋多孔动物、海洋腔肠动物、海洋蠕虫、海洋软体动物等内容。

海洋无脊椎动物学 / 杨德渐，孙世春主编

青岛：青岛海洋大学出版社，1999

该书分为单细胞动物——原生动物和多细胞动物——后生动物，内容包括原生动物、多孔动物门、环节动物门、软体动物门、半索动物门等。

来自大海的疑问:海洋动物篇（无脊椎动物）/
杨德渐,孙瑞平编著

青岛:青岛海洋大学出版社,1998

什么动物能发射秘密"导弹",什么动物默默无闻而如今却名闻遐迩,什么动物是海洋忠实顺民,什么动物竟敢与巨鲸宣战……这都是海洋中生活的无脊椎动物,也都是该书的内容。

沙蚕养殖与开发/ 杨德渐…［等］编著

青岛:中国海洋大学出版社,2006

该书以"一(物)种、二(育)苗、三养(成)、四(收)获"写沙蚕养殖,即以种–苗–养–获为各章主线,介绍了三种养殖池、三种方法、养三种沙蚕。该书还编制了我国可养殖沙蚕物种的检索表,提出了养殖建议。

中国北部海洋无脊椎动物/ 杨德渐…［等］编著

北京:高等教育出版社,1996

该书从多孔动物到头索动物,按动物的演化顺序进行编排,介绍了各动物类群的分类和检索,共描述722个物种,其中包括分类、形态特征、分布及生态环境等,附有精绘插图765幅。

中国近海多毛环节动物/ 杨德渐,孙瑞平编著

北京:农业出版社,1988

该书图文并茂,描述了我国近海多毛环节动物53科、205属、356种,展示了世界多毛环节动物主要科、属。

※张士璀

发育生物学/ 张红卫主编;张士璀…［等］副主编

北京:高等教育出版社,2006

该书介绍了发育生物学的基础知识和基本理论,探讨了发育的机理,介绍了生物的发育工程、发育机制的分析和实验,还介绍了发育生物学的最新研究进展。

海洋生物技术新进展/ 张士璀…［等］编著

北京:海洋出版社,1999

该书对近十余年来国内外,尤其是国内海洋生物技术研究进展(诸如海洋生物基因工程、海洋生物细胞工程、海洋生物活性物质及海洋生物培育方面)做了较详细的介绍。

海洋生物技术原理和应用/ 张士璀…［等］主编

北京:海洋出版社,1997

该书介绍了海洋生物的筛选和培养、转基因海洋动物、纯种保存、海洋微藻的基因工程、海洋环境保护、疾病的诊断与防治、海洋生物活性物质等内容。

海洋生物学/ 张士璀,何建国,孙世春主编

青岛:中国海洋大学出版社,2017

该书介绍了海洋形成与演化,生命起源与进化,海洋微生物、海洋植物和海洋动物的主要特征、习性、分布及系统演化,海洋植物和动物的组织及器官系统的结构与功能等内容。

水产基因组学技术/ (美)刘占江主编;张士璀…［等］译

北京:化学工业出版社,2011

该书根据水产动物基因的特点,介绍了基因组学各种技术及其原理,涵盖了水产动物基因组标记技术、基因组作图技术和全基因组测序技术等方面。

细胞工程学/ 王蒂主编;张士璀…［等］副主编

北京:中国农业出版社,2003

该书分为细胞工程学基础、植物细胞工程、动物和微生物细胞工程,共17章。各章在总结已有研究成果的基础上,着重对其在农业、医药、食品、环境等领域的应用状况和原理进行了介绍。

※张晓华

海洋微生物学 / 张晓华主编

青岛：中国海洋大学出版社，2007

该书介绍了海洋微生物学研究内容、研究方法及研究概况等内容。

海洋微生物学.第 2 版 / 张晓华…［等］编著

北京：科学出版社，2016

该书在第 1 版的基础上总结了海洋微生物的开发利用、现代生物技术在海洋微生物研究中的应用等内容，力求从个体和群体水平上阐述海洋微生物学的基本规律，突出该学科的重点、难点和生长点。

海洋原核生物名称 / 张晓华，陈皓文主编

北京：科学出版社，2009

该书收集了截至 2008 年 7 月发表的海洋原核生物名录 846 属、2 292 种，其中包括海洋古菌 66 属、189 种，海洋细菌 780 属、2 103 种，为国内唯一一本专门记载海洋原核生物名称的工具书。该书内容包括物种拉丁文名称、命名者、命名年代和中文名称，有的名称还附有文献出处。

※张学成

分子生物学 / 张学成，隋正红，韩宝芹编

青岛：青岛海洋大学出版社，2002

该书介绍了分子生物学基础理论、分子生物学概念及分子生物学实验技术等内容。

海藻遗传学 / 张学成…［等］编著

北京：中国农业出版社，2005

该书阐述了大型褐藻、大型绿藻和微藻的遗传学和分子生物学研究的历史和现状，阐明了海藻遗传学的基本原理及藻类遗传的特征和机理，突出介绍了我国海藻遗传学研究的科研实践。

螺旋藻：最完美的功能食品 / 张学成…［等］编著

青岛：青岛海洋大学出版社，1999

该书从微藻写起，介绍了螺旋藻的生物学特性、大规模培养、生化组成和营养功能、螺旋藻的医用价值及螺旋藻在饲料中的应用和效果。

※张志南

渤海底栖生物次级生产力与生物多样性 / 张志南…［等］著

北京：科学出版社，2017

该书以绪论、渤海的自然环境和渤海生源要素的地球化学循环为头三章，最后三章是水层－底栖耦合的两个关键过程，中间的六章既展示了大型底栖动物和小型底栖动物的同步观测和综合分析，也展现了传统生物多样性与现代分类学多样性及与分子多样性的交叉和融合。

生物海洋学导论 /（加）C. M. 莱莉，（加）T. R. 帕森斯著；张志南…［等］译

青岛：青岛海洋大学出版社，2000

该书概括了近十余年来有关该领域的最主要的成果，提出从全球变化的时空尺度把生物海洋学与渔业海洋学密切结合起来，高度重视人类活动对海洋生物系统的影响及生态系统的反馈。

中国自由生活海洋线虫新种研究 / 黄勇，张志南著

北京：科学出版社，2019

该书是我国第一部关于自由生活海洋线虫研究的著作，阐明了自由生活海洋线虫的分类系统、研究方法，描述了首次发现于我国海区的自由生活线虫新种 120 余种，新属 7 个。该书按照新种发表描述的要求和国际规范进行了特征描述，并配以插图和照片。

※郑家声

话说中国海洋生物 / 郑家声…[等] 编著

广州：广东经济出版社，2014

　　该书介绍了我国的海洋生物，通过对海洋里形形色色的生物的详细描写，使想认识和探索海洋生物的人们对神秘浩瀚的海洋生物有系统的了解。

※周红

中国动物志：无脊椎动物．第四十六卷，星虫动物门螠虫动物门 / 中国科学院中国动物志编辑

委员会主编；周红，李凤鲁，王玮编著

北京：科学出版社，2007

　　该书介绍了中国沿海的现生星虫和螠虫动物，包括星虫 6 科、13 属、41 种，螠虫 2 科、11 种。

※朱丽岩

海洋生物学实验 / 朱丽岩…[等] 编

青岛：中国海洋大学出版社，2007

　　该书是为配合海洋生物学课程的教学而编写的实验教材，包括海藻、海洋浮游动物、海洋底栖动物和海洋鱼类，共有 25 个实验。

食品科学与工程学院

※曾名湧

海洋渔业 / 曾名湧,李文涛编著

北京:中国少年儿童出版社,2002

　　该书根据青少年摄取知识的特点,采用问答的形式,图文并茂地回答了有关海洋渔业知识的394题。

海洋渔业 / 曾名湧,李文涛编著

广州:中山大学出版社,2012

　　该书介绍了海洋渔业的发展沿革、捕鱼技术、海产品美食与营养、海产品保健与药用等科普知识。

食品保藏原理与技术 / 曾名湧编

青岛:青岛海洋大学出版社,2000

　　该书介绍了引起食品变质的主要因素、食品腐败变质的抑制、食品保藏过程中的品质变化及其防治方法,以及食品的低温保藏技术等方法。

食品保藏原理与技术.第2版 / 曾名湧主编

北京:化学工业出版社,2014

　　该书对第1版进行了修订,介绍了引起食品变质腐败的主要因素、食品保藏的基本原理及食品在保藏过程中的品质变化、食品的各类保藏技术,增加了新技术在食品保藏中的应用等内容。

天然食品添加剂 / 曾名湧,董士远主编

北京:化学工业出版社,2005

　　该书介绍了天然食品防腐剂、天然食品抗氧化剂、天然食品增味剂、天然食品乳化剂、天然食品增稠剂的化学结构,研发原理及研发方法、研究进展等内容。

※管斌

发酵实验技术与方案 / 管斌主编

北京:化学工业出版社,2010

　　该书从发酵工程实验技术与方法角度出发,描述了发酵工程实验原理、研究方法、检测手段及与工程技术的相互关系。该书收录了几十个常见的发酵工程实验方案。

食品蛋白质化学 / 管斌,林洪,王广策编著

北京:化学工业出版社,2005

　　该书从生物科学与食品工程角度出发,描述了蛋白质的结构与功能、蛋白质的组成与营养及蛋白质加工与食品品质的关系,并对食品蛋白质化学研究进展情况进行了较详细的论述。

中国酒生产技术与酒文化 / 管斌主编

北京;化学工业出版社,2016

　　该书以中国酒生产技术与研究方法为主线,突出了中国酒生产技术特点,系统描述了白酒生产技术、黄酒生产技术、酒曲生产技术、中国酒的老熟和勾兑及调味、中国酒风味与品评技术及酒文化等内容。

※李爱杰

水产动物营养与饲料学 / 李爱杰主编

北京:农业出版社,1996

　　该书以淡水、海水养殖动物为对象,以鱼、虾为主,兼顾其他水产动物,以水产动物营养为理论基础,兼顾配合饲料配方及饲料加工技术,介绍了现代水产动物营养与饲料学的基本理论和

技术。

鱼虾类营养研究进展 . 第二集 / 李爱杰,萧锡延主编

青岛:青岛海洋大学出版社,1998

　　该论文集收入 37 篇论文,其中含有综述性、研究性和经验性报告,理论与实际兼收并蓄,内容丰富。

中国水产学会水产动物营养与饲料研究会论文集 . 第一集 / 李爱杰,王东石主编

北京:海洋出版社,1998

　　该论文集收录 45 篇论文,包括 10 篇综述性报告、35 篇研究性论文。这些文章涉及鱼、虾、鳖等水产动物,内容丰富,具有较高的参考价值。

※ 李八方

海洋保健食品 / 李八方主编

北京:化学工业出版社,2009

　　该书以海洋保健食品的生物资源、活性成分的结构类型、分离纯化与结构鉴定和生物功能评价为主线,坚持理论与应用并重,使开始接触本领域的研究工作者能够了解有关知识的全貌,并作为研究、开发工作的参考资料。

海洋生物活性物质 / 李八方主编

青岛:中国海洋大学出版社,2007

　　该书介绍了目前正在成为热点研究领域的海洋动物、大型海洋植物、海洋微藻与海洋微生物所产生的生物活性物质,还介绍了海洋生物活性化学成分的分离提取、结构解析、分子结构、生物活性及活性验证方法,阐述了各类海洋生物活性物质的最新研究成果。

水生生物胶原蛋白理论与应用 / 李八方著

北京:化学工业出版社,2015

　　该书概述了胶原的三股螺旋结构特征、氨基酸组成、组织分布、明胶和水解胶原蛋白的区别,阐述了成纤维胶原的亚基构成、分子结构、性质、应用领域和水生生物胶原蛋白的研究现状。

※ 李兆杰

水产品化学 / 李兆杰主编

北京:化学工业出版社,2007

　　该书阐述了水产品原料成分的化学、生物化学特性及其在加工、贮藏过程中的变化,为水产品新产品的开发奠定了理论基础。

※ 林洪

国际贸易水产品图谱 / 林洪,刘勇主编

青岛:中国海洋大学出版社,2008

　　该书收录了贸易量较大的 200 余个品种,如软骨鱼、硬骨鱼、软体动物、其他水产动物、海藻,每种依次列出其中文名、地方名、英文名、日文名、学名等,并阐述了每个种类的特征、分布、国际贸易状况、进出口检验检疫要求等内容。

水产品安全性 / 林洪主编

北京:中国轻工业出版社,2005

　　该书介绍了水产品质量安全法规、标准与管理,水产品加工的安全性,水产品理化指标检验方法,水产品安全性评价等内容。

水产品安全性 . 第 2 版 / 林洪主编

北京:中国轻工业出版社,2010

　　该书较第 1 版增加了三章,同时对第 1 版原有章节的内容进行了大幅度的增删。该书大部分内容是编者近几年的最新研究成果。

水产品保鲜技术 / 林洪…[等] 编著

北京:中国轻工业出版社,2001

　　该书介绍了水产品保鲜的基本原理,对影响鲜度的内外因进行了较详细的述评,并介绍了利用高科技手段的保鲜方法及鲜度判定的方法。

水产品的商品化处理与配送 / 林洪主编

北京:中国劳动社会保障出版社,2012

　　该书从水产品商品化的角度出发,结合科学知识和实践技术,在水产品的储藏、保鲜、加工、包装、配送、销售及相应的标准、质量检验和收效

分析等方面,介绍了如何把水产品迅速、安全地转化为商品的一些方法。

水产品营养与安全 / 林洪主编

北京:化学工业出版社,2007

　　该书从水产品资源利用和开发的角度,对其营养及安全性进行了论述。全书分为水产品营养和水产品安全,前者论述了水产品中的主要营养成分,后者论述了水产品中的危害成分。

水产品资源有效利用 / 林洪…[等]编著

北京:化学工业出版社,2007

　　该书从水产品资源与利用的角度对水产品资源进行了论述。具体内容包括蛋白质的开发与利用,鱼油的开发与利用,以及贝壳、鱿鱼等水产品的开发与利用等。

※ 牟海津

海洋微生物工程 / 牟海津主编

青岛:中国海洋大学出版社,2016

　　该书通过对海洋微生物的特性、类群及资源分布等基础知识,以及海洋微生物开发利用技术、海洋微生物与食品工程、能源工程等应用型和工程化内容的阐述,介绍了海洋微生物工程这一新兴领域的基础知识、现代技术、工程范畴及发展趋势。

※ 汪东风

Food Chemistry / Dongfeng Wang…[et al.] (Editors)

Hauppauge, NY: Nova Science Publishers, 2012.

　　该书从化学成分的结构、性质、在加工与贮藏中的变化及它们对食品的安全性、营养性和享受性的影响等方面进行了系统的介绍。

高级食品化学 / 汪东风主编

北京:化学工业出版社,2009

　　该书重点介绍了食品中水分、蛋白质、油脂、食品酶学、代谢产物、食品风味及食品分散体系等主要成分化学、食品功能性、生理功能及工艺

化学等方面的新进展。

健康饮食知多少:食品营养科普问答 / 汪东风主编

北京:化学工业出版社,2012

　　该书以健康饮食、食品营养与健康为主题,从食品营养的基本知识、膳食营养与健康、饮食习惯与营养,以及特定人群的食品营养等方面,以一问一答的方式就人们关心的问题进行了介绍。

食品化学 / 汪东风主编

北京:化学工业出版社,2007

　　该书阐述了食品化学的基础理论,紧密联系实际应用和食品化学最新的研究成果与前沿技术,精简了与基础生物化学重复的部分,相应增加了食品中有害成分化学内容,同时配有实验教材、例题习题参考书和多媒体课件。

食品化学.第2版 / 汪东风主编

北京:化学工业出版社,2014

　　该书作者参阅了国内外食品化学教材及文献,对第1版进行了修订。该书更具系统性、先进性。

食品化学.第3版 / 汪东风,徐莹主编

北京:化学工业出版社,2019

　　该书在第2版的基础上,对多个方面进行了修订,补充了新的内容,删除了相似或重复的内容,更简明、更实用。

食品科学实验技术 / 汪东风主编

北京:中国轻工业出版社,2006

　　该书讲述了食品科学专业多门课程的实验,介绍了食品科学实验技术基础知识、食品化学实验技术、食品工艺学实验、食品生物技术实验及创新实践等内容,还介绍了每个实验的原理及操作步骤。

食品质量与安全实验技术.第2版 / 汪东风主编

北京:中国轻工业出版社,2011

　　该书对第1版进行了修订,重点介绍了食品

安全科学研究技术及最新的食品安全检测技术和要求。此版专列一章介绍了在食品中可能违法添加的非食用物质及其检测技术。

食品中有害成分化学 / 汪东风主编

北京:化学工业出版社,2006

该书介绍了食品中过敏原、重金属、农药残留、加工及贮藏中产生的有害成分、生物毒素等内容,阐述了各种有害成分的来源、化学性质及毒理性质等问题,并提供了一些去除食品中有害成分的方法。

专业特色创新人才培养理论与实践 / 汪东风著

青岛:中国海洋大学出版社,2016

该书是作者多年来在课程建设创新、实践和特色专业建设等方面不断探索和实践的结晶,是作者多年来在国内知名专业期刊上发表的论文和教学心得材料的汇编。

※ 徐玮

生物化学实验 / 徐玮,马洪明编著

青岛:青岛海洋大学出版社,2002

该书列举了水产品加工、水产养殖等领域的34个实验,书后附有生化实验常用仪器的使用、透析与超滤技术、常用缓冲液的配置等内容。

食品化学实验和习题 / 徐玮,汪东风主编

北京:化学工业出版社,2008

该书包括上篇和下篇。上篇为食品化学实验,下篇为食品化学习题。在上篇的实验内容中,分别安排了47个基础性实验、15个综合性实验及关于研究性实验和科技论文写作的基本内容。下篇的食品化学习题紧扣教学大纲,并附有全部参考答案。

※ 许加超

海藻化学与工艺学 / 许加超主编

青岛:中国海洋大学出版社,2014

该书介绍了经济海藻资源原料特性、海藻活性成分结构与理化性质及生产工艺,并阐述了经济褐藻、红藻、蓝藻及绿藻中活性物质的加工及精深加工技术。

※ 薛长湖

海参精深加工的理论与技术 / 薛长湖著

北京:科学出版社,2015

该书从海参的营养特性、加工技术及产品质量控制技术等方面,介绍了我国市场上常见可食用海参的种类及分布、海参加工过程中的质量与营养变化及现代加工技术、海参产品的鉴定及质量标准等内容。

海洋水产品加工与食品安全 / 朱蓓薇,薛长湖主编

北京:科学出版社,2016

该书介绍了海洋水产品加工与食品安全的最新进展、研究成果及研究方法,阐述了我国海洋水产品加工业发展现状,海洋水产品保活与保险技术,鱼类、贝壳、海参等类的加工技术,以及海洋水产品质量与安全控制。

中国海洋水产品现代加工技术与质量安全 / 薛长湖…[等]编著

北京:海洋出版社,2010

该书从中国海洋水产业的发展现状、海洋水产品蛋白加工技术、海洋水产品多糖加工技术等方面,阐述了我国海洋水产品的现代加工技术体系,并提出了我国海洋水产品加工产业的发展战略。

医药学院

※管华诗

高山流水:《科学·人文·未来》论坛实录 / 王蒙,
管华诗主编

北京:中央编译出版社,2005

该书收录了20余位著名学者在庆祝中国海洋大学建校80周年的学术活动中共同探讨"科学、人文与未来"的演讲稿。

海水养殖动物的免疫、细胞培养和病害研究 / 管华诗主编

济南:山东科学技术出版社,1999

该书是五年来在海水养殖动物免疫学、细胞培养技术和病害学的研究总结,同时介绍了国内外在这方面的研究进展。

海洋管理概论 / 管华诗,王曙光主编

青岛:中国海洋大学出版社,2003

该书阐述了海洋政策、海洋立法、海洋权益、海洋功能区划、海洋资源管理、海洋科技及其产业化管理、海洋经济管理、海洋人力资源管理及海洋执法管理等内容。

海洋探秘 / 管华诗主编

济南:山东科学技术出版社,2013

该书介绍了海洋中的故事、海洋资源和海洋开发利用、海洋灾害、海洋开发新技术、海洋生态系统、海洋权益与海洋管理。

海洋知识经济 / 管华诗主编

青岛:青岛海洋大学出版社,1999

该书是目前国内第一部从知识经济的角度去探讨现代海洋科技、海洋产业发展的著作,展示了现代海洋高新技术及相关产业发展的全貌,并从海洋科学、法律保障、海洋文化建设等方面探讨了实现海洋产业、海洋经济可持续发展的外部环境。

蓝色的国土.海洋卷 / 管华诗主编

济南:山东科学技术出版社,2007

该书介绍了海洋中的故事、海洋资源与海洋开发利用、海洋灾害、海洋开发新技术、海洋生态系统、海洋权益与海洋管理等内容。

严峻的海洋环境 / 管华诗主编

济南:黄河出版社,2000

该书阐述了当代海洋环境问题,呼吁人们保护海洋生态系统,科学地开发和利用海洋。

勇者乐海 / 王蒙,管华诗主编

青岛:中国海洋大学出版社,2012

该书收录了多篇有关海洋生与命的论文,介绍了海洋的赞歌与期望、中国传统审美经验的局限与断裂、中国海洋面临的挑战与综合整治等内容。

中国海洋工程与科技发展战略研究.海陆关联卷 / 管华诗主编

北京:海洋出版社,2014

该书分为两部分,第一部分是海陆关联工程与科技领域的综合研究成果,第二部分是海陆关联工程与科技四个专业领域的发展战略和对策建议研究。

中华海洋本草.第一卷,总论 / 管华诗,王曙光主编

上海:上海科学技术出版社,2009

该书对中华海洋本草发展史进行了较为系统的归纳总结,阐述了海洋本草的发展脉络,并对海洋本草的基本特点、现代海洋药物的发展、海洋药用生物状况等方面进行了总结。

中华海洋本草.第二卷,海洋矿物药与海洋植物药 / 管华诗,王曙光主编

上海:上海科学技术出版社,2009

该书介绍了食盐、浮石、石燕等海洋矿物药,藻类植物药、高等植物药等海洋植物药。海洋矿物药按阳离子分类,海洋植物药按生物分类系统顺序编排,每种药物分为药物和物种两部分。

中华海洋本草.第三卷,海洋无脊椎动物药 / 管华诗,王曙光主编

上海:上海科学技术出版社,2009

该书介绍了多孔动物门、腔肠动物门、环节动物门、星虫门、软体动物门、棘皮动物门等类的海洋无脊椎动物药,并按生物分类系统顺序编排,每种药物分为药物和物种两部分。

中华海洋本草.第四卷,海洋脊索动物药 / 管华诗,王曙光主编

上海:上海科学技术出版社,2009

该书介绍了尾索动物门、头索动物门、脊椎动物门的海洋脊索动物药,包括柄海鞘、七鳃鳗、鲨鱼肉、海鲶等。海洋动物药按生物分类系统顺序编排,每种药物分为药物和物种两部分。

中华海洋本草.第五卷,索引 / 管华诗,王曙光主编

上海:上海科学技术出版社,2009

该书介绍了药物中文名索引,药用植物、动物及矿物中文名索引,药用植物、动物拉丁学名及矿物英文名索引,化学成分中文名索引,化学成分英文名索引。

中华海洋本草:海洋天然产物 / 管华诗,王曙光主编

北京:化学工业出版社,2009

该书收录了现代海洋天然产物研究获得的近2万种化合物的数据信息。

中华海洋本草:海洋药源微生物 / 管华诗,王曙光主编

上海:上海科学技术出版社,2009

该书分上篇和下篇。上篇为海洋微生物基础,介绍了海洋微生物的基础知识;下篇为海洋药源微生物及其活性物质,介绍了海洋药源微生物和活性代谢产物及其功效等内容。

中华海洋本草精选本 / 管华诗,王曙光主编

上海:上海科学技术出版社,2014

该书收载了300余味常见、经典的海洋药物,360余种海洋生物,从海洋矿物药、海洋植物药和海洋动物药方面介绍了海洋本草。

中华海洋本草图鉴.第一卷 / 管华诗,王曙光主编

上海:上海科学技术出版社,2015

该书精选了常用海洋药物,以图为鉴,配以文字,介绍了海洋本草的基原物种特征和药材特征。书中每味药附有基原形态特征图、生态环境图、药材特征图、显微结构图等。

中华海洋本草图鉴.第二卷 / 管华诗,王曙光主编

上海:上海科学技术出版社,2016

该书介绍了海洋本草的基原物种特征和药材特征;以药物特征为主线,通过图片、文字对所选药物进行药材特征、药物功效和基原物种特征的阐述与介绍。

中华海洋本草图鉴.第三卷 / 管华诗,王曙光主编

上海:上海科学技术出版社,2016

该书介绍了海洋本草的基原物种特征和药材特征。每味药下按功效主治、用法用量、药材

特征、基原特征项目介绍。每味药附有基原的形态特征图、生态环境图、药材特征图、显微结构图等。

※ 李明

基础有机化学 / 杨丰科,李明,李国强编
北京:化学工业出版社,2001

　　该书采用了脂肪族和芳香族混合体系编写,突出了立体化学概念并附有部分可视立体图,加强了中间体、过渡态理论的应用。

基础有机化学实验 / 李明…[等] 主编
北京:化学工业出版社,2001

　　该书除着重介绍基本知识和技能训练外,主要以有机合成为主,既考虑到经典合成反应方法,又融入了一些新近发展较快的反应。

※ 王远红

食品检验与分析实验技术 / 王远红,徐家敏编
青岛:中国海洋大学出版社,2006

　　该书介绍了食品鲜度检查技术、食品营养成分的分析技术、食品有害有毒成分的分析技术。该书包含 33 个实验,大多数实验适应不同种类食品的测定,有些实验收录两种方法。

※ 王长云

海洋药物学 / 王长云,邵长伦编著
北京:科学出版社,2011

　　该书介绍了海洋动物、海洋植物及海洋微生物中次级代谢产物的研究方法,重点介绍了代表性的抗肿瘤药物、药理作用临床研究及应用等内容,剖析了海洋药物研究开发的制约因素如药源等问题,展望了未来海洋药物研究开发的前沿方向和发展前景。

※ 于广利

海洋天然产物与药物研究开发 / 于广利,谭仁祥主编
北京:科学出版社,2016

　　该书收集并整理了作者多年的研究成果,吸纳、汇编了本研究领域国内外大量文献、专利及相关书籍报道的重要突破性研究技术。

糖药物学 / 于广利,赵峡编著
青岛:中国海洋大学出版社,2012

　　该书介绍了糖的基本理化性质、糖的提取分离纯化与结构分析、葡聚糖与甘露聚糖类药物、海藻多糖药物、壳聚糖及其衍生药物、肝素与类肝素药物等内容。

工程学院

※ 常宗瑜

机电工程控制基础 / 杨咸启,常宗瑜编著

北京:国防工业出版社,2005

　　该书介绍了线性定常控制系统的分析方法,包括控制理论基本概念和特点、系统稳定性及误差,以及系统的校正设计方法;还介绍了离散控制系统的分析方法、非线性系统的基础知识和状态空间的基本理论。

※ 董胜

防波堤工程结构设计 / 董胜,李雪,纪巧玲编著

青岛:中国海洋大学出版社,2019

　　该书介绍了防波堤工程结构设计原理与计算方法,在进行理论分析的同时,注重基本概念的介绍。

海岸防灾工程 / 董胜,郑天立,张华昌编著

青岛:中国海洋大学出版社,2011

　　该书作者在整理海洋工程环境与灾害防治研究成果的基础上,从海洋环境要素入手,介绍了海岸地区工程防灾的基本原理与方法,并注重理论、数值及试验的结合。

海洋工程环境概论 / 董胜,孔令双编著

青岛:中国海洋大学出版社,2005

　　该书介绍了海洋工程环境研究的意义、主要内容和方法,对海洋工程环境进行了阐述和理论分析,拓展了二维复合分布理论的应用领域,提出了新的海岸地区台风风暴潮强度等级划分准则,建立了有效风能的概念,给出了粉砂质海岸淤积预报的公式。

海洋工程数值计算方法 / 董胜,石湘编著

青岛:中国海洋大学出版社,2007

　　该书介绍了数学问题数值求解的常用方法,主要包括求解线形方程组的直接方法和迭代法、非线性方程求根等,并结合数值计算,对港口工程项目比选的层次分析、年极值水位的灰色马尔科夫预测等十个海洋工程典型问题进行了介绍。

※ 冯启民

2008 年城市安全减灾与工程规划研究与进展 / 冯启民主编

北京:中国科学技术出版社,2008

　　该论文集收入 79 篇学术论文,内容涉及城市安全减灾的理论及方法、城市抗震防灾与综合防灾规划、城市与工程的灾害防御标准、城市与工程系统应急反应等。

GB/T 19428—2003《地震灾害预测及其信息管理系统技术规范》宣贯教材 / 冯启民主编

北京:中国标准出版社,2004

　　该书介绍了国家标准 GB/T 19428—2003《地震灾害预测及其信息管理系统技术规范》的编制背景、编制进程及该标准所具有的特色和先进性,还重点对该标准中的技术条文的使用做了详细说明。

东营市抗震防灾规划 / 冯启民,朱明芝,高惠瑛主编

北京:现代教育出版社,2008

　　该规划是按照国家"城市抗震防灾规划编

制标准"要求完成的,包括城市土地利用规划、城区建筑抗震防灾规划、城市基础设施抗震防灾规划、次生灾害防御规划、避震疏散规划等内容。

※侯国本

东营港 / 侯国本,侍茂崇,王涛著

北京:海洋出版社,1993

　　该书介绍了气象、水位、波浪、黄河口泥沙运动规律、东营港与交通、黄河口的流路等内容。该书资料翔实、论据充分,为兴建大港、根治黄河奠定了坚实的理论基础。

海洋建筑物动力学 / (英)哈勒姆…[等]著;侯国本…[等]译

北京:海洋出版社,1981

　　该书系统地介绍了波浪和流的作用对滨海固定建筑物所引起动力反应的计算方法。

胶州湾港口功能 / 侯国本…[等]著

北京:海洋出版社,1993

　　该书对胶州湾的自然地理优势、交通区位优势,特别是湾内的沧口水道的港口资源优势做了较详细的论述。

龙口湾深水大港 / 侯国本…[等]著

北京:海洋出版社,1990

　　该书从龙口湾的自然环境、地理位置和港群关系诸方面论述了在龙口湾建设深水大港的优势条件,展示了龙口湾多功能港口作为对外开放的门户、对内开发的窗口的建设前景。

日照港群 / 侯国本主编

北京:海洋出版社,1996

　　该书阐述了日照港的海洋气象、海洋水文、地质地貌概况、山东半岛港口群概况及评价,以及日照港的经济地位、发展前景。

治黄河论 / 侯国本,拾兵著

北京:海洋出版社,2001

　　该书系统总结了黄河流路、所经盆地及黄土高原的特征,阐述了黄河水利资源开发的历史和现状,黄河的洪水及防洪、治理措施,黄河三角洲及黄河口和黄河海港的特点等内容。

※焦双健

城市道路交通规划 / 张举兵,张卫华,焦双健编

北京:化学工业出版社,2006

　　该书讲解了城市交通特性、城市道路交通调查和城市交通预测的基本知识,介绍了城市道路交通网络规划与设计、城市道路交叉规划和城市道路网络规划方案评价等内容。

城市对外交通 / 焦双健,魏巍编

北京:化学工业出版社,2005

　　该书介绍了城市对外交通的发展概况及主要载运工具,介绍了铁路运输、公路运输、水运、空运的基本知识,讲述了与城市规划和对外交通布局的相互关系。

城市防灾学 / 焦双健,魏巍主编

北京:化学工业出版社,2006

　　该书涉及地震灾害、洪水灾害、火灾、交通灾害、污染灾害等多种城市灾害源,对各种灾害源的基础知识、灾害发生机理、在全球或者全国的分布规律等方面进行了介绍,并介绍了城市防灾工程的建设标准、主要类型、设防标准等内容。

※黎明

粗糙集理论及其电力行业应用 / 孙秋野,黎明著

北京:机械工业出版社,2009

　　该书在介绍粗糙集的基本原理的基础上,重点对当前比较流行的经典粗糙集算法进行了解读,同时,根据工程应用的实际特点及程序实现中需要注意的问题,提供取自实际工程的典型案例进行了详解。

※李华军

海岸动力环境与新型结构的水动力模拟分析方法 / 李华军,梁丙臣,刘勇著

北京:科学出版社,2017

该书围绕海岸区域的动力环境和新型海岸结构物的水动力模拟分析方法展开论述,介绍了用于台风波浪模拟的混合风场模型、海床冲淤演变连续过程的物理模型试验研究方法,新型透空消能式海岸结构物水动力分析的基础理论,阐述了匹配特征函数展开、多极子分析、速度势分解及分区边界元分析方法,讨论了新型结构物的水动力特性。

海洋平台结构模态分析与损伤检测 / 李华军,刘福顺,王树青著

北京:科学出版社,2017

该书针对基于结构振动响应的整体动力检测方法中的理论与技术难题,融合国内外的相关研究成果,重点介绍了海洋平台结构振动信号处理、模态识别、模型修正及损伤检测等方面的最新研究进展。

南海印象 / 李华军主编

青岛:中国海洋大学出版社,2014

该书分为初识南海、大美南海、霓彩南海,介绍了南海及沿岸的美丽风光,展示了南海沿岸繁华的城市、繁忙的港口。

有限元方法及 MATLAB 编程 / 李华军,黄维平编著

青岛:中国海洋大学出版社,2002

该书在系统地介绍有限元理论及其数值方法的基础上,介绍了 MATLAB 的基本编程语句和编程方法,书中的例题全部用 MATLAB 编写。

※李晓玲

工程力学.Ⅰ / 边文凤,李晓玲主编

北京:机械工业出版社,2003

该书介绍了绪论、力系简化、受力分析与平衡分析、应力状态分析、杆件基本变形下的应力和变形、复杂变形的强度分析、压杆稳定等内容。

现代有限元理论技术与工程应用 / 杨咸启,李晓玲编著

北京:北京航空航天大学出版社,2007

该书介绍了一般的有限元基本理论和有限元计算技术,以及在弹性力学、结构动力学、流体运动、传质与传热等问题中的有限元分析方法和典型应用,还介绍了非线性有限元分析方法。

※刘德辅

随机工程海洋学 / 刘德辅,董胜编著

青岛:中国海洋大学出版社,2004

该书详细介绍了随机过程、谱分析及线性系统输入、输出的有关理论基础,论述了随机过程的振幅、波高周期的统计特征等内容。

※刘桂林

水运工程监理 / 刘桂林,宁萌编著

青岛:中国海洋大学出版社,2011

该书以水运工程监理基础理论为核心,以应用为主线,充分考虑高校课程特点,重点突出了用于质量控制、进度控制、费用控制、合同管理和信息管理的基本理论和方法。

※刘强

百年地学路 几代开山人:中国地学先驱者之精神及贡献 / 刘强主编

北京:科学出版社,2015

该书记述了民国时期中央地质调查所为主体的中国地学家群体的人生经历与主要历史贡献,同时,收录了与此主题相关的中国地质史学术研究成果及发表过的数篇纪念文章。

黄土魂·龙骨情：纪念刘东生先生九十五周年诞辰 胡长康先生逝世一周年 / 刘强主编

北京：科学出版社，2012

该书汇集了珍贵的回忆文字和照片，作者回顾了胡长康、刘东生伉俪献身科学事业的传奇人生，记录了两位科学家在地球科学领域所做出的贡献。

※ 拾兵

植物治沙动力学 / 拾兵，曹叔尤著

青岛：青岛海洋大学出版社，2000

该书对泥沙起动输移规律及二维堤岸动力调整进行了理论分析和实验研究，建立了相应的计算模型。

※ 史宏达

魅力港城 / 史宏达主编

青岛：中国海洋大学出版社，2011

该书介绍了认识海港、亚洲港城、欧洲港城、非洲港城、大洋洲港城、北美洲港城、南美洲港城等内容。

※ 司先才

品悟工业设计：Alias+Keyshot 产品视觉表现全案解析 / 司先才，牟文正编著

北京：清华大学出版社，2012

该书以 Alias 和 Keyshot 的实际应用为主，详细地讲解了这两种设计工具，并结合精美而具有代表性的产品对象，阐述了产品建模过程中的每一个步骤。

※ 孙燕

建设工程项目管理理论与实务 / 孙燕，王东升主编

徐州：中国矿业大学出版社，2009

该书介绍了建设工程项目管理理论与实务

的知识，内容包括工程项目管理概述、工程项目策划与决策、工程项目招标与投标、工程项目信息化管理及典型案例分析等。

※ 王树青

海洋工程波浪力学 / 王树青，梁丙臣编著

青岛：中国海洋大学出版社，2013

该书以波浪理论和波浪作用力计算为重点，以典型的海洋工程结构为背景，系统地阐述了线性波理论、非线性波理论、随机波理论及不同尺度海洋工程结构物上波浪力的基本理论和计算方法。

※ 张磊

Java Web 程序设计 / 张磊，丁香乾编著

北京：电子工业出版社，2011

该书分别介绍了 Servlet 基础、Servlet 会话跟踪、JSP 基础、JSP 指令和动作、JSP 内置对象、EL 和 JSTL、过滤和监听及 AJAX 等内容。

※ 赵林

园林景观设计详细图集 .4 / 赵林…[等] 主编

北京：中国建筑工业出版社，2004

该图集从青岛太奇环境艺术工程有限公司近十年的设计作品中筛选了 40 余个项目介绍给读者。

环境科学与工程学院

※白洁

滨海湿地生态修复理论与技术：进展与展望 / 白洁，高会旺主编

北京：海洋出版社，2011

　　该书以多篇论文的形式综述了国内外在这一领域的研究进展与发展方向。

※陈友媛

滨海河口污染水体生态修复技术研究 / 陈友媛…[等]著

青岛：中国海洋大学出版社，2018

　　该书针对青岛市李村河下游河口段进行植物修复技术理论研究，并在研究结果的基础上进行河口段的污染控制技术研究，以期改善李村河下游水质状况，控制该河段点源、面源及内源污染，稳定水生态系统，提升城市整体形象。

※高冬梅

环境微生物实验 / 高冬梅，洪波，李锋民主编

青岛：中国海洋大学出版社，2014

　　该书分为基础实验技术、现代环境微生物实验技术、设计性实验等部分，共 37 个实验，对实验的原理及相关知识、常用大型仪器的原理及使用进行了详细介绍，并辅以大量的图片和示意图。

※贾永刚

环境工程地质学 / 贾永刚…[等]主编

青岛：中国海洋大学出版社，2003

　　该书从区域地壳稳定性、区域山体稳定性、区域地面稳定性、区域工程地质环境评价四个方面，介绍了研究区域环境工程地质的理论与方法。

黄河口沉积物动力学与地质灾害 / 贾永刚…[等]著

北京：科学出版社，2011

　　该书阐述了黄河口沉积物对海洋水动力环境的响应过程及伴生的黄河水下三角洲地质灾害发生机理，在研究方法、技术路线、研究成果方面有很多创新之处。

黄河口划界与生态环境 / 贾永刚…[等]编著

北京：海洋出版社，2008

　　该书针对黄河入海的特定区段，开展了水文、地质、化学、生物和污染物的现场调查，以及卫星遥感资料的获取，在此基础上进行了黄河口河海划界的指标分析和方法探讨，对黄河口及其邻近海域的生态环境现状进行了多方面的评价。

青岛城市工程地质 / 贾永刚…[等]著

青岛：青岛海洋大学出版社，1995

　　该书在综合分析大量地质调查资料和科研成果基础上，论述了青岛城市工程地质特征及存在的问题，结合工程建设进行了工程地质分区和地质环境质量评价。

※ 江文胜

典型情景渤、黄、东海月平均水温及生态要素图集 / 江文胜…[等]编著

青岛:中国海洋大学出版社,2014

该书运用物理(POM)-生物(OUCECOM)耦合的生态系统动力学模型,模拟渤、黄、东海气候态水温及生态要素分布,讨论长江典型丰水年和枯水年,长江口附近海域生态环境的差异特征。

※ 李凤岐

初识海洋 / 李凤岐主编

青岛:中国海洋大学出版社,2011

该书对海洋的相关知识做了一个总体性的介绍,引领读者了解海洋,形成关于海洋的初步印象。

海洋水团分析 / 李凤岐,苏育嵩编著

青岛:青岛海洋大学出版社,2000

该书阐述了海洋水团的有关基本概念、主要分析方法与重要研究成果,介绍了水团分析的模糊数学方法、世界大洋环流和水团的综述以及对中国近海环流和水团的分析等内容。

环境海洋学 / 李凤岐,高会旺主编

北京:高等教育出版社,2013

该书重点介绍了海洋环境问题及其海洋科学基础,以及海洋环境保护与管理的部分内容。

图说海洋现象 / 李凤岐,韩玉堂主编

青岛:中国海洋大学出版社,2013

该书以图文相结合的形式介绍了不同的海洋现象,唤起人们热爱海洋、保护海洋的意识。

※ 刘鸿亮

环境科学入门 /(日)近藤次郎著;刘鸿亮…[等]译

北京:中国环境科学出版社,1987

该书介绍了光化学烟雾室、气溶室和风洞等知识,对利用激光雷达的遥感遥测、行政、科学技术的作用、环境教育、系统分析做了阐述。

湖泊富营养化控制 / 刘鸿亮著

北京:中国环境科学出版社,2011

该书针对我国湖泊环境管理和富营养化控制存在的主要问题,从全国湖泊总体出发,以管理和控制相结合作为主体思想,提出了"分区-基准-标准-承载力-达标技术-保障机制"的湖泊富营养化控制总体思路。

水资源的保护:琵琶湖的环境问题 /(日)吉艮龙夫编;刘鸿亮,曹凤中译

北京:中国环境科学出版社,1989

该书是关于日本琵琶湖环境保护的论文集,包括不少日本湖泊问题专家及环境学家长期研究的成果,对于我国搞好环境保护,防止湖泊污染,很有借鉴意义。

中国水环境预测与对策概论 / 刘鸿亮…[等]著

北京:中国环境科学出版社,1988

该书对我国20个省、市、自治区,3个地带,57个城市,7大水系,主要湖泊,近海水域,城市地下水,渔业等水环境问题进行了全面预测与对策论述,并估算了全国水环境污染损失与治理费用。

总量控制技术手册 / 刘鸿亮主编

北京:中国环境科学出版社,1990

该书是实施排放水污染物许可证制度的必备工具书,分为容量总量控制、目标总量控制、行业总量控制,介绍了负荷分配方法和相互关系。

※ 刘汝海

汞的多介质环境过程及其健康风险 / 刘汝海…[等]著

长春:吉林大学出版社,2008

该书总结了污染河流在人工治理和自然净化作用下水质恢复的规律,提出了多源汞污染的

源解析方法、应用目标危险系数法,评价了多种重金属复合污染的健康风险。

※罗先香

区域生态环境预警的理论与实践 / 杨建强,罗先香,孙培艳著

北京:海洋出版社,2005

　　该书不仅对区域生态环境预警的理论进行了系统的阐述,而且对两种典型的渐变性的环境问题进行了预警。一是对半干旱区水资源环境问题的预警,二是对近岸海域生态系统健康状态的预警。

※马安青

海洋生态系统服务与价值评估信息系统建设研究 / 马安青…[等]著

青岛:中国海洋大学出版社,2010

　　该书重点介绍了海洋生态系统服务功能与价值评估信息系统的功能、结构及实现过程。

※孟范平

生态农业建设指导 / 张曰林,刘培军主编;孟范平…[等]副主编

济南:山东人民出版社,2006

　　该书介绍了各项生态农业建设知识,包括可再生能源建设、废弃资源的综合利用、污水安全灌溉技术、安全农产品生产、农业生态模式等内容。

※彭昌盛

扫描探针显微技术理论与应用 / 彭昌盛,宋少先,谷庆宝编著

北京:化学工业出版社,2007

　　该书系统介绍了扫描探针显微镜的主要成员,扼要介绍了其分类扫描探针显微镜,阐述了

扫描探针显微镜使用过程中可能遇到的一些问题及相应的处理方法,论述了扫描探针显微镜在各方面的应用。

※单红仙

土力学与地基基础 / 李相然主编;单红仙…[等]副主编

北京:中国电力出版社,2009

　　该书介绍了土力学的基本原理和计算方法、土力学基本原理在工程中的应用、地基基础设计与施工技术等内容。

※田伟君

农村用水管理与安全 / 董洁,田伟君主编

北京:中国建筑工业出版社,2010

　　该书从社会主义新农村建设角度,系统介绍了农村用水安全与管理的技术与方法。该书主要内容包括用水管理的概念、农村供排水工程管理、农村水环境保护与污染治理、农村饮用水处理方法等。

※赵阳国

辽河口湿地生态修复理论与方法 / 赵阳国,白洁,高会旺编著

北京:海洋出版社,2016

　　该书汇集了课题组几十位环境领域学者关于辽河口湿地生态环境现状和演化趋势、湿地生态退化机制、辽河口湿地生态用水调控、生态价值评估等理论与技术方法。

※郑建国

海洋地理 / 郑建国,王茂君编著

北京:中国少年儿童出版社,2002

　　该书根据青少年摄取知识的特点,采用问答的形式,图文并茂地回答了有关海洋地理知识的

400 题。该书分别于 2007 年和 2012 年再版。

※郑西来

滨海地下水库利用与保护 / 郑西来…[等]编著

北京：地质出版社，2007

该书收集了大沽河流域气象、水文、地质和水文地质资料，进行了室内外的渗水、吸附硝化等系列实验，实测了数千组数据，采用数值模拟和水均衡方法，对不同水文年大沽河地下水库的地下水补给量和储存量进行了评价。

地下水污染控制 / 郑西来主编

武汉：华中科技大学出版社，2009

该书在总结国内外最新研究成果的基础上，吸收了编写者多年的教学和研究成果。全书分为地下水污染概论、地下水污染场地调查、地下水污染评价、地下水污染原位治理技术等内容。

水库锰污染机制与调控技术研究 / 郑西来，王泉波著

青岛：中国海洋大学出版社，2015

该书在研究区域气象、水文和污染源调查的基础上，系统测定了王圈水库底质及其上游主要沉积物的组成和物理－化学性质，对水库的水温、水动力和水化学的时－空分布进行了现场监测和评价；采用水库沉积物中污染物的释放实验，探讨了水库底泥中铁、锰等污染物释放的机理。

水源型水库富营养化自动监测与控制技术研究 / 纪鸿飞，郑西来著

青岛：中国海洋大学出版社，2017

该书通过采集底泥原柱状样，分析底泥中含水率和有机质含量变化，建立底泥和间隙水中氮磷含量的相关关系，研究了不同温度和水动力扰动条件下沉积物的氮磷释放通量和释放规律，探讨了生态调度治理底泥氮磷污染的可行性。

土壤－地下水系统石油污染原理与应用研究 / 郑西来，王秉忱，佘宗莲著

北京：地质出版社，2004

该书阐述了土－水系统石油污染的研究意义、现状及石油污染物的物质组成和分析方法；以翔实的实验资料为依据，定量研究地下水系统中石油污染物的迁移－转化－富集的规律；对大庆油田和沈（阳）抚（顺）土壤－地下水系统石油污染过程进行了研究，并应用于该地区地下水系统石油污染的评价和调控。

※庄旸筠

浮游生物：奇幻的漂流世界 / （法）克里斯蒂安·萨尔代著；庄旸筠译

北京：海洋出版社，2019

该书描绘了 250 种代表生物，展示了一部分海洋浮游生物的美丽和多样。500 余张高清显微特写彩图呈现了一个从未被描绘过的水下世界。

管理学院

※ 曹洪军

国家创新体系企业研发中心建设研究 / 曹倩,曹洪军著

北京:经济科学出版社,2016

　　该书以自主创新战略思想为基点,研究了在自主创新战略下国家创新体系的结构特点,阐述了国家创新体系的几大组成部分的功能与作用,同时对子系统进行了梳理,构筑了一个国家从决策到执行的技术创新体系。

宏观经济理论探讨 / 曹洪军著

北京:海洋出版社,1997

　　该书收录了作者近几年的研究成果,主要内容包括适度从紧的财政金融政策下地方经济运行分析、财税金融体制改革对山东经济影响分析、山东利用外资战略研究等。

环境经济学 / 曹洪军…[等] 著

北京:经济科学出版社,2012

　　该书介绍了环境伦理学、环境资源价值的评估方法、污染控制的经济学分析等内容。

山东省名牌战略研究 / 曹洪军主编

济南:山东人民出版社,2002

　　该书介绍了名牌战略研究报告、名企名人论名牌、山东名牌与旅游专题、名牌企业荟萃等内容。

物流学 / 曹洪军,阚功俭主编

北京:经济科学出版社,2009

　　该书以物流系统思想为指导,以物流职能管理为主线,突出了物流学的经济学、管理学和工程技术多学科交叉的特色,内容涉及物流系统、第三方物流、供应链管理与国际物流等。

资本运营新论 / 曹洪军…[等] 著

北京:经济管理出版社,2004

　　该书从资本运营视角讨论国有商业银行债转股问题,结合国际直接投资发展的趋势,对跨国并购做了深入探讨。

※ 曹明

企业信息技术能力研究 / 曹明著

北京:经济管理出版社,2011

　　该书对企业信息技术能力的构建、作用机理、评价体系等方面进行了深入研究,构建了三阶段完全信息动态博弈模型,重点分析了企业普遍关心的信息技术投资与竞争优势之间的相关性。

※ 柴寿升

现代城市节庆品牌发展战略研究 / 柴寿升,邓云锋编著

青岛:中国海洋大学出版社,2007

　　该书以青岛国际啤酒节为例,探讨了现代城市节庆活动与经济活动的关系,论述了节庆品牌的定位、价值构成与评估、策划与包装、传播与推广、使用与管理及可持续发展战略等问题。

※ 陈国恒

国有产权制度改革研究 / 陈国恒著

北京：中国社会科学出版社，2004

　　该书研究了与国有产权制度改革有关的所有制理论、经济运行机制理论等基本理论，并运用这些理论评析了我国国有产权制度改革的实践和存在的问题，从国有企业产权制度和国有资产管理制度两个环节对改革国有产权制度、建立现代产权制度进行了系统设计。

※ 陈娟

奇异海岛 / 丛溪，陈娟主编

青岛：中国海洋大学出版社，2011

　　该书分为认识海岛、风光之岛、富饶之岛、奇趣之岛、神秘之岛等部分，主要内容包括何为海岛、世界海岛知多少、中国海岛知多少等。

※ 陈雨生

农产食品质量安全认证监管机制研究 / 陈雨生著

北京：经济管理出版社，2012

　　该书对认证利益主体的与认证监管联系紧密的行为进行了理论和实证研究，探讨了农产食品质量安全认证监管机制中利益主体间的制衡关系，对发达国家的食品质量安全认证监管体系进行了梳理，从而借鉴国外发达国家食品质量安全认证监管体系设置的成功经验。

我国食品安全认证与追溯耦合监管机制研究 / 陈雨生著

北京：经济科学出版社，2017

　　该书首先分析了我国食品安全认证体系与追溯体系发展现状、问题，然后实证分析了食品安全认证与追溯耦合监管背景下的利益主体行为，研究了利益主体间的博弈均衡关系，并设计了经济学实验进行模拟验证，最后构建了我国食品安全认证与追溯耦合监管机制。

※ 崔迅

顾客价值链与顾客满意 / 崔迅…[等] 著

北京：经济管理出版社，2004

　　该书运用市场营销学、社会学和心理学等基本原理，用系统、整合的方法，以"顾客价值链"等为基本工具，对顾客生活价值、消费价值及其影响因素做了探讨，深入地分析和了解了顾客价值的内涵。

※ 邓晓辉

文化企业家研究：产业背景、行为特征与案例 / 邓晓辉著

北京：经济管理出版社，2014

　　该书将文化企业家的成长背景明确区分为文化产业和产业文化两种形式，从行为导向视角界定文化企业家，并梳理了创业导向、文化导向等；通过案例研究还原典型文化企业家的成长过程，用两组案例分别展示了文化产业化和产业文化化背景下的文化企业家成长规律。

※ 董玉明

海洋：风景这边独好 / 董玉明编著

青岛：青岛海洋大学出版社，1999

　　该书介绍了海滨漫游话情趣、世界著名海港览胜、中国滨海旅游城市、风光情趣俱佳的海岛等内容。

海洋旅游 / 董玉明主编

青岛：青岛海洋大学出版社，2002

　　该书从多方面对海洋旅游进行了探讨，介绍了海洋旅游概述、海洋旅游管理、海洋旅游经济、海洋旅游产品、海洋旅游市场、海洋旅游规划和环境等内容。

海洋旅游学 / 董玉明著

北京：海洋出版社，2003

　　该书对海洋旅游学的基本原理做了阐述，结

合中国国情,对海洋旅游适度超前、重点发展进行了分析,对海洋旅游资源开发与保护、产品结构等做了探讨,揭示了海洋旅游业发展的规律。

建筑旅游学 / 董玉明…[等] 著
青岛:中国海洋大学出版社,2007

该书对建筑旅游学的基本原理进行了阐述;对建筑旅游适度超前、重点发展进行了分析;对中国建筑旅游的产生与发展、建筑旅游资源的开发与保护、世界旅游区划,以及建筑旅游业的可持续发展等重大问题做了较深入的探讨。

崂山旅游 / 董玉明编著
北京:测绘出版社,1990

该书展现了崂山区的旅游文化脉络、景观特色、经济价值、社会效益等核心内涵,并为旅游者提供了一份智慧型旅游指南。

旅游学导论 / 董玉明主编
北京:中国文化出版社,2009

该书注重理论联系实际,注重旅游学基本理论的探讨,不仅进行了定性描述,还进行了定量分析,不仅分析了旅游业的特征,还分析了旅游业发展现状。

旅游学概论 / 董玉明,王雷亭主编
上海:上海交通大学出版社,2000

该书介绍了旅游基本要素,旅游经济,旅游文化,旅游开发,旅游宣传,旅游景观和旅游法律、法规等内容。

青岛旅游地理 / 董玉明,陈仕禄编著
北京:中国旅游出版社,1988

该书生动简明地描述了青岛的自然特征、经济概况、风景名胜和城市新貌,使读者对青岛的旅游地理有概括的了解。

山东半岛旅游地理 / 董玉明,陈仕禄编著
北京:新华出版社,1992

该书是一本反映山东半岛自然环境和交通情况,以及开放城市的旅游与贸易状况的综合性著作。它从地质、地貌、气候、河流、土壤与植被等方面对山东半岛地区进行了介绍。

山东导游模拟实训 / 董玉明主编
北京:中国文化出版社,2011

该书阐述了旅游服务礼仪的基础理论和实际操作技能,结合全国导游资格证山东考区的实际情况,对省内的主要景点做了详细的解析,对实地导游讲解内容的选择和实景导游做了分析介绍。

山东旅游 / 董玉明,韩少玲编著
青岛:青岛出版社,1993

该书介绍了山东的旅游环境和众多旅游区的特色,使每一位需要了解山东的客人对山东的主要旅游景点、分布情况及旅游环境有概括的认识。

我国古代世界之首 / 董玉明…[等] 编著
青岛:中国海洋大学出版社,2018

该书介绍了我国古代处于世界首位的主要发明创造,包括工业、农业、交通、文化、科学、医学、天文地理等方面的知识。

我俩的世界之旅 / 董玉明,张玉亭著
青岛:中国海洋大学出版社,2018

该书为两个人的旅游经历,介绍了欧洲、美洲、亚洲等20多个国家和地区的风俗、历史等内容。

现代中国旅游地理 / 董玉明主编
北京:中国文化出版社,2009

该书概述了旅游区划的概念、意义、原则、系统和中国旅游区划的分置,分析了中国的旅游环境,并对各旅游地区旅游业的发展提出了建设性的意见。

新编旅游地理学 / 董玉明主编
北京:中国文化出版社,2011

该书综合旅游地理学及相关学科的新资料、新成果和新理论,阐述了旅游业与旅游地理学的关系、旅游资源、旅游信息系统、旅游地国与旅游客源以及中国旅游区划等内容。

中国旅游地理 / 董玉明主编

青岛：青岛出版社，1997

该书阐述了旅游区划的概念、意义、原则、系统和中国旅游区划的分置，分析了中国的旅游环境、各旅游地区的地理环境特征，突出了各旅游区域的旅游特色，介绍了各旅游区的主要旅游景点。

※ 董志文

话说中国海上丝绸之路 / 董志文编著

广州：广东经济出版社，2014

该书以中国秦汉时期至今日的海上贸易为主线，介绍了涵盖港口、航海、移民、宗教、国家关系、中外科技文化交流等诸多与海上贸易有关的内容，描述了海上丝绸之路的形成、繁盛、衰落、复兴的过程。

话说中国海洋神话与传说 / 董志文编著

广州：广东经济出版社，2014

该书探讨了古人眼中的海洋，列述了我国丰富多彩的海神信仰及与海洋相关的神话传说，对比研究了中西方海洋神话与传说的相同与不同之处，总结了海洋历史神话与传说对后世在社会经济、海洋文化等方面的影响。

中国海洋城市旅游品牌价值与竞争力研究 / 董志文著

青岛：中国海洋大学出版社，2016

该书旨在构建我国海洋城市旅游品牌价值及品牌竞争力评价模型，得出国内滨海旅游城市品牌价值及品牌竞争力的影响因素，提出提升我国滨海旅游城市品牌价值及品牌竞争力的对策和建议。

※ 房巧玲

中国审计市场效率研究 / 房巧玲著

北京：经济管理出版社，2006

该书在对审计市场效率及其衡量问题进行

深入理论剖析的基础上，结合我国转轨经济环境下特定制度背景，对我国审计市场效率的现实状况进行了系统的实证考察，得出了比较科学、可信的结论。

※ 高芳

新旧会计准则的转换与衔接 / 高芳主编

北京：中国财政经济出版社，2007

该书在深入研究企业会计准则体系和研讨国际财务报告准则的基础上，梳理了我国原有会计法规体系和会计确认、计量、披露及列报的具体规定，以新准则为基准，对新旧会计实务规范进行了比较研究。

※ 葛禄青

智慧海洋：全国大中学生第六届海洋文化创意设计大赛优秀作品集 / 葛禄青，吴牵编著

青岛：中国海洋大学出版社，2017

该书收录了全国大中学生第六届海洋文化创意设计大赛的优秀作品，作品涵盖平面设计、产品设计、环境景观、数字媒体等类别。

※ 韩立民

2007年中国海洋论坛论文集 / 洪贤兴，韩立民主编

青岛：中国海洋大学出版社，2007

该书收录了47篇海洋学术论文，分别从休闲旅游、休闲渔业、海洋文化、海岛开发与保护、新渔村建设、海陆联动来对休闲和旅游业进行了探讨。

2008中国海洋论坛论文集 / 韩立民，叶向东主编

青岛：中国海洋大学出版社，2008

该书收录了44篇海洋学术论文，分别从海陆统筹与可持续发展、港口物流经济、渔业发展与渔区和谐社会建设等方面进行了探讨。

2009 中国海洋论坛论文集 / 韩立民主编

青岛：中国海洋大学出版社，2009

该书围绕着"应对国际金融危机，大力发展临海产业"这一主题，分别从海洋相关理论研究、海洋区域经济发展、海洋资源与环境保护、海洋产业与海洋经济等方面进行了探讨。

2010 中国海洋论坛论文集 / 韩立民主编

青岛：中国海洋大学出版社，2010

该书是一本海洋学的文集，分别从区域海洋经济与可持续发展、海洋产业发展与结构调整、海陆统筹与政策支撑、象山海洋经济发展与先行区建设等方面进行了探讨。

泛黄海地区海洋产业布局研究 / 韩立民，都晓岩著

北京：经济科学出版社，2009

该书阐述了区域海洋产业布局的基本理论，在分析和考察了泛黄海地区海洋产业布局现状的基础上，对泛黄海地区的海洋产业布局提出了构想，对泛黄海地区与日、韩两国在海洋产业发展方面的合作提出了对策建议。

海洋产业结构与布局的理论和实证研究 / 韩立民著

青岛：中国海洋大学出版社，2007

该书阐述了海洋产业、新兴海洋科技产业、海洋产业结构、海洋产业结构的演进规律等内容。

海洋经济学概论 / 韩立民主编

北京：经济科学出版社，2017

该书介绍了海洋经济理论、海洋生产要素、海洋经济组织、海洋区域经济、海洋生态经济、海洋经济管理等内容。

海域使用管理的理论与实践 / 韩立民，陈艳著

青岛：中国海洋大学出版社，2006

该书介绍了海域使用管理概论、中外海域使用管理的比较借鉴、海域使用管理的产权理论基础、我国海域资源产权制度的构建、海域使用管理的法律体系构建、海域使用管理的能力建设等内容。

山东海洋经济发展研究 / 韩立民…[等] 著

青岛：中国海洋大学出版社，2015

该书紧密联系山东省和青岛市的实际，对山东海洋强省建设、海洋高新技术产业发展、青岛市"蓝色粮仓"构建以及"蓝色硅谷"的功能定位、发展目标及创新措施等进行了探讨，并提出了相关对策建议。

我国海洋事业发展中的"蓝色粮仓"战略研究 / 韩立民…[等] 著

北京：经济科学出版社，2018

该书基于国家粮食安全视角，分析了海洋水产品的生产、加工、储运和流通贸易在国民食物供给方面的发展潜力、发展路径及开发模式，研究利用了蓝色国土构建"蓝色粮仓"的目标、方法、任务和政策措施。

渔业经济前沿问题探索 / 韩立民…[等] 著

北京：海洋出版社，2007

该书分别对渔业资源经济学和渔业权、渔业补贴、渔业增长方式转变、海水养殖、休闲渔业、涉外渔业、渔业中介组织等方面问题的研究成果进行了介绍。

战后韩国经济与中韩经贸关系 / 韩立民，吴刚主编

青岛；青岛海洋大学出版社，1995

该书在大量介绍韩国经济发展的政策和战略、历史和现状的基础上，进行了颇有独到见解的分析，对于发展对韩经贸关系很有参考价值。

中国海洋战略性新兴产业发展问题研究 / 韩立民…[等] 著

北京：经济科学出版社，2016

该书围绕制约中国海洋战略性新兴产业发展的问题进行了研究，其内容包括我国海洋战略性新兴产业发展评价与问题分析、海洋战略性新兴产业发展的国际经验借鉴、我国海洋战略性新

兴产业的培育问题等。

※ 花昭红

顾客视角的动态顾客价值理论与实践 / 花昭红著

北京：经济科学出版社，2010

该书围绕顾客价值这个核心，从纵向、横向、交叉维度构建了比较完善的动态顾客价值理论体系，并根据动态顾客价值理论体系的内容，构建了顾客价值概念模型和反映顾客价值各构成要素之间数量关系的函数模型。

基于价值形成过程的海洋渔业企业营销能力培育研究 / 花昭红著

北京：经济科学出版社，2017

该书首先对海洋渔业企业产品和服务的价值构成进行了分析，然后分析了海洋渔业企业不同营销环境能力的价值形成过程及主要的培育途径，最后分析了全球价值网链下中国海洋渔业企业营销能力培育机制的建立规则、步骤及实施方法。

※ 姜宏青

非营利组织绩效会计研究 / 姜宏青著

北京：中国财政经济出版社，2013

该书基于非营利组织存在理论定义了我国非营利组织的范畴，对这类组织的管理特征和构成要素进行了解析，论证了其进行绩效管理的必要性，通过分析我国事业单位和民间非营利组织会计体系的缺陷及西方国家非营利组织会计体系的借鉴局限，提出了建立我国非营利组织绩效会计的构想。

我国地方政府债务的会计研究 / 姜宏青著

北京：经济科学出版社，2020

该书对我国地方政府债务的历史、现状和发展进行了梳理，依据政府治理等相关理论提出应该建立多元化的债务会计核算体系。该书从理论上论证了这个体系的逻辑性和完整性，从实践

上验证了这个体系的可行性和有效性。

※ 姜忠辉

大型企业内部市场化管理的理论与实践 / 姜忠辉著

北京：经济管理出版社，2012

该书探讨了大型企业实施内部市场化管理的理论依据，提出了内部市场化管理的交易均衡模型，对国内外大型企业实施内部市场化管理的实践进行了总结，提出了我国大型企业实施内部市场化管理的步骤和方法，并对实施过程中可能遇到的问题提出了相应的对策建议。

区域经济发展环境作用的评价与实证研究 / 姜忠辉著

北京：经济管理出版社，2011

该书对区域经济发展环境对经济发展的作用规律进行了研究，内容包括理论基础与文献综述、理论框架与假设的提出、区域经济发展环境综合评价等。

※ 冷绍升

企业集成运营管理模式 / 冷绍升著

北京：经济管理出版社，2014

该书将具体运营管理模式和信息运营管理模式融合，实现了企业整体集成运营管理模式；通过模块价值链流程运作，实现了企业集成制造与服务流程设计运营管理模式。

※ 李淑娟

东北东部天然次生林景观生态研究 / 李淑娟，隋玉正著

大连：大连理工大学出版社，2006

该书通过对研究地区不同时期森林景观的组成结构、斑块特征及景观要素空间分布格局进行了动态分析，揭示了研究地区景观整体的变化和可能的影响因素，利用马尔可夫模型对森林景

观动态进行了模拟预测。

※李宪宝

沿海地区适度规模现代农业实现路径研究 / 李宪宝著

北京：经济管理出版社，2014

该书以沿海地区为例，在阐释适度规模现代农业本质特征及沿海地区适度规模现代农业发展优劣势的基础上，探究了土地集中型、社会服务型及合作经营型适度规模现代农业实现路径的内涵、特征及关键环节。

※李雪

审计基础与实务 / 李雪主编

上海：立信会计出版社，2014

该书介绍了审计职业、审计计划、审计重要性与审计风险、销售与收款循环的审计、采购与付款循环的审计、货币资金的审计等内容。

审计理论研究 / 李雪著

青岛：中国海洋大学出版社，2004

该书介绍了审计理论的基本问题及其研究现状，涉及审计理论概论、审理理论体系、审计的本质、审计目标、审计测试等内容，对审计理论存在的问题提出了改进建议。

审计实务 / 李雪主编

上海：立信会计出版社，2014

该书重点介绍了注册会计师审计职业、业务循环审计、其他特殊项目的审计、对集团财务报表审计的特殊考虑、相关服务业务等内容。

审计实务学习指导书 / 李雪主编

上海：立信会计出版社，2014

该书根据高等学校经济管理系列教材《审计实务》，结合最新发布的会计准则体系、审计准则体系和内部控制规范编写而成。该书主要内容包括各章要点、课后思考与练习题答案、综合案例分析题等。

审计学原理 / 李雪主编

北京：中国商业出版社，1999

该书以民间审计为主线，兼顾国家审计和内容审计的需要，系统地介绍了现代审计的基本理论、基本程序和基本方法。

审计学原理 / 李雪，房巧玲，刘学华主编

上海：立信会计出版社，2011

该书吸收了作者及中外众多审计学者的最新研究成果，以介绍民间审计为主线，同时介绍了政府审计和内部审计的相关内容，列示了各种重要观点、流程图和审计报告。

审计学原理学习指导书 / 李雪主编

上海：立信会计出版社，2014

该书按照《审计学原理》教材的章节顺序进行编排，主要内容包括各章要点、课后思考与练习题答案、自测题、自测题答案、综合案例分析题、模拟测试题等。

※李志刚

裂变型创业 / 李志刚著

北京：中国经济出版社，2007

该书介绍了裂变型创业的概念、蒙牛的高成长裂变创业、金田的多元化裂变创业、绿色的连次性裂变创业、裂变型创业研究的展望等内容。

权力的博弈：重塑组织决策力与执行力 /（美）鲍勃·弗里奇著；李志刚，李兴旺，高树军译

北京：人民邮电出版社，2014

该书通过具体的案例剖析了广大首席执行官和高层领导者都关心的问题：如何制定组织的战略决策并高效执行。通过案例展现了领导者如何通过优化结构、流程和角色定位来提高整个团队的执行力。

中小水产品加工企业成长研究：基于扎根理论方法的分析 / 李志刚著

北京：经济管理出版社，2012

该书介绍了中国水产品加工产业基本情况，

分析了中小水产品加工企业的主要发展模式,论述了影响中小水产品加工企业的五大因素及其具体作用形式,提出了指导中国中小水产品加工企业良性快速发展的对策建议。

※ 梁铄

中国海洋捕捞业生产的理论与实证研究 / 梁铄著

北京;经济管理出版社,2018

该书梳理了我国海洋捕捞业发展与规制的目标及措施,回顾了之前相关政策的实施效果,对政策效果进行了评价和反思,并以前述实证结果和理论分析为基础,对我国海洋捕捞业生产提出了政策建议。

※ 梁云凤

房地产企业税收筹划 / 梁云凤,逄振悦,梁云波编著

北京:中国市场出版社,2006

该书在解析现行房地产行业财会税收政策的基础上,站在纳税人的角度对如何正确运用相关政策进行了综合性分析,并运用模拟案例进行了深入解析。

※ 刘红梅

红色旅游与红色文化传承研究 / 刘红梅著

北京:人民出版社,2017

该书对红色旅游与红色文化传承的若干问题进行了深入分析,论述红色文化是红色旅游的核心和灵魂,并分析发展红色旅游、传承红色文化的规律及其存在的主要问题,提出关于进一步发展红色旅游以促进红色文化传承的若干思考。

※ 刘佳

中国沿海地区旅游产业结构与旅游产业集聚关联机理研究 / 刘佳著

北京:经济科学出版社,2018

该书在中国经济进入新常态背景下,对旅游产业结构与集聚之间的内在关系进行机理剖析、模型刻画和实证检验,并提出二者协调互动的模式路径和政策建议。

※ 刘学华

持续经营有重大疑虑审计意见研究:来自中国证券市场的初步证据 / 刘学华,谢赞春,徐荣华著

北京:中国时代经济出版社,2011

该书在一定程度上拓展了前期有关"审计意见变通"研究的范围,突破了前期研究的局限性,提供了持续经营有重大疑虑审计意见与审计收费溢价并存的证据,提供了监管环境变化对审计师的持续经营有重大疑虑审计意见决策可以产生实质性影响的证据。

管理舞弊控制与审计质量 / 刘学华著

上海:立信会计出版社,2008

该书通过规范与实证结合的方法,对管理舞弊控制与审计质量相关重要问题展开了研究:第一,探讨审计历史上管理舞弊与审计之间存在的互动关系,总结诉讼案带来的启示;第二,研究管理舞弊控制与审计质量之间的内在相关性,以及管理舞弊控制的基本审计学理念与技术;第三,研究高质量审计在控制管理舞弊方面的表现,以及控制管理舞弊对会计稳健和盈余质量的影响。

绩效审计论 / 刘学华…[等]著

北京:中国时代经济出版社,2006

该书研究了绩效审计的内涵与外延,绩效审计理论结构等相关问题,总结了中外绩效审计研究成果,并试图自主创新一套绩效审计理论与方法。

※刘子玉

2006 活力青岛:品牌之都 / 刘子玉主编

北京:海洋出版社,2006

　　该书分析、概括了青岛市创建品牌经济、品牌城市发展的脉络和轨迹,展示了青岛市发展品牌经济、打造品牌城市所取得的成就。

2008 创新青岛:品牌之都 / 刘子玉主编

北京:海洋出版社,2009

　　该书分为指导篇、实践发展篇和形象展示篇,收录了《青岛市加快转变经济发展方式的几个问题》《走可持续发展创中国的世界名牌》等文章。

胶东半岛制造业基地研究 / 刘子玉著

青岛:中国海洋大学出版社,2006

　　该书介绍了制造业的作用及其发展趋势、中国三大制造业基地的比较、胶东半岛制造业基地的优势与挑战、制造业基地建设的经验借鉴等内容。

品牌中国 创新青岛 / 刘子玉主编

北京:海洋出版社,2010

　　青岛是众所周知的"品牌之都",经过几代人不懈的努力,品牌带动了整个城市的发展,也创造出更多的中国品牌企业家。该书介绍了青岛市各大知名品牌。

※罗福凯

财务理论专题 / 罗福凯著

北京:经济管理出版社,2004

　　该书逐一介绍了讨价还价原则、套利定价理论、项目投资组合集合分析、最优资产组合的选择等筹资决策与资本结构理论、行为财务理论等内容。

财务学的边界 / 罗福凯著

北京:经济管理出版社,2010

　　该书将作者近年来发表的关于财务管理基础理论、资本理论和公司财务战略领域的学术论文汇集起来,从多个角度对财务学边界、财务学研究进行了论述。

财务学原理 / 罗福凯主编

北京:中国财政经济出版社,2018

　　该书主要内容是讲解财务学基础范畴、由基础范畴生成的财务原理和财务思想,按照资本、价值、套利、收益、风险、期权和跨期等财务基础范畴展开论述,逐章讲解。

财务学原理.第2版 / 罗福凯,徐璟娜主编

北京:中国财政经济出版社,2020

　　该书对第1版进行了修订,增加了两章内容。律例兼备,通俗易懂。

发展财务学导论 / 郭复初,罗福凯,华金秋著

北京:清华大学出版社,2005

　　该书研究了发展财务的理论基础与基本假设,发展财务学的基本内容,国家、公司与私人财务的基本战略、政策与理财措施,构建了发展财务学的理论框架。

公司财务管理 / 罗福凯著

青岛:青岛海洋大学出版社,1997

　　该书作者力求坚持继承性、实践性、开拓性和超前性等原则,对财务管理的一些传统理论、方法及现代西方财务理论与方法,大胆而诚实地提出了新的见解。

公司财务周期研究 / 罗福凯著

青岛:中国海洋大学出版社,2007

　　该书运用经济学与管理学的基本原理,对公司财务周期问题进行了深入的研究,阐明了适应财务周期各阶段变化的财务战略,开拓了财务学科基础理论研究的新领域。

会计与审计研究实践指南 / (美)托马斯·R.威尔奇,(美)大卫·J.卡尔蒙著;罗福凯…[等]译

成都:西南财经大学出版社,1994

　　该书内容中的每一章节均与中国目前会计改革的理论与实践有着密切的联系。虽然中国

企业会计准则与该书中的美国会计准则是两种经济背景下的产物,但其内容及原理的共同点仍是主要的。

企业财务管理 / 乔传夫,罗福凯主编
沈阳:东北财经大学出版社,1994

　　该书介绍了社会主义市场经济条件下,企业财务管理基本理论和方法。

山东省名牌企业财务管理状况研究 / 罗福凯主编
青岛:中国海洋大学出版社,2009

　　该书以公司财务与名牌企业核心竞争力的相关性作为研究起点,开展了山东省名牌企业财务状况分析研究、山东省名牌企业财务管理实际水平与理论要求差距的研究。

战略财务管理 / 罗福凯编著
青岛:青岛海洋大学出版社,2000

　　该书介绍了关于战略财务管理的基本认识、企业结构与战略财务管理内容规划、财务管理要素等内容。

※ 马广林

财务管理 / 马广林,逄咏梅主编
上海:立信会计出版社,2010

　　该书分别介绍了财务管理的基本概念和基础观念,关于企业资金筹措、资本投放、营运资金规划与控制等的基本原理和方法,以及关于企业财务预算等工作的基本方法。

基于二元产权的企业价值驱动机制设计 / 马广林著
大连:东北财经大学出版社,2009

　　该书首先以新制度经济学相关理论为分析工具,对企业价值及其驱动的相关问题展开了研究,并采用系统动力学基本原理对企业制度变迁对企业价值影响的联运机制进行了分析,以此为基础设计出包括二元产权机制、共同治理机制和价值分享机制三大价值驱动功能板块的企业价值驱动机制总体框架。在此基础上,分别针对上述三大企业价值驱动功能模块的具体设计问题展开了深入的研究。

※ 苗锡哲

现代市场营销案例分析 / 苗锡哲,葛树荣编著
青岛:青岛出版社,2001

　　该书分为市场营销管理理论框架、案例教学方法论、案例分析,其目的是建立一个开放的方法体系,使得读者掌握市场营销的学习方法、营销案例的制作方法和分析方法。

现代营销实务 / 张振刚主编;苗锡哲…[等]副主编
太原:山西经济出版社,2008

　　该书结合我国国情,理论联系实际,以较好的可操作性建议指导现实中的典型营销工作。

※ 倪均援

计算机会计信息系统 / 倪均援主编
北京:中国商业出版社,1999

　　该书以会计实务在会计信息系统软件上的操作方法和技巧为主线,介绍了计算机在会计工作中的应用方法和技术,以及如何将计算机技术用于会计工作的会计信息系统的开发方法和理论。

※ 逄咏梅

公司财务与案例 / 逄咏梅,马广林主编
青岛:中国海洋大学出版社,2007

　　该书首先对公司理财的内容、目标及理财环境进行了分析,其次介绍了公司理财中有关时间价值、风险价值等基本理论,结合公司理财的筹资、投资、经营及分配等主要财务活动,讨论了基本理论和方法的具体应用,结合公司财务管理的程序,介绍了财务预算、财务控制和财务分析的基本方法。

※乔宝刚

初创企业创业者素质冰山模型的构建与应用 / 乔宝刚著

青岛:中国海洋大学出版社,2017

该书旨在探索建立五年内的初创企业创业者素质模型,完善对初创企业创业者的评价方法,重点解决了目前创业者素质评价中普遍存在的不能全面、客观地反映评价对象综合表现以及评价中人为因素副作用较大等缺陷,为在实践中全面、客观、公正地评价初创企业者提供理论指导和具体方法。

创行:大学生创新创业实务 / 薛艺,乔宝刚著

青岛:中国海洋大学出版社,2016

该书以精益创业为核心,围绕如何进行精益创业展开,结合当前比较成功的大学生创业案例对理论知识进行梳理,既注意在理论上有一定的前瞻性,又不拘于理论的枯燥与乏味,偏重于简明、通俗和应用。

※秦曼

海洋渔业资源资产化管理:制度透视与效率考量 / 秦曼著

北京:经济管理出版社,2017

该书以我国海洋渔业资源现行的制度安排为切入点,以提升海洋渔业资源资产产权效率为主线,运用产权经济学和效率论的先进理论和方法,构建海洋渔业资源资产的产权体系,构建海洋渔业资源资产产权效率的理论模型和测度模型以及产权优化配置模型,并在此基础上构建高效率的海洋渔业资源资产产权制度。

※权锡鉴

营销管理创新研究 / 权锡鉴…[等] 著

北京:经济管理出版社,2004

该书逐一介绍了信息不对称的营销理念、营销管理的核心理念、营销战略分析、消费者行为与营销管理、电子商务与网络营销等内容。

※慎丽华

环黄海绿色旅游研究 / 慎丽华主编

北京:海潮出版社,2003

该书是对于中国华东地区生态型旅游进行研究的文集,论述了"中国绿色旅游的发展条件与可能性""农村旅游市场的潜力""乡村旅游与生态旅游"等论题。

旅游宾馆实用日语入门 / 慎丽华,胡环,森豪利编著

首尔:韩国斗南出版社,2006

该书作者经过精心筛选,排除了不常用的语法难点以及难以理解的大块文章及长句,采用了短而精的短句示例及解说方法,使学生有趣地掌握旅游宾馆方面的实用日语知识。

旅游经济学导论 / 慎丽华著

北京:中国经济出版社,2002

该书从宏观和微观两个视角阐明了旅游经济学的基础理论、经济原理以及各种应用法则,用大量的事例和图像,论述了旅游经济学内容。

※苏慧文

管理学原理与案例 / 苏慧文,姜忠辉编著

青岛:青岛海洋大学出版社,1999

该书以研究各种管理活动中存在的共同规律为重点,注重理论分析与案例分析相结合、深度与广度相结合、先进的理论与中国国情相结合,向读者介绍系统的管理知识,以提高管理效率。

管理学原理与案例 / 苏慧文,白帆著

青岛;中国海洋大学出版社,2007

该书以研究各种管理活动中存在的共同规律为重点,介绍了系统的管理知识,以提高管理的效率。该书是修订版,对一些过时的内容进行了更新,并更换了第一版的全部案例。

中国企业商业模式创新案例研究 / 苏慧文,王水莲,杨静著

北京:经济管理出版社,2014

　　该书通过案例研究的方法,分别对五个不同行业的企业商业模式创新实践进行了案例分析研究,阐述了基于流程再造、价值链增值、动力机制的商业模式创新的过程、方法、手段,揭示了商业模式创新的主要逻辑,为中国企业商业模式创新提供参考。

中国企业市场主义管理与业务流程再造 / 苏慧文著

青岛:中国海洋大学出版社,2006

　　该书探究了海尔经过21年的发展,由小到大、从弱到强的发展历程,揭示了海尔流程再造如何由"市场链"切入,经 SBU 再造的科学推进而迈向"人单合一"之崭新商业范式的可持续原创之路。

※ 孙建强

管理会计学 / 孙建强主编

北京:中国商业出版社,1999

　　该书系统地介绍了当代管理会计的基本原理和方法,以及近年来的最新研究成果,并注重理论联系实际与应用价值。

※ 孙林杰

中小企业的发展与创新 / 孙林杰著

北京:经济管理出版社,2014

　　该书介绍了我国中小企业的发展历程,剖析了发展特点及存在的问题,提出了发展方式转型的相关策略。该书从系统的角度研究了在不同成长阶段中小企业融资系统的创新策略,分析了中小企业的技术创新现状,研究了提升技术创新能力的相关策略,并对实施开放式创新提出了相关见解。

※ 王大海

海水养殖业规模经济发展研究 / 王大海著

青岛:中国海洋大学出版社,2014

　　该书阐述了近年来海水养殖业发展规模经济的产业态势,审视了海水养殖业在生物资源养护、技术创新、产业管理方面存在的问题与不足,探寻了海水养殖业工业化发展的逻辑机理,最终提出了发展规模经济以及提高规模效率的具体对策。

※ 王福林

个人住房抵押贷款违约风险影响因素实证研究 / 王福林著

北京:经济科学出版社,2005

　　该书分别从商业银行经营管理和金融制度与政策环境层面,探讨了如何加强和改善我国个人住房抵押贷款违约风险管理措施。

※ 王荭

衍生工具与套期会计 /（美）马克 A.特朗布利著;王荭主译

上海:立信会计出版社,2009

　　该书采用切实可行的实务分析方法,系统地讲解了常见的衍生交易与套期活动的相关会计问题。

※ 王举颖

中小企业网络化成长与协同进化研究 / 王举颖著

北京:经济科学出版社,2014

　　该书综合运用企业成长理论、企业网络理论、协同进化理论等理论工具,以网络经济时代的企业网络为研究背景,以中小企业为研究对象,以企业网络化成长和协同进化为研究核心,对中小企业的网络化成长机理和协同进化机制等问题进行了综合研究。

※王娟

中国城市群旅游场能测度与能级提升策略研究 /
王娟, 张广海著

北京: 中国社会科学出版社, 2015

　　该书通过类比、借鉴与改造得出旅游场能的概念体系和作用原理, 以 GIS 空间分析方法为主, 结合多种定量分析模型, 对中国 13 个城市群的旅游场能格局、扩散模式、分异规律等进行了系统刻画与阐述, 并依据测度结果提出了城市群旅游场能的能级提升策略。

※王淼

企业的适应性战略 / 王淼编著

北京: 经济管理出版社, 2004

　　该书介绍了适应性战略产生的时代背景及理论基础、适应性战略的含义及特征、转型外包战略及其实施、虚拟战略及其实施、边缘竞争战略及其实施等内容。

※王贞洁

中国上市公司债权人治理效率研究 / 王贞洁著

北京: 经济管理出版社, 2012

　　该书探讨了债权人治理失效的各种表现形式, 通过比较不同制度环境下长期债务和短期债务治理效率的差异, 分析了我国信贷领域风险累积的原因, 为改善中国上市公司的债权人治理效率提出对策和建议。

※王竹泉

财务风险发展报告: 2017/ 王竹泉…[等]著

北京: 中国财政经济出版社, 2017

　　该书由财务风险理论发展与总体分析、行业调查、地区调查与专题调查及附录等部分组成, 全面展现了 2016 年度国内外财务风险领域在理论研究、实践应用和信息资料层面的发展状况。

高级财务会计 / 王竹泉, 王苙, 高芳主编

大连: 东北财经大学出版社, 2010

　　该书介绍了企业合并、独资企业与合伙企业会计、分支机构会计、企业合并与合并会计报表、衍生金融工具会计、外币财务报表折算、企业年金基金以及清算会计等内容。

高级财务会计 / 王竹泉, 王苙, 高芳主编

上海: 立信会计出版社, 2011

　　该书是成人高等教育会计学专业系列教材中的核心专业课教材之一。该书共十三章, 内容简明扼要、通俗易懂。

高级财务会计 . 第 2 版 / 王竹泉, 王苙, 高芳主编

大连: 东北财经大学出版社, 2014

　　该书在第 1 版的基础上, 修订了企业控股合中长期股权投资的初始计量、金融负债的确认条件等内容, 补充了权益工具的定义及确认条件等相关内容。

公司治理结构中的会计监督研究 / 王竹泉著

北京: 中国财政经济出版社, 2003

　　该书从会计监督体系、运行机制及其与公司治理结构的关系、会计监督体制变迁的内在逻辑和基本规律、利益相关者会计监督体制的构造与优化方法等方面, 探讨了公司治理结构中的会计监督理论。

跨地区经营: 企业会计问题研究 / 王竹泉著

北京: 经济管理出版社, 2004

　　该书介绍了跨地区营销企业的营销战略与业务流程规划、跨地区营销企业的现金流规划、跨地区营销企业的预算管理、跨地区经营企业合并会计报表等内容。

营运资金管理发展报告 2008—2010/ 王竹泉…[等]主编

北京: 中国财政经济出版社, 2012

　　该书分为理论发展与经济形势篇、行业调查篇、地区调查与专题调查篇、数据信息与文献索引篇四部分。

营运资金管理发展报告 2011/ 王竹泉，孙建强主编

北京：中国财政经济出版社，2011

  该书系统考察了 2010 年度国内外营运资金管理研究的进展和成果，全面收集了 2010 年营运资金管理的文献资料和信息数据，进而深入探究了营运资金管理发展趋势和发展规律。

营运资金管理发展报告 2012/ 王竹泉，孙莹，孙建强主编

北京：中国财政经济出版社，2012

  该书系统考察了 2011 年度国内外营运资金管理研究的进展和成果。

营运资金管理发展报告 2013/ 王竹泉，孙莹，孙建强主编

北京：中国财政经济出版社，2013

  该书旨在系统考察国内外营运资金管理研究的进展和研究成果，客观描绘了营运资金管理实践的发展进程和基本特征，进而深入探究了营运资金管理发展趋势和发展规律。

营运资金管理发展报告 2014/ 王竹泉，孙莹，孙建强主编

北京：中国财政经济出版社，2014

  该书分为理论发展与总体分析篇、地区调查篇、行业调查篇和专题调查篇，旨在系统考察国内外营运资金管理研究的进展和研究成果，进而深入探究营运资金管理发展趋势和发展规律。

营运资金管理发展报告 2015/ 王竹泉，孙莹，孙建强主编

北京：中国财政经济出版社，2015

  该书旨在全面展现 2014 年度营运资金管理理论研究和实践应用的发展状况，包括理论发展与总体分析、地区调查和专题调查等内容，并附有 2014 年中国上市公司营运资金管理绩效排行榜等。

营运资金管理发展报告 2016/ 王竹泉…[等] 著

北京：中国财政经济出版社，2016

  该书全面展现了 2016 年度营运资金管理在理论研究、实践应用和信息资料层面的发展状况。

中国会计研究与教育 . 第 4 卷，第 1 辑/ 王竹泉主编

青岛：中国海洋大学出版社，2010

  该书收录了《人本会计基础理论结构研究》《基于政府审计机构的设置模式构建政府审计职业道德的框架结构》等 14 篇文章。

中国会计研究与教育 . 第 5 卷，第 1 辑/ 王竹泉主编

青岛：中国海洋大学出版社，2011

  该书介绍了中国会计发展前沿问题、中国会计教育改革等重大问题，注重原创性学术成果和具有重要推广价值的应用性研究成果，以及文献综述性文章、书评和典型案例分析等。

中国会计研究与教育 . 第 6 卷，第 1 辑/ 王竹泉主编

青岛：中国海洋大学出版社，2012

  该书介绍了会计、财务和审计方面的理论与实务问题，如财务会计概念框架的框架性探索、中国企业自主研发技术资本投资战略研究。

中国会计研究与教育 . 第 7 卷，第 1 辑/ 王竹泉主编

青岛：中国海洋大学出版社，2013

  该书介绍了基于利益相关者集体选择企业观、环境群体性事件与投资决策理论发展企业技术资产与员工数量的相关性分析、我国上市公司资产结构与企业绩效相关性研究等内容。

中国会计研究与教育 . 第 8 卷，第 1 辑/ 王竹泉主编

青岛：中国海洋大学出版社，2015

  该书介绍了环境群体性事件与投资决策理论发展，基于成功智力理论的学术型硕士研究生实践能力定位研究，重点研究了会计新领域和会计学教育有关的问题。

中国会计研究与教育 . 第 9 卷，第 1 辑 / 王竹泉主编

北京：中国财政经济出版社，2016

该书介绍了企业理论对会计理论影响的回顾与述评、互联网企业收入确认相关问题探讨、人本财务管理研究文献综述等内容。

中国会计研究与教育 . 第 9 卷，第 2 辑 / 王竹泉主编

北京：中国财政经济出版社，2017

该书介绍了产权性质与财务风险、经营性营运资金管理、融资约束与盈余管理等内容。

中国会计研究与教育 . 第 10 卷，第 1 辑 / 王竹泉主编

北京：中国财政经济出版社，2018

该书介绍了以高水平综合大学为引领构建新时代财会职教师资协同培养体系、利益相关者与营运资金管理协同的策略模型、新财政政策对商业银行财务绩效影响研究等内容。

资本效率发展报告 . 2017/ 王竹泉…[等] 著

北京：中国财政经济出版社，2017

该书介绍了 2016 年国内资本效率研究进展，2016 年中国上市公司分地区资本效率总体调查、产融结合对上市公司资金效率与财务风险的影响等内容。

※ 吴春晖

创意海洋：全国大中学生第五届海洋文化创意设计大赛优秀作品集 / 吴春晖，周荣森编著

青岛：中国海洋大学出版社，2016

该书收录了全国大中学生第五届海洋文化创意设计大赛的部分优秀作品，涵盖品牌、平面、造型、包装、景观、视频动画等多种类别，涉及海浪海潮、海上日出、海上明月等题材。

海洋·人类·和谐：全国大学生首届海洋文化创意设计大赛优秀作品集 / 吴春晖主编

青岛：中国海洋大学出版社，2012

该书是全国大学生首届海洋文化创意设计大赛优秀作品集，包含平面设计类、景观设计类、包装设计类、造型设计类、动漫视频类、形象策划类等内容。

海洋强国梦：全国大中学生第三届海洋文化创意设计大赛优秀作品集 / 吴春晖主编

青岛：中国海洋大学出版社，2014

该书收录了全国大中学生第三届海洋文化创意设计大赛的优秀作品，作品集涵盖招贴海报、环境景观、产品造型、媒体动漫等多种类别。

美丽海洋：全国大中学生第二届海洋文化创意设计大赛优秀作品集 / 吴春晖主编

青岛：中国海洋大学出版社，2013

该书收录了全国大中学生第二届海洋文化创意设计大赛的优秀作品，涵盖平面、造型、包装、景观、视频、动画等多种类别。

透明海洋：全国大中学生第七届海洋文化创意设计大赛优秀作品集 / 吴春晖，陈宁，葛禄青编著

青岛：中国海洋大学出版社，2018

该书是全国大中学生第七届海洋文化创意设计大赛作品集，涵盖平面设计、产品设计、环境景观、媒体动漫等类别。

我的创意我快乐：中国海洋大学第二届大学生广告艺术大赛获奖作品选 / 吴春晖主编

青岛：中国海洋大学出版社，2011

该书共编辑 100 余件大学生广告设计作品，作品配有创意说明及设计感想，图文并茂。该书记载了同学们参加广告大赛的创作经历，有艰辛、有欢乐，他们收获了创意的丰硕成果。

我的创意我做主：中国海洋大学首届大学生广告大赛获奖作品选 / 吴春晖主编

青岛：中国海洋大学出版社，2009

该书分为公益广告作品、商业广告作品、营销整体策划案、参加广告创意大赛感言四部分。

※ 徐国君

2004年全国会计专业资格考试中级经济法应试指导 / 徐国君主编
北京：中国商业出版社，2004

　　该书介绍了2004年全国会计专业资格考试科目——中级经济法的基本内容，并附有演习题及模拟试题。

管理咨询 / 徐国君主编
大连：东北财经大学出版社，2010

　　该书分为上篇、中篇和下篇。上篇系统介绍了管理咨询的基本概念、程序、方法、素质和商务策划原理；中篇系统介绍了其管理咨询的理论与方法；下篇就企业目前管理咨询特别关注的四个方面进行了介绍。

管理咨询：原理·方法·专题 / 徐国君著
大连：东北财经大学出版社，2012

　　该书第一章至第三章介绍了管理咨询的一般原理和方法，其余章节均是以财务、会计专业的知识为背景和基础所做的进一步扩展、深入和综合，是面向会计学和财务管理专业的定制化教材。

会计学科概览 / 徐国君主编
北京：中国商业出版社，1999

　　该书旨在为学生开设正式的专业课之前，对会计学科做一个总体介绍，了解会计的产生与发展过程、本专业的基本概念和内容，会计软件等工具和会计方法，会计规范等。

三维会计研究 / 徐国君著
北京：中国财政经济出版社，2003

　　该书揭示了传统会计的缺陷，提出了会计本质上提升的会计未来综合模型，运用规范研究的方法，对三维会计的基本概念和基本理论问题加以系统界定与论述，并提出了一系列新的概念和思想。

现代国际理财 / 徐国君，矫董圣主编
青岛：青岛出版社，1997

　　该书对国际理财的形成、概念与特点、内容进行了简要的说明，介绍了国际理财环境、国际理财惯例等内容，并对国际财务的具体内容进行了系统的阐述。

行为价值管理研究 / 徐国君…[等] 著
大连：东北财经大学出版社，2013

　　该书介绍了行为价值管理导论、行为价值论、人力资本产权激励机制研究、行为价值管理基本流程研究、人本价值管理模式研究等内容。

中国会计研究与教育．第1卷，第1辑 / 徐国君，王竹泉主编
青岛：中国海洋大学出版社，2006

　　该书收录了《会计学研究回顾与展望》《基金投资对股票定价效率的影响》等11篇文章。

中国会计研究与教育．第2卷，第1辑 / 徐国君，王竹泉主编
青岛：中国海洋大学出版社，2007

　　该书收录了《关于会计学学科建设与会计教育的若干问题》《美国内部控制执行机制研究》等11篇文章。

中国会计研究与教育．第3卷，第1辑 / 徐国君，王竹泉主编
青岛：中国海洋大学出版社，2009

　　该书收录了《大类招生和市场细分背景下会计学专业柔性人才培养模式设计》《价值链管理的风险分析与对策》等13篇文章。

※ 徐敬俊

海洋产业布局的基本理论研究 / 徐敬俊，韩立民著
青岛：中国海洋大学出版社，2010

　　该书介绍了海洋产业布局理论研究的相关概念、海洋产业总体布局、海洋经济区划与区域

海洋产业布局、海洋产业布局机制与政策等内容。

※于卫兵

簿记 / 于卫兵主编

北京：中国商业出版社，1999

该书全面说明了完整的簿记循环，重点说明了簿记的七种专门方法，重视实践性和可操作性，着重培养学生从事簿记工作的操作能力。

金融企业会计 / 于卫兵主编

上海：立信会计出版社，2012

该书介绍了金融企业会计基本核算方法、金融企业主要业务的会计核算实务，以及金融企业之间往来业务的会计核算等内容。

※张广海

旅游管理综论 / 张广海…[等] 编著

北京：经济管理出版社，2004

该书介绍了旅游资源管理、旅游规划与管理理论、旅游文化管理、饭店管理、导游人力资源开发与管理、我国旅行社业的现状与未来走势等内容。

我国海洋旅游功能区划研究 / 张广海，刘佳著

北京：海洋出版社，2013

该书阐释了海洋旅游功能区划的内涵、作用与理论基础，分析了我国海洋旅游功能区划的自然生态、旅游市场等发展现状，探讨了海洋旅游功能区划的技术与方法，构建了我国海洋旅游功能区划方案，研究了海洋旅游开发地域与功能区布局，提出了实施分区管制、安排发展时序、统筹协调发展与政策保障建设等对策措施。

※张勤生

管理信息系统与管理支持系统 / 张勤生编著

青岛：青岛海洋大学出版社，2001

该书阐述了管理信息系统与管理支持系统的基本概念、功能和结构；在此基础上，根据建立现行信息系统物理模型与逻辑模型，以及拟建信息系统逻辑模型和物理模型的过程，阐明信息系统的系统分析、系统设计、系统实施和系统维护等的基本原理、方法与技术。

※张世兴

中级财务会计 / 张世兴，姜宏青主编

北京：中国商业出版社，1999

该书从会计与社会经济环境的关系入手，以财务会计的基本理论体系为铺垫，按照先理论后实务的顺序，论述了中级财务会计的基本问题。

※张榍榍

知识技能型人才管理通论："人才学" / 张榍榍著

北京：经济科学出版社，2013

该书以人才简明分类为基础，提出了人才分类管理的崭新理念，并将以往的较为笼统的人才管理理论进行了适用性分类，提升了人才研究的精细化水平。

经济学院

※ 戴桂林

融入全球产业链的山东沿海经济带发展战略研究 / 薛占胜,戴桂林主编

济南:山东大学出版社,2007

　　该书介绍了产业链及其相关理论、融入全球产业链是山东省沿海经济带发展的战略选择、山东沿海经济带发展中存在的战略问题剖析等内容。

山东省应对经济全球化的对策研究 / 戴桂林⋯[等]编著

青岛:青岛海洋大学出版社,2001

　　该书介绍了经济全球化发展的内涵与特征、全球化演化态势分析与前沿理论述评、经济全球化与我国开放型经济发展等内容。

战略资源约束下的海洋经济区优化模式研究 / 戴桂林⋯[等]编

济南:山东大学出版社,2009

　　该书介绍了现代海洋经济区发展与战略资源开发的理论、山东海洋资源开发及海洋经济发展历程回顾、海洋战略资源开发与海洋经济区优化的关系等内容。

※ 傅秀梅

海洋生物资源保护与管理 / 傅秀梅,王长云编著

北京:科学出版社,2008

　　该书综合运用可持续发展理论、生态系统理论、生态经济学理论、生态足迹理论和循环经济理论,对海洋生物资源、海洋环境等进行了理论分析,对我国海洋生物资源、海洋环境等内容进行了剖析。

※ 何一鸣

国际气候谈判研究 / 何一鸣著

北京:中国经济出版社,2012

　　该书介绍了国际气候谈判历程回顾、主要发达国家削减温室气体的成本收益权衡、国际气候谈判中的国家集团化、国际气候谈判中的选择性激励和议题联结等内容。

名企 CEO 传奇 / 何一鸣,魏蕾编著

青岛:中国海洋大学出版社,2009

　　该书精选了 16 位世界 500 强企业 CEO 的精彩传奇故事,用英文介绍了各个传奇人物的精彩历程,分四个篇章,每篇文章又分为名人小档案、名人传记、名人逸事、名人名言、名企简介等若干个板块。

※ 黄瑞芬

工程项目管理理论与实践 / 黄瑞芬,郑慧主编

青岛:中国海洋大学出版社,2013

　　该书介绍了影响 JC 工程项目施工进度因素及保证措施,浅论建筑工程项目施工管理、甲方分包工程的管理方法与对策等内容。

环渤海经济圈低碳经济发展与环境资源耦合研究 / 黄瑞芬著

北京:经济科学出版社,2015

　　该书基于低碳经济和耦合相关理论,以环渤

海经济圈为研究对象，综合运用 SWOT 分析、灰色关联度和耦合模型等实证分析方法，揭示了环渤海经济圈低碳经济发展与环境资源动态关联的耦合关系。

※ 纪建悦

跟我学做项目主管 / 纪建悦主编

北京：北京工业大学出版社，2004

　　该书介绍了项目主管应了解的管理知识和技能：项目选择和可行性分析、组织项目团队、制订项目计划、项目控制等，并阐述了优秀项目主管应具备的基本素质和管理能力。

公司股利政策研究 / 纪建悦著

北京：中国言实出版社，2007

　　该书对公司股利分配的原理、实施技术及运用进行了理论分析和讨论，提出了保证企业价值损失最小的最佳股利分配比率模型，针对我国上市公司股利政策的完善提出了对策建议，建立了我国上市公司股利分配模式、分配比率的一个系统分析的框架，并给出了相应的模型与算法。

海尔的策略：一个中国企业的成长 / 纪建悦…
[等] 著

北京：企业管理出版社，2001

　　该书对海尔集团的兼并重组、企业组织结构优化、企业文化、人力资源开发与管理、国际化及科教兴企等诸方面进行了详尽的研究。

环渤海海洋经济发展的支柱产业选择研究 / 纪建悦，林则夫著

北京：经济科学出版社，2007

　　该书通过分析环渤海地区海洋产业的发展现状及支柱产业的选择，在决策理论的指导下，提出了促进环渤海地区支柱产业发展的相应对策建议。

人力资源开发与管理：理论、工具、制度、操作 /
孙健，纪建悦编著

北京：企业管理出版社，2004

　　该书从人力资源开发和人力资源管理两个方面入手，分析了人力资源开发与管理的基本概念、理论基础、社会经济意义及我国企业人力资源开发与管理的现状、未来的发展趋势、人力资源开发的方法与途径。

现代项目成本管理 / 纪建悦，许罕多主编

北京：机械工业出版社，2008

　　该书以培养学生掌握项目成本管理的理论、方法和技术为目的，介绍了项目成本管理的基本概念、原则和步骤、项目资源计划、项目成本估算、项目成本控制等内容。

现代项目管理概论 / 王长峰，李建平，纪建悦主编

北京：机械工业出版社，2008

　　该书按照项目管理实施的工程，强调了项目管理是一个复杂的系统工程，应注重创新的理念——系统性、集成性、过程性、信息性、多目标性和博弈性。

※ 姜旭朝

货币经济学 / 姜旭朝，胡金焱主编

北京：经济科学出版社，2008

　　该书结合近几年国内外经济、金融形势的新变化、货币金融理论的新进展以及在教学过程中收集到的反馈意见，纠正了第一版中的少量错误，在内容、体系、结构等方面进行了修订。

中国海洋经济评论.第 1 卷，第 1 辑 / 姜旭朝主编

北京：经济科学出版社，2007

　　该书包括若干篇中英文论文，内容包括海洋强国的经验教训与发展模式、海洋产业布局若干理论问题的初步研究、辽宁省海洋产业结构特征与比较研究等。

中国海洋经济评论．第2卷，第1辑／姜旭朝主编

北京：经济科学出版社，2008

　　该书收录了《论海洋发展的基础理论研究》《中国海洋渔业产业化发展模式探讨》等文章。

中国海洋经济评论．第三卷／姜旭朝主编

北京：经济科学出版社，2010

　　该书旨在发表中国及国际海洋经济领域的原创性研究成果，论文主要包括海洋经济理论与方法论建设进展、海洋生态系统服务价值评估、沿海区域经济发展与海洋产业升级等。

中国海洋经济史大事记．现代编／姜旭朝，张继华编

北京：经济科学出版社，2012

　　该书主要记载1949—2009年中国海洋经济历史发展进程中的重要活动、重大事件，所收集的事件涉及中国海洋经济发展史中的大事要事、重要思想、学术会议、研究机构的设立等。

中国海洋经济演化研究：1949—2009／姜旭朝，张继华著

北京：经济科学出版社，2012

　　该书旨在探索新中国成立后60年的海洋经济发展演化的历史与规律。以1949年为研究起点，力求通过这种时间跨度大、内容广泛的整体性研究，总结中国海洋经济演化与发展中的成功与曲折、经验与教训。

中国民间金融研究／姜旭朝著

济南：山东人民出版社，1996

　　该书对我国目前各种民间金融产生的背景、形式、内容、利弊做了相应的分析，并对我国民间金融的前景做了粗线条的设想，提出了一系列的政策建议。

中华人民共和国海洋经济史／姜旭朝主编

北京：经济科学出版社，2008

　　该书介绍了中国海洋经济管理体制演变、中国海洋经济政策演变、中国海洋经济中的技术演变、中国海洋经济理论的产生与演变等内容。

※李晨

我国加工贸易转型升级问题研究／李晨著

北京：经济科学出版社，2012

　　该书介绍了加工贸易转型升级的文献综述与理论基础、我国加工贸易转型升级的路径分析、加工贸易转型升级的实验及经验借鉴、我国加工贸易转型升级的对策建议等内容。

※李福柱

区域人力资本结构研究／李福柱著

北京：经济科学出版社，2010

　　该书从区域经济学的研究视角分析了中国东、中、西三大地带之间人力资本的形成过程、条件和配置结构，验证了区域人力资本结构与社会经济发展的内在关系，以及区域差异产生的人力资本结构原因。

中国区域经济增长效率格局及其变化趋势研究／李福柱著

北京：经济科学出版社，2018

　　该书运用区域经济学和发展经济学领域关于区域经济增长问题的前沿原理和方法组合，解析我国区域经济增长效率差异的影响因素及其多元化作用机理，分析了不同空间格局视域下的增长效率差异及原因。

※李京梅

福建东山湾、罗源湾生态资本及其对地区经济增长的贡献／李京梅…［等］著

北京：科学出版社，2014

　　该书建立了福建海湾生态资本的结构要素和指标体系，评估了福建东山湾、罗源湾的海洋生态资本价值，开发了福建海湾生态资本查询系统，揭示了其空间分布规律，探讨了两个海湾生态资本对地区经济的贡献。

围填海造地资源和生态环境价值损失评估与补偿 / 李京梅著

北京:科学出版社,2020

该书提出了海岸带资源的价值决定理论,根据围填海造地对海岸带资源和生态环境的影响,构建了被填海域资源折耗成本和生态环境损害成本的评估方法,论证了围填海造地价值补偿的制度框架。

※ 李淑霞

生物学中常用数学方法 / 李淑霞编

青岛:青岛海洋大学出版社,1991

该书介绍了当前生物科学研究中常用的数学方法,包括集合、离散概率、差分方程、微分方程等。该书通过大量的生物学实例说明许多重要的数学概念。

※ 李雅静

涉外经贸英语函电 / 李雅静…[等]主编

青岛:青岛海洋大学出版社,1997

该书旨在帮助读者掌握撰写英文信函的格式、步骤、技巧、习惯用语及常用的业务术语。该书注释详细、完整,对一些最新出现的业务术语做了解释。该书作者于 2006 年对第 1 章、第 6 章和第 13 章的内容进行了修订,后于 2010 年再次修订,使该书内容表达准确、语言简练、方便实用。

※ 李延敏

中国农户借贷行为研究 / 李延敏著

北京:人民出版社,2010

该书从纵向和横向分析了中国农户借贷行为的特征。该书研究发现,中国农户借贷行为出现分化,具有层次性特征;农户借贷类型可分为被动、保守和主动;农户未来借贷意愿呈现整体下降的趋势。

※ 刘曙光

海洋产业经济前沿问题探索 / 刘曙光,于谨凯主编

北京:经济科学出版社,2006

该书以海洋产业经济的国际研究进展为主题,展示了海洋资源可持续利用与海洋产业发展的关系。

区域创新系统:理论探讨与实证研究 / 刘曙光著

青岛:中国海洋大学出版社,2005

该书以理化区域经济地理学和系统科学的基本原理为指导,结合经济学和组织行为学的有关原理与研究方法,对区域创新系统的理论进行了总结,对全球化背景下的地区国际合作创新、省级区域创新、城市高新区创新孵化等进行了实证分析。

区域经济与工业转型:青岛工业发展战略研究 / 刘明君主编;刘曙光…[等]编

北京:新华出版社,2004

该书介绍了战略规划与发展布局、产业选择与发展定位、创新体系与对策建议、基础设施与要素支撑及专家评审意见等内容。

※ 马彩华

海洋环境承载力与生态补偿关系研究 / 马彩华,游奎编著

北京:知识产权出版社,2010

该书从海洋环境的现状及海洋自身的情况、海洋被利用的情况,分析人类活动对海洋环境承载力的影响,提出通过生态补偿的方式作为解决对策,以保持海洋的可持续利用。

环境管理的公众参与:途径与机制保障 / 马彩华,游奎编著

青岛:中国海洋大学出版社,2009

该书从五个方面对环境管理的公众参与进行了剖析、归纳,结合国内外事例对公众参与环

境管理存在的问题,提出了适用于中国环境管理特色的公众参与的建议与构想。

※邵桂兰

基于农业保护政策视角的农产品贸易摩擦研究:以海洋渔业政策及水产品为例 / 邵桂兰著

北京:经济科学出版社,2008

该书以农业保护政策为切入点,研究农产品贸易摩擦的政策和制度根源,透过摩擦的价格、数量、市场等表面现象,剖析农业保护政策与农产品贸易摩擦的关系,从政策、制度根源入手,研究农业保护政策调整及解决农产品贸易摩擦的系统策略。

※沈金生

中国循环经济技术支撑与利益实现机制研究 / 沈金生著

北京:经济科学出版社,2012

该书以循环经济技术支撑与利益实现机制研究为主题,开展循环经济技术支撑进行理论界定,重点对技术选择、技术与经济增长方式转变、技术与产业结构调整等进行了分析和论证。

※王元月

跟我学做采购主管 / 王元月主编

北京:北京工业大学出版社,2004

该书分为采购管理和采购业务。通过阅读该书,可以了解到现代采购管理的发展趋势,帮助采购主管选择最佳供应商和采购策略,确保采购工作质量、高效率及低成本执行,同时,与供应商保持良好的战略伙伴关系。

社会保障:理论、工具、制度、操作 / 王元月,游桂云,李然编著

北京:企业管理出版社,2004

该书在阐明社会保障基础概念的基础上,从经济学角度对社会保障制度的原理运行、水平以

及国际比较进行了系统论述,并对我国社会保障制度的状况和改革进行了深入分析。

失业预警理论与实践 / 王元月著

北京:知识产权出版社,2004

该书以西方劳动力市场理论、经济周期理论、经济监测预警理论与方法为基础,论述了失业预警理论的主要内容,初步形成了失业预警理论框架,并通过实例说明了如何在实践中设计和应用失业预警系统。

※魏晓琴

金融法 / 魏晓琴,胡明编著

北京:法律出版社,2005

该书以我国现行金融法律规范为依据,阐述了金融法的基本原理和相关的金融法律规范。

※徐胜

国际贸易结算与信贷 / 徐胜主编

青岛:中国海洋大学出版社,2007

该书在阐述各项国际业务时提供了必要的式样和操作程序图解,突出实务性特点。该书参阅了国际商会诸多最新出版物,尽可能全面地反映当前国内外国际结算立法、国际惯例的新发展和新动态。

海洋经济绿色核算研究 / 徐胜著

北京:经济科学出版社,2007

该书围绕海洋经济这一中心论题,立足区域经济学原理的综合,理论与实践相结合,在系统评述国内外海洋经济相关的基础上,从绿色GDP角度对海洋经济可持续发展问题进行了详细阐述。

资源环境约束下环渤海海洋产业发展对策研究 / 徐胜著

北京:经济科学出版社,2012

该书从可持续发展的角度出发,建立了海洋经济发展的理论框架,运用环境经济学的方法,

探讨了海洋环境价值核算的方法及可持续度的测评指标,并应用于山东省的研究。

※杨林

财政与税收 / 杨林主编
青岛:中国海洋大学出版社,2005

　　该书分为财政篇与税收篇。财政篇以财政运行规律为线索,侧重理论阐述;税收篇以税收原理和税收制度为脉络,侧重实务分析。

海洋渔业产业结构优化升级的产业政策取向:基于产业生态学视角 / 杨林著
北京:经济科学出版社,2012

　　该书阐述了在当前复杂多变的世界经济金融形势及建设蓝色经济区背景下,我国如何以现代科学技术和设施装备为支撑,运用先进的生产方式和经营管理手段,保持渔业稳定发展,实现经济、生态和社会效益和谐共赢的渔业产业形态。

海洋渔业经济可持续发展的财政投入机制与效应研究 / 杨林著
北京:经济科学出版社,2007

　　该书介绍了渔业经济可持续发展概述、渔业发展财政投入机制与效应的理论阐释、中国海洋渔业经济发展面临的宏观形势与微观格局等内容。

海域资源市场化配置的方式选择与制度推进 / 杨林,陈书全著
北京:经济科学出版社,2013

　　该书介绍了海域资源市场化配置的内在机理、我国海域资源市场化配置的效益分析、海域资源市场化配置的国际经验借鉴、我国中长期海域资源市场化配置的制度创新等内容。

现代农业视域下农村区域经济发展的路径选择 / 杨林,秦宏主编
青岛:中国海洋大学出版社,2012

　　该书收录了中国海洋大学农村与区域发展领域农业推广硕士研究生的研究成果,研究了事关当前现代农业发展全局、影响长远的几个方面内容,如完善现代农业产业体系、加强农业资源和生态环境保护。

现代项目管理理论与应用 / 杨林,赵昕主编
青岛:中国海洋大学出版社,2011

　　该书收录了中国海洋大学项目管理专业研究生的研究论文,囊括了对项目管理相关理论的探索和研究,将理论研究与实践结合起来,将项目管理的九大理论应用到实践领域,并有所创新。

※殷克东

跟我学做生产主管 / 殷克东编著
北京:北京工业大学出版社,2004

　　该书阐述了生产主管应具备的各项技能和先进的管理方法及其在工作中必备的管理技能。

海洋经济统计术语 / 殷克东,刘琳编著
北京:经济科学出版社,2010

　　该书对海洋经济统计术语进行了详细的解释,主要有海洋宏观经济、海洋渔业、海洋油气业、海洋生物医药业、海洋工程建筑业、海洋交通运输业等方面的内容。

海洋强国指标体系 / 殷克东,方胜民编著
北京:经济科学出版社,2008

　　该书所建立的海洋指标体系全面、系统,将"海洋强国"的概念定性化、定量化,不仅可以考察一个国家的海洋综合实力,并且可以为国家海洋事业的发展提供一些参考标准和依据。

经济管理系统分析技术方法论 / 殷克东编著
北京:经济科学出版社,2009

　　该书介绍了经济管理研究中几种实用的系统分析技术方法的相关理论及应用领域,并配以翔实的分析案例。

青岛近海风暴潮灾害损失与海洋经济安全预警 / 殷克东,方胜民,赵领娣编著

青岛:中国海洋大学出版社,2012

该书以青岛地区为实证研究对象,从理论和实证角度,对典型区域风暴潮灾害损失和海洋经济安全预警进行了深入研究,探索了新型海洋防灾减灾方式和发展模式。

中国海洋经济发展报告 .2012/ 殷克东,方胜民,高金田主编

北京:社会科学文献出版社,2012

该书对我国的海洋经济安全形势、海洋经济增长前景、海洋产业选择方向、典型区域海洋经济现状和发展、海陆统筹的国家战略地位、海洋生态系统服务和海陆发展水平等进行了探讨与阐述。

中国海洋经济发展报告 .2014/ 殷克东,高金田,方胜民编著

北京:经济科学出版社,2015

该书论述了国际国内海洋经济发展的前景与展望,对我国海洋经济发展水平、制约因素、趋势预测展望等进行了系统的研究,针对我国海洋经济发展中存在的战略提升空间和战略推进空间提出了相关政策建议。

中国海洋经济发展报告(2015～2018) / 殷克东,高金田,方胜民编著

北京:社会科学文献出版社,2018

该书对中国海洋经济发展进行了分析和展望,并在相关研究的基础上完善了对海洋产业、海洋区域经济等领域分析和预测的方法和理论体系。

中国海洋经济形势分析与预测 / 殷克东,方胜民主编

北京:经济科学出版社,2010

该书通过对海洋经济相关概念的系统界定和国内外海洋经济发展现状的分析,从海洋经济主要产业链的相关分析出发,利用传统与现代、经典与组合等预测方法,分别对主要海洋产业、

沿海地区和全国五大沿海经济区的海洋经济发展形势进行了分析、预测和展望。

中国海洋经济周期波动监测预警研究 / 殷克东著

北京:人民出版社,2016

该书通过对"海洋经济－周期波动－监测预警"复合系统的深入剖析,探明了中国海洋经济随机变量间的时空演变关系,揭示了海洋产业波及效果和产业波动传导机制,设计编制了中国海洋经济景气指标、预警指数和预警灯系统,进行了转折点判断、周期阶段划分和景气关联效应分解。

中国沿海地区海洋强省(市)综合实力评估 / 殷克东著

北京:人民出版社,2013

该书从计量和实证角度,进行了我国沿海地区海洋强省(市)综合实力评估,设计并测算了我国沿海地区海洋强省(市)发展指数,我国沿海地区海洋经济发展指数、海洋科技发展指数等。

※游桂云

环境责任保险模式选择与定价研究 / 游桂云著

北京:经济科学出版社,2011

该书综合运用环境经济学、保险经济学的研究方法,对中国环境责任保险模式选择和定价进行了系统而有深度的研究。

※于谨凯

海洋产业经济研究:从主流框架到前沿问题 / 于谨凯…[等]著

北京:经济科学出版社,2016

该书以党的十二大主要海洋产业为研究对象,基于主流产业经济学研究框架,对海洋产业组织、海洋产业结构、海洋产业布局、海洋产业安全等海洋产业经济发展中的核心问题进行了探讨。

我国海洋产业可持续发展研究 / 于谨凯著

北京：经济科学出版社，2007

　　该书基于产业经济理论的构架，通过可持续发展理论的系统化延伸，建立了海洋产业可持续发展的系统模型，讨论了海洋可持续发展的组织基础、运行机制、产业安全、产业政策等内容。

我国海洋产业空间布局优化研究 / 于谨凯…

[等] 著

北京：经济科学出版社，2019

　　该书在研究海洋产业空间布局优化机理，对区域海洋产业空间布局优化进行探讨的基础上，选取典型海洋产业进行了研究，并对典型区域"山东半岛蓝色经济区"海洋产业空间布局优化提出了相应的对策建议。

资本流动与民间投资发展 / 于谨凯著

上海：上海三联书店，2004

　　该书介绍了资本流动和投资理论、经济增长中的资本流动与民间投资发展、资本流动约束与民间投资发展、资本流动与民间投资发展模式分析等内容。

※赵领娣

海洋灾害及海洋收入的经济学研究 / 赵领娣…

[等] 编著

北京：经济科学出版社，2007

　　该书在自然科学研究的基础上，借助社会科学的研究思路和方法，对海洋灾害特别是海洋人为灾害进行了经济学的思考和研究。

劳动经济学：理论、工具、制度、操作 / 赵领娣，付秀梅编著

北京：企业管理出版社，2004

　　该书介绍了劳动力市场、劳动力需求、劳动力供给、劳动力市场的均衡与非均衡、人力资本、劳动力流动等内容。

※赵昕

风暴潮灾害风险评估及应对机制研究 / 赵昕…

[等] 著

北京：经济科学出版社，2019

　　该书在系统梳理他人研究成果的基础上，将理论探讨与具体案例进行了有效的整合，力求实现风暴潮灾害风险的综合评估和有效应对。

海洋灾害基金设计及运行机制研究 / 赵昕著

北京：经济科学出版社，2014

　　该书以强化海洋灾害补偿能力为出发点，在探讨海洋灾害基金设计现实背景和技术背景的基础上，构建海洋灾害补偿基金框架并对其筹资、运营、补偿机制进行了系统分析，设计出了海洋灾害运行方案。

货币金融学 / 孙健，赵昕编著

青岛：青岛海洋大学出版社，2000

　　该书论述了货币的起源，利息、信用、银行的产生、金融机构的发展等基本理论，分析了中外银行制度的区别与联系，并对我国金融机构的创新与发展以及中央银行的监管等问题做了深入的探讨。

克鲁索和它的主人 / （英）罗伯特·迈克尔·巴兰坦著；赵昕，李伟译

南昌：二十一世纪出版社，2014

　　该书讲述了一条名为"克鲁索"的猎犬跟随自己的主人，从一个小狗成长为一条英勇的猎犬的经历，也从侧面反映了美国西部大草原的时代变迁和生活变化。

项目管理：理论与实践 / 赵昕，杨林主编

青岛：中国海洋大学出版社，2011

　　该书收录了中国海洋大学项目管理专业研究生的研究成果，囊括了对项目管理相关理论的探索和研究。

※郑慧

风暴潮灾害保险费率厘定模型与实证研究 / 郑慧著
北京:经济科学出版社,2014

该书以灾害保险为切入点,探析了我国风暴潮灾害管理的问题;依据灾害经济学原理、精算原理、博弈论等,依次对风暴潮灾害的可保性、风暴潮灾害保险费率厘定进行了分析,并对再保险模式下的风暴潮灾害风险分散策略进行了设计,为我国风暴潮灾害风险分散机制的建立提供了理论支持。

※朱新瑞

中国海关监管与征税:国际经贸涉关业务 / 朱新瑞…[等]主编
青岛:中国海洋大学出版社,2007

该书是在2003年出版的教材基础上修订而成。这次修订仍体现原书特点,同时根据沿海城市重点发展港口经济优势,适应国际物流的发展要求,增加了反映中国海关监管与征税的最新内容。

※朱意秋

国际贸易结算新编:汉英双语 / 朱意秋编著
青岛:青岛海洋大学出版社,2001

该书从进出口商的角度出发,将国际贸易结算定义为确定或监督贸易双方履约的方式,分析了国际贸易结算方式变革的动力,选择国际贸易结算方式的依据及国际贸易结算方式的发展方向。

物流管理学:元活动及其集成.第2版 / 朱意秋编著
济南:山东人民出版社,2006

该书研究物流元活动的管理,将这些物流系统进行了空间和时间上的界定,介绍了这些系统中特有的与物流相关的外围活动,并推荐了一些已经达到集成境界的体系,以作为企业提升物流管理水平的标杆。该书于2009年再版,更新了一些与时代相关的数据和提法,介绍了一些解决物流信息特点的技术。

外国语学院

※常宗林

Comparative Studies in Language and Culture / 常宗林著

青岛:中国海洋大学出版社,2004

　　该书概述了语言和文化研究中基本的原理和方法,对语言和文化的对比研究提出了一个连贯的观点。

跨文化逸事赏析 / 常宗林,李云编著

青岛:中国海洋大学出版社,2012

　　该书采用英汉对照的方式,讲述了众多趣味盎然的文化逸事,旨在反映跨文化研究的宽泛领域。

认知语言文化学 / 常宗林著

青岛:中国海洋大学出版社,2005

　　该书介绍了认知语言学的主要理论,阐述了这些理论与当代语言学主流理论迥然有别的语言观和认知观,探讨了语言、文化认知研究基本主张背后的经验基础及研究方法。

文化风情逸事 / 常宗林,李云编著

青岛:中国海洋大学出版社,2007

　　该书采用英汉对照的方式,讲述了众多跨文化交际过程中的趣闻逸事,并对其进行了有益的评述。

英语文化在线导读 / 常宗林主编

青岛:中国海洋大学出版社,2006

　　该书引导学习者利用互联网丰富的资源进行阅读活动,重点是英语文化的学习,并将具有教学价值和文化相关的信息有机地结合,是互联网时代英语文化研究的基础教材。

中国文化导读 / 常宗林,李旭奎主编

北京:清华大学出版社,2006

　　该书介绍了中国传统文化和风俗礼仪中最精彩的部分。全书采用英汉对照的方式,每章都包括英文、中文对照和该章相关重要词汇的汉英解释。

※陈士法

英语语言学实用教程 / 彭建武,陈士法主编

镇江:江苏大学出版社,2009

　　该书是英语语言学理论方面的通俗读物,在对重要概念和相关理论进行清晰讲解时,尽量避免生冷、晦涩,力求做到浅显易懂、讲练结合。

※陈颖

二语写作测试语境效度研究 / 陈颖著

北京:中国人民大学出版社,2014

　　该书运用文献分析和写作任务分析的方法,归纳出语境特征量不同的三种任务类型;运用写作测试、文本分析等多种方法,对比了我国非英语专业大学生在三种任务类型上的写作质量和文本特征的异同,同时分析了其认知过程和情感因素的变化。

※初汉平

大气和海洋化学 / (美)霍兰著;初汉平…[等]译

北京:科学出版社,1986

　　该书描述了控制大气和海洋组成的各种过

程,并探讨了决定各元素在大气、生物圈、海洋与地球的地壳和地幔之间的转移速率的函数关系。

※邓红风

比较文化社会学的再思考:法国和美国的评价模式库 / (美)米歇尔·拉蒙,(法)劳伦·泰弗诺编;邓红风…[等]译

北京:中华书局,2005

　　该书以法国和美国为重点,分析了两种不同文化背景下的人们怎样利用民族的和跨民族的评价模式对政治、经济、道德伦理和审美问题做出自己的判断。

对比分析 / (英)詹姆斯著;邓红风译

青岛:青岛出版社,2005

　　该书是以实际应用为目的的理论综述。对语言学的一个相对年轻的分支——对比分析(即对比语言学),做了全面系统的介绍与评论。

杰斐逊集．上 / (美)杰斐逊著;(美)彼得森注释编辑;刘祚昌,邓红风译

北京:三联书店,1993

　　该书主要内容包括自传、英属美利坚权利概观、弗吉尼亚纪事、政府文件、演说、咨文和答复、杂集和注释。

杰斐逊集．下 / (美)梅利尔·D.彼得森注释编辑;刘祚昌,邓红风译

北京:三联书店,1996

　　该书主要内容包括自传、英属美利坚权利概观、弗吉尼亚纪事、政府文件、演说、咨文和答复、杂集和注释。

美国丑闻大全 / (美)乔治·科恩著;邓红风…[等]译

北京:群众出版社,1989

　　该书是美国事实资料出版社1989年出版的第一部全面介绍美国丑闻的著作的译著,内容包括从殖民地时期直到1988年的美国政治、经济、军事、社会生活、文化体育、新闻出版等领域的

300余条丑闻。

融合万方 八大关:建筑艺术与文化景观 / 亢清泉主编;邓红风翻译

北京:文物出版社,2007

　　该书介绍了八大关的四季花街与园林景观、文物建筑景观、海洋地理生态,共收录400余幅摄影作品,首次披露了百余栋文物建筑的原始档案资料。

少数的权利:民族主义、多元文化主义和公民 / (加)威尔·金里卡著;邓红风译

上海:上海译文出版社,2005

　　该书总结了以往15年间族裔文化少数群体权利辩论的演进过程,讨论了一个自由民主国家中族裔文化公正的要求,论述了自由主义者对民族主义通常抱有的错误解释和观念,探讨了民主公民的实践在多元化的时代如何得以保持和发展。

西方文明史 / 邓红风主编

青岛:中国海洋大学出版社,2005

　　该书是讲述西方文明发展历程的读物,带领中国学习者在学习西方文明发展史的过程中学习英语,在学习英语的过程中了解西方文化。

亚洲的大学:历史与未来 / (美)菲利普·G.阿特巴赫,(日)马越彻主编;邓红风主译

青岛:中国海洋大学出版社,2006

　　该书介绍了亚洲大学的过去与未来、亚洲私立高等教育的传承与发展、中国高等教育的历史与未来、印度的高等教育大众化与变革等内容。

英国的课业:19世纪中国的帝国主义教程 / (美)何伟亚著;刘天路,邓红风译

北京:社会科学文献出版社,2007

　　该书运用后殖民研究的理论和方法,对鸦片战争到义和团起义时期的近代西方对华关系进行了全新的解读,把它从一段为人所熟知的历史变成了一段令人感到新奇的崭新历史。

※杜曾荫

沉积岩研究法导论 / （苏）H. B. 洛格维年科著；杜曾荫,王振波译

北京:地质出版社,1959

该书为苏联哈尔科夫国立大学地质系五年级学生历年来进行实习工作方法基本原理的阐述。

大学英语听力理解与提高 / 杜曾荫…[等]编

上海:上海交通大学出版社,1990

该书根据大学英语教学大纲对听力的要求,结合 EPT 和 TOEFL 听力测试的内容与形式编写而成,是大学英语四、六级统考听力训练以及 EPT 和 TOEFL 基础训练最理想的强化教材。

大学英语听力理解与提高指导 / 杜曾荫…[等]编

上海:上海交通大学出版社,1992

该书是《大学英语听力理解与提高》的配套读物,收有该书的全部听力材料和习题答案。

大学英语听力强化训练 / 杜曾荫…[等]编

济南:山东教育出版社,1988

该书共有 40 篇课文。书中每课内容有单句、对话、短文和练习。练习形式采用现在考试通用的托福（TOEFL）模式,以多项选择答案为主,辅以填空、听写、正误判断等。

现代英语应用文 / 杜曾荫,王首权主编

上海:上海交通大学出版社,1996

该书介绍了各种英语应用文的写作方法,包括公私信函、电报电传、公文、合同、广告、说明书、简介和单据等;附有大量范例,列举了书写格式和习惯用语。

英语听力进阶.第一册 / 杜曾荫主编

上海:上海交通大学出版社,1992

该书共分 18 课,每课围绕一个主题组织听力材料,内容涉及问候、寻路、住房、就餐、学校生活、议论工作等。

英语听力进阶.第二册 / 杜曾荫主编

上海:上海交通大学出版社,1992

该书共分 18 课,每课围绕一个主题组织听力材料,内容涉及约会、旅行、寻找职业、购物等。

英语听力进阶.第三册 / 杜曾荫主编

上海:上海交通大学出版社,1992

该书共分 18 课,每课围绕一个主题组织听力材料,内容涉及买卖、教育、环境保护、太空旅行等。

英语听力进阶.第四册 / 杜曾荫主编

上海:上海交通大学出版社,1992

该书共分 15 课,前 10 课均由 Part A、Part B、Part C 组成,Part A 以训练单句理解为主,Part B 以日常口语对话为主,Part C 以短文与长篇对话为主。

英语应试综合指南 / 杜曾荫,李玉兰编著

青岛:青岛海洋大学出版社,1991

该书介绍了大学英语四、六级统考,研究生入学考试,EPT 和 TOEFL 考试中所涉及的语法结构和书面写作与翻译表达的种种规则和技能,并配以精编练习。该书于 1994 年 11 月再版。

怎样准备高等教育英语自学考试 / 杜曾荫,王海燕主编

上海:上海交通大学出版社,2001

该书对高等教育英语自学考试中的重点、难点进行了归纳和总结,并结合典型例题对解题的思路和技巧加以指点。

※杜国宁

最新英语四级语法词汇考点突破 / 杜国宁,张凯主编

青岛:青岛出版社,2006

该书讲解了语法知识点重点内容和项目、词汇的学习与记忆方法,介绍了大学英语四级新题型的变化和应试策略,新编写了和语法词汇有关的篇章选词填空、改错、完形填空综合测试练习

等内容。

※冯瑗

长难句与语法突破 / 冯瑗主编

济南：山东科学技术出版社，2007

　　该书共收录330句长难句，讲解了约1 200个核心词汇，侧重透彻剖析句子，帮助考生熟练掌握其意义和用法。

大学英语四级考点词汇精讲 / 潘晓燕主编；冯瑗…［等］副主编

上海：上海世界图书出版公司，2008

　　该书选取1 265个在大纲和指导性教材中出现的核心词汇，通过构词、搭配、考点等项目全面解析、解答词汇疑点和难点，精编1 288道模拟题，并配以详细解析。

※盖飞虹

人物风云榜 / 范祥涛主编；盖飞虹…［等］编

上海：上海外语教育出版社，2007

　　该书收录了多篇介绍世界名人的文章，包括阿伯特·施魏策尔、飞行员莱特兄弟、化学家利奥·贝克兰等。

探索英语.1，教师用书 / 盖飞虹，陶怡译注

上海：上海外语教育出版社，2004

　　该书对教师如何在课堂上有效运用该教材进行了介绍，讲述了课文内容，提供了丰富的口语与书面练习素材以及全部练习答案。

探索英语.1，练习册 / 盖飞虹，陶怡译注

上海：上海外语教育出版社，2004

　　该书以介绍英语文化与生活知识为素材，以训练学习者听、说、读、写、译的综合能力为宗旨，编写了多种类型的练习，每四个单元配有三套试卷。

探索英语.1，学生用书 / 盖飞虹，陶怡译注

上海：上海外语教育出版社，2004

　　该书以外国学生在英国家庭度过夏季的故事为线索，讲述了英语的日常生活与文化特点，并提供了听力、会话、阅读与写作练习。

※高国栋

伦敦城市俚语：最新英美口语 / 高国栋主编

北京：机械工业出版社，2004

　　该书选取了当代英国青年，特别是校园中流行的新俚语，并给出了它们的词源、形态、例句，以便我国广大的英语学习者能在较短时间内迅速了解。

※郭婷

全新大学英语四级考试教程 / 郭婷，杨红主编

青岛：中国海洋大学出版社，2007

　　该书由十个单元和两套模拟试题组成。十个单元文章涉及生态环境、计算机网络、商业经济等历年真题热门话题，并附有参考译文和练习。

※姜春洁

宫泽喜一回忆录：访谈记 / （日）御厨贵，（日）中村隆英编；姜春洁译

北京：东方出版社，2009

　　该书历数了宫泽从长大成人到出席旧金山和谈，继而参与筹划并活跃于池田内阁政治舞台的种种幕后秘闻，以及最终担任首相要职，为解决各项重大政治课题而终日忙于运筹帷幄的政治生涯。

企业文化之中日比较研究 / 姜春洁著

青岛：中国海洋大学出版社，2008

　　该书以中国海尔集团和日本松下电器为典型事例，分析了中国式经营和日本式经营各自的特征及差异，探索了在不同文化背景下，日本企业文化在中国的适应与融合过程。

※ 蒋锐

当代社会主义 / 赵明义主编；蒋锐…［等］副主编

济南：山东大学出版社，2001

　　该书以剖析当代特别是东欧剧变后世界上一切自称社会主义的国家、政党、派别与思潮为主要任务，概述和分析了当代社会主义的含义、研究对象与范围、现状与分类等内容。

东欧人民民主道路研究 / 蒋锐著

济南：山东人民出版社，2002

　　该书对东欧及其早期社会主义运动、战后世界政治格局中东欧的境况、东欧人民对人民民主道路的探索，以及最终人民民主道路的夭折进行了研究。

※ 金龙范

韩国基础文化词汇 235 / 金光洙，金龙范主编

北京：世界图书出版公司北京公司，2008

　　该书以韩国文化观光部颁布的韩国基本文化词汇为基础，选用了其中日常生活中的 235 个文化词汇，附上精美图片、韩语说明及汉语翻译。在每个文化词汇的后面分别设计了文化词汇例句以及会话练习。

※ 荆蓁

耳针疗法 / 肖飞，魏履霜著；肖飞，荆蓁译

济南：山东科学技术出版社，1996

　　该书探讨了耳郭诊断、治疗疾病的规律性和经验总结，详细介绍了耳部的穴位、耳穴的诊断方法、耳穴治疗的操作方法、常见疾病的耳针治疗方法。

征服考博英语 2000 题 / 王湘云编著；荆蓁…［等］编

西安：世界图书出版公司西安公司，2003

　　该书综合了听力理解、语法结构、词汇知识、阅读理解、完形填空、综合改错及英译汉等七种题型的考题。各部分均配有参考答案与试题精解。

中药学 / 唐德才主编；寻建英主译；荆蓁…［等］译

上海：上海中医药大学出版社，2003

　　该书以中医药传统理论为指导，从实用、有效的原则出发，介绍了传统中药学的基本理论和中药的使用原则和方法。

※ 蒯佳

大学交际法语：语法与实践 / 蒯佳主编

北京：高等教育出版社，2008

　　该书以学生为中心，让学生进行信息转换，围绕一个情景进行角色扮演，围绕一个主题进行辩论等，通过这些语言活动培养学生的语言实践运用能力。

※ 雷海花

罗伯特·瓦尔泽小说中的现代边缘人 / 雷海花著

北京：新华出版社，2017

　　该书在归纳瓦尔泽笔下不同类型的边缘人形象的基础上，对各类边缘人形象背后的精神内涵进行了深刻而独到的分析与阐释。

※ 李承梅

韩国词文学通论 / 李承梅著

首尔：成均馆大学出版社，2006

　　该书介绍了词的起源和特性、唐乐和韩国文人的词认识、韩国词的接受基础、韩国词文学享有层和作家层、韩国词的文学性特质等内容。

韩国概况 / 李承梅，李正子著

青岛：中国海洋大学出版社，2000

　　该书介绍了韩国的自然环境、人口与国土开发、历史、政治、经济、文化和艺术、教育等内容，

尽力做到用最简洁的语言进行介绍,让读者较全面地了解韩国的概况。

韩国社会与文化 / 李承梅,李龙海编著
青岛:中国海洋大学出版社,2007

该书涵盖韩国概貌、历史、政治、经济、文化民俗,借鉴最新研究成果和统计数据,比较中、韩两国历史文化,使读者全面、客观地了解韩国。

※ 李光在

中韩无产阶级文学运动比较研究 / 李光在著
牡丹江:黑龙江朝鲜民族出版社,2004

该书介绍了自然发生的无产阶级文学,无产阶级文学运动的组织发展期、成熟期,无产阶级文学运动的斗争和解体等内容,对中韩无产阶级文学运动进行了比较研究。

※ 李海英

朝鲜族文学在中国 / 李海英,韩红花主编
青岛:中国海洋大学出版社,2014

该书探讨了朝鲜族社会形成的过程及其发展、中国朝鲜族文学的汉语创作与翻译,对中国朝鲜族文学的发展情况及未来进行了展望。

海洋与东亚文化交流 / 李海英,李翔宇主编
青岛:中国海洋大学出版社,2014

该书探讨了以海洋为媒介的东亚三国之间进行的文化交流,涉及朝鲜文人对台澎闽游历记录、日本与朝鲜围绕三藩之乱的情报交涉、韩国撰写的不同版本《东亚史》教科书的内容比较等。

近代东亚人的离散与定居 / 李海英著
光明市:韩国京辰出版社,2010

该书介绍了在华朝鲜人的移居和定居、在韩华侨的移居和定居、在满朝鲜人文学中出现的离散的样态等内容。

西方文明的冲击与近代东亚的转型 / 李海英,李翔宇主编
青岛:中国海洋大学出版社,2013

该论文集探讨了近代转型时期在东亚各国出现的历史与文化上的变化,分为两部分。第一部分为哲学与历史,第二部分为语言、文学与翻译。

※ 李江华

简明俄语前缀 / 李仁杰,李秋琦,李江华编著
青岛:中国海洋大学出版社,2010

该书选取了日常生活中最为常用的47个俄语前缀,并配以大量的例句,逐一阐释。

※ 李力

马丁·伊登 / (美)杰克·伦敦著;李力…[等]注释
青岛:青岛出版社,2004

该书是杰克·伦敦的半自传体小说。小说的前半部分取材于作者一步步走向成功的心路历程;后半部分描写马丁认识到了上层社会的虚伪与丑陋,但又无法摆脱心灵的寂寞,最后投海自杀。

欧韵青岛:老屋·老街·老城:[中英文本] / 周辉画;青岛市人民政府新闻办公室编(英文翻译为李力,刘静)
青岛:青岛出版社,2003

该书收有《伏龙山路街景》《博山路街景》《金口路街景》《太平路海滨》《莱阳路阶梯小巷》等钢笔画作品。

※ 李玲

涉海英语读写教程.理科卷 / 李玲,李美华主编
青岛:中国海洋大学出版社,2012

本教程共十个单元,每单元一个主题。全书以"海洋科学和世界海洋概览"开篇,最后一个

单元是对未来海洋的展望,中间八个单元为与海洋理科类学科有关的内容。

※李龙海

韩国学研究:环黄海圈中韩交流的历史、现状和未来国家学术会议论文集 / 李龙海主编

北京:民族出版社,2006

　　该书是在 2005 年中国海洋大学召开的环黄海圈中韩交流的历史、现状和未来国家学术会议上发表的论文中精心选编的有关韩国学方面的学术论文集。全书分语言、文学、教育、交流等部分。

韩汉翻译教程 / 李龙海,李承梅编著

上海:上海外语教育出版社,2009

　　该书阐述了翻译的实质、标准、语义与翻译的关系,讲解了韩国语词尾、词语、句子的翻译,介绍了几种常用的翻译方法。

※李庆祥

名词 / 李庆祥等著

北京:外语教学与研究出版社,1998

　　该书分别就名词的性质、特点,名词的构词,名词的修辞以及普通名词、专用名词、代词、数词的意义与用法等进行了探讨。

日语的语气和人称 / (日)仁田义雄著;曹大峰,李庆祥等译

北京:北京大学出版社,1997

　　该书反映了作者在日语语气方面的研究成果,指出语气这一语法现象与主格的人称具有密切的关系。

日语教学与研究文集 / 李庆祥,徐玉林编

香港:新华彩印出版社,1999

　　该文集所收的论文涉及语法学、词法学、词汇学、修辞学、文学、翻译学、汉日比较、教学法等方面的内容。

日语量词详论 / 李庆祥编著

长春:吉林教育出版社,1994

　　该书从形态、意义、职能等多种角度阐述了日语量词的分类与特点、语法功能与特征、修辞特征及语义辨析、量词研究的历史与展望等内容。

现代日语词汇研究 / 李庆祥著

济南:山东大学出版社,1994

　　该书介绍了综合性的研究,接头、接尾词研究,词语辨析研究,汉日对比研究等内容。

新编日语泛读.第一册 / 王秀文,李庆祥,(日)山鹿晴美编著

北京:外语教学与研究出版社,2006

　　该教材更换了原《日语泛读》近1/3的内容(第一册的第三、五、六、八、十、十六、二十一、二十三课为新替换内容),进一步增强了时代感和可读性。

新编日语泛读.第二册 / 王秀文,李庆祥,(日)山鹿晴美编著

北京:外语教学与研究出版社,2006

　　该教材更换了原《日语泛读》近1/3的内容(第二册的第二、四、六、十、十一、十二、十五、十九课为新替换内容),所选文章题材广泛、体裁多样,书后附有参考译文和练习详解。

新编日语泛读.第三册 / 王秀文,李庆祥,(日)山鹿晴美编著

北京:外语教学与研究出版社,2006

　　该教材更换了原《日语泛读》近1/3的内容(第三册的第一、三、八、十二、十五、十七、十九、二十五课为新替换内容),并为全书正文添加了中文参考译文。

新编日语泛读.第四册 / 王秀文,李庆祥,(日)山鹿晴美编著

北京:外语教学与研究出版社,2006

　　该教材更换了原《日语泛读》近1/3的内容(第四册的第一、二、四、五、十三、十五、十八、

二十三课为新替换内容),所选文章题材广泛,书后附有参考译文和练习详解。

新编日语应用文写作 / 李庆祥,王爱静编著
南京:东南大学出版社,2013

　　该书以丰富的范例概述了日文中各种应用文文体的写作要领,且辅以丰富的练习。

应用文 / 蒋鲁生,李庆祥编著
北京:外语教学与研究出版社,1998

　　该书详细介绍了常用公文、常用条据、法律书状、社交书信、外贸函件、电报、电传的格式和写法,是内容全面的日语应用文参考书。

中日非语言交际研究 / 李庆祥主编
北京:外语教学与研究出版社,2008

　　该书是介绍中日形态语言的书籍,分为概论篇、分论篇、音声语篇、教学篇和附录部分。

※ 李世珍

海洋生物学.第1卷,海洋生物结构/(苏)M.E.维诺格拉多夫主编;李世珍,杨德渐译
北京:海洋出版社,1986

　　该书分析了海洋生物对光、温度、盐度、流体静压力和水质运动诸因子的适应性,阐明了各海洋生物类群在世界大洋中的水平分布、垂直分布,描述了大洋中声散射层的动物区系和生物发光现象。

海洋微生物学:深海 / (苏)克里斯,A. E. 著;孙国玉,李世珍译
北京:科学出版社,1964

　　该书对海洋的细菌生存情况的考察结果进行了分析研究,阐明了海洋深处的有机和无机化合物的变化过程、海洋微生物学在生产实践中的应用及与其他学科的相互关系。

※ 李修江

在职硕士学位英语实用教程 / 李修江,孙立新主编
青岛:中国海洋大学出版社,2008

　　该书分两个部分:第一部分为基础知识,以大纲规定的词汇和语法为准,介绍了相关知识;第二部分为应试辅导,按大纲要求和样题结构,介绍了各类型的解题方法与技巧。

※ 李旭奎

海洋科教 / 世青,李旭奎主编
青岛:中国海洋大学出版社,2011

　　该书介绍了海洋科学的基本知识,就著名涉海大学、著名研究机构、海洋科教名人、重大科研成果和重大科教活动进行了介绍。

英语听力指南 / 李旭奎,万红主编
青岛:中国海洋大学出版社,2003

　　该书共分八个单元,分别涉及军事、国内政治、国际政治、经济、灾难和科技等方面的时事新闻,每个单元都包含特殊英语和正常英语两部分。书中附有练习参考答案和录音的书面材料。

※ 李志清

20 世纪法国文学 / 李志清,(法)卡里纳·特雷维桑主编
北京:北京大学出版社,2007

　　该书按照文学流派为序,介绍了各流派的产生、演变及重要的作家和作品。

大学法语四级考试大纲 / 大学法语考试设计组编;李志清主编
北京:高等教育出版社,2004

　　该书针对大学法语四级水平考试提供了考试大纲、考试样题、考试答题纸,给出了考试样题答案,并提供了听力理解试题录音材料的文字稿。

大学法语四级考试应试指南 / 大学法语考试组编;李志清主编

北京:外语教学与研究出版社,2005

该书汇集了自 1996 年举行大学法语四级考试以来历年的考题,并对 2003 年、2004 年的试题进行了详细的讲解分析。

大学交际法语:交际与实践 / 李志清,库爱主编

北京:高等教育出版社,2008

该书介绍了实际使用中的法语知识、语言功能及法国文化,并提供了相关练习。

新世纪大学法语.第一册,教师用书 / 李志清主编

北京:外语教学与研究出版社,2003

该书突出了提高学生语言交际能力,尤其是听说能力的教学思想,不仅有练习答案和主课文译文,而且有详尽的语法补充和教学法建议。

新世纪大学法语.第一册,学生用书 / 李志清主编

北京:外语教学与研究出版社,2003

该书针对公共法语和二外法语的学习者精心编写而成,突出了提高学生语言交际能力,尤其是听说能力的教学思想。

新大学法语.1/ 李志清总主编;周林飞主编

北京:高等教育出版社,2003

该书是在总结原《大学法语》教材使用经验的基础上编写的,共 11 个单元,包括法国和法语地区国家的文化背景知识、法语会话,以及各种练习等。

新大学法语.1.第 2 版 / 李志清总主编;周林飞主编

北京:高等教育出版社,2011

该书对原教材 1/3 左右的课文进行了更换,对原教材中的会话部分做了较大的改动,对语法项目进行了适当的调整,更加注重文化在语言教学中的重要性。

新大学法语.2.第 2 版 / 李志清总主编;柳利主编

北京:高等教育出版社,2011

该书为第 2 版,较之初版,既保持了原有的风格,又突出了语言交际技能的培养,内容、体例,更注重时代特征和实用性。

新大学法语.3.第 2 版 / 李志清总主编;李军主编

北京:高等教育出版社,2011

该书为第 2 版,更加注重文化在语言教学中的重要性,对多媒体学习课件进行了较大的改进,还适当介绍了现行各种考试试题,采用了最新的真题作为示范。

新大学法语.1·2,教学参考书 / 李志清总主编;周林,柳利主编

北京:高等教育出版社,2003

该书内含《新大学法语》第一册和第二册的课文参考译文及练习答案,旨在帮助教师更好地理解教材的编写理念,通过灵活的板块组合更有效地组织教学活动。

新大学法语.1,教学参考书 / 李志清总主编;周林飞主编

北京:高等教育出版社,2011

该书介绍了问候与介绍、询问与回答、季节与节日、餐饮与食品等内容。该书紧跟外语教学改革的步伐,突出语言交际技能的培养。

新大学法语.2,教学参考书 / 李志清总主编;柳利主编

北京:高等教育出版社,2011

该书内容涉及科学与技术、体育运动、智慧与思考、工业与环境等。该书突出语言交际技能的培养,内容、体例更注重时代特征和实用性。

新大学法语.3,教学参考书 / 李志清总主编,李军主编

北京:高等教育出版社,2011

该书更加注重文化在语言教学中的重要性,

内容包括饮食、处世哲学、法国教育、电影艺术、阅读与书籍、自然与动物等。

新世纪大学法语.第二册,教师用书 / 李志清主编

北京:外语教学与研究出版社,2004

该书共十个单元,每单元突出介绍一个主题。该书不仅有练习答案和主课文的译文,还有详尽的语法补充和教学法建议。

新世纪大学法语.第二册,学生用书 / 李志清主编

北京:外语教学与研究出版社,2004

该书以常用的主题组成单元,每单元又分成四个板块。本着以学生为主导的教学思想,教师对语言点进行集体引导,学生自主进行语言活动。

新世纪大学法语.第三册,教师用书 / 李志清总主编;邱公南主编

北京:外教学与研究出版社,2004

该书共十个单元,每单元突出介绍一个主题,每单元包括语法与实践、词汇与实践、以阅读理解为中心的语言活动、以听力为中心的语言活动。该书还配有比较丰富的背景资料。

新世纪大学法语.第三册,学生用书 / 李志清总主编;邱公南主编

北京:外语教学与研究出版社,2004

该书结合教学大纲,以日常主题组织单元内容,解析课文中词汇、语法点,以阅读理解、听力为中心设计语言活动。

※ 梁红

青岛百年水彩画 / 孟鸣飞主编,梁红,邹卫宁译

青岛:青岛出版社,2009

该书收入 180 余幅水彩作品,包括《夕潮拍岸》《青岛鱼山路写生》《青岛海水浴场》等绘画作品,记录了百年水彩的发展历程。

青岛历史建筑 / 徐飞鹏主编;梁红…[等] 译

青岛:青岛出版社,2006

该书收入了 1891 至 1949 年位于今青岛老市区及崂山部分区域有资料记载的优秀历史建筑,介绍了这些历史建筑的建造背景和生成年代。

青岛影像.老建筑 / 薛晨钟摄影;鲁海撰文;梁红,邹卫宁译

青岛:青岛出版社,2011

该书以真实的影像记录了青岛的老建筑,对青岛德租、日占时期的老建筑进行了翔实解读,展现了昔日青岛的风采。

青岛影像.老街巷 / 薛晨钟摄影;鲁海撰文;梁红,杨帆译

青岛:青岛出版社,2011

该书以真实的影像记录了已经失去的、正在失去的和现存保留的百年老街小巷,从德占时期规划形成的不同风格欧式大街、凹凸的石路,到普通百姓的里院小巷,展现了昔日青岛的风貌。

世界名人故居.艺术家 / 车吉心著;梁红…[等] 译

青岛:青岛出版社,2013

该书介绍了达·芬奇、丢勒、米开朗琪罗、拉斐尔、伦勃朗、巴赫、海顿、莫扎特、贝多芬、舒伯特、柏辽兹、门德尔松等艺术家的故居。

收藏青岛 / 王泽杰著;梁红…[等] 译

南京:东南大学出版社,2008

该书以摄影照片的形式展示了青岛的发展历程。全书汇聚了作者多年来拍摄的老建筑和老城区人文生活片段的黑白影像精华。

心随帆动:2006 青岛国际帆船赛 / 李奉利,王海涛编著;梁红,邹卫宁译

青岛:青岛出版社,2007

该书描述了青岛海滨的美丽风光,介绍了青岛奥运场馆及 2006 青岛国际帆船赛的盛况,图

文并茂,附英文译文。

种瓜得豆 / 梁红,邹卫宁编译

青岛:青岛出版社,2008

该书共收录了 65 个故事,短小精悍、诙谐风趣,反映了西方文化的特点。

※林峰

英语阅读实践 .2/ 林峰编著

呼和浩特:内蒙古人民出版社,2006

该书阐述了阅读的重要意义,并对阅读理论的国内外研究现状进行了评述,提出了在阅读理论指导下的阅读教学实践。

政府在线:机遇和挑战 /(印)M. P. 古普塔,(印)普拉波哈特·库马,(印)扎伊基特·布哈特塔卡亚著;李红兰,张相林,林峰译

北京:北京大学出版社,2007

该书介绍了传统政府升级为在线政府所涉及的相关理论基础、技术标准及具体应用,探讨了传统政府转型为可持续发展的电子政府、电子政府的能力建设以及保证政府成功转型的领导者素质等问题。

※林少华

1973 年的弹子球 /(日)村上春树著;林少华译

上海:上海译文出版社,2008

该书为日本著名作家村上春树的长篇小说,描述了一位青年为寻找少年时代的弹子机,又返回到无边的孤独之中的故事。

刺杀骑士团长 . 第 1 部,显形理念篇 /(日)村上春树著;林少华译

上海:上海译文出版社,2018

该书是村上春树七年磨一剑的突破之作。一幅藏匿于阁楼的惊世画作串起战争年代挥之不去的伤痛经历和现实生活中超脱想象的意外离奇。

刺杀骑士团长 . 第 2 部,流变隐喻篇 /(日)村上春树著;林少华译

上海:上海译文出版社,2018

"我"36 岁,美术科班出身,专业肖像画家。"我"搬进那栋房子后不久,意外在阁楼发现了一幅雨田具彦不为世人所知的大师级作品,由此,"我"被卷入一系列不可思议的事件……

村上春树和他的作品 / 林少华著

银川:宁夏人民出版社,2005

该书评说了作为小说家的村上春树和作为普通人的村上春树,有助于读者走近村上春树。

村上广播 /(日)村上春树著;(日)大桥步画;林少华译

上海:上海译文出版社,2012

该书包括 50 篇随笔作品,里面有很多新的话题,如日本料理,整本随笔集充满了村上味。

村上朝日堂 /(日)村上春树著;林少华译

上海:上海译文出版社,2005

该书是村上春树的随笔系列之一,由 92 篇短文组成,记录了他本人的一些生活琐事和平时的一些思想感悟。

村上朝日堂:随笔集 /(日)村上春树,(日)安西水丸著;林少华译

上海:上海译文出版社,2011

该书是村上春树随笔系列之一,共 92 篇,内容大致可分三类:一是关于作者本人的爱好习性;二是作者对社会问题的种种看法和议论;三是在日常琐事中的有趣发现。

村上朝日堂的卷土重来 /(日)村上春树著;林少华译

上海:上海译文出版社,2004

该书选收了村上春树近 50 篇随笔作品。

村上朝日堂的卷土重来:随笔集 /(日)村上春树,(日)安西水丸著;林少华译

上海:上海译文出版社,2011

该书是村上春树随笔系列之一,共 48 篇。

内容大致可分两类:一是关于作者本人的;二是作者对社会问题的种种看法和议论。这次新版增加了画家安西水丸绘制的 52 幅插图。

村上朝日堂 嗨嗬! / (日)村上春树著;林少华译
上海:上海译文出版社,2004

　　该书是一本日本现代随笔作品集,共 30 篇。该书收入的随笔是作者 1983 至 1988 年的作品,包括《倒霉的摩羯座》《青春心境的终结》《单身旅行》等。

村上朝日堂日记:旋涡猫的找法 / (日)村上春树著;林少华译;(日)安西水丸画;(日)村上阳子摄影
上海:上海译文出版社,2011

　　该书是村上春树随笔系列之一,共 16 篇,作于 1994 至 1995 年村上在美国讲学期间。这次新版增加了画家安西水丸绘制的 17 幅大型插图,以及村上夫人村上阳子拍摄的 54 张照片。

村上朝日堂是如何锻造的 / (日)村上春树著;林少华译
上海:上海译文出版社,2005

　　该书是日本作家村上春树随笔系列之一,共 55 篇。内容分为三类:一是对当今某些不正常的社会现象提出批评;二是对一些文化现象提出褒贬意见;三是作家谈自己的人生经验、趣闻逸事。

村上朝日堂是如何锻造的:随笔集 / (日)村上春树,(日)安西水丸著;林少华译
上海:上海译文出版社,2011

　　该书是村上春树随笔系列之一,共 55 篇,作于 1995 至 1996 年。内容分为三类:一是对某些不正常的社会现象提出批评;二是对一些文化现象提出褒贬意见;三是作家谈自己的日常生活、人生经验。

地下 / (日)村上春树著;林少华译
上海:上海译文出版社,2011

　　该书是村上春树追踪地铁沙林事件的纪实文学作品,是对日本这一"责任回避型"封闭性社会的深刻反思。

地下 .2,应许之地 .2 / (日)村上春树著;林少华译
上海:上海译文出版社,2019

　　该书是《地下》的续集,亦为根据录音整理的采访实录。

电视人 / (日)村上春树著;林少华译
上海:上海译文出版社,2002

　　该书是村上春树展示其神奇想象力的作品,其中"电视人""僵尸"等非现实形象表现出资本主义社会的人性扭曲。

东京奇谭集 / (日)村上春树著;林少华译
上海:上海译文出版社,2006

　　该书收录了村上春树的五个短篇小说。小说集中融入偶然元素,通过偶然性来表现命运的神秘感。

高墙与鸡蛋:林少华精锐美文集 / 林少华著
北京:红旗出版社,2011

　　该书是林少华的随笔精选,共 80 篇,诉求社会正义与良知,呼唤文化乡愁。文章文笔华丽,既有较高的文学品位,又有思想含量。

哥儿 / (日)夏目漱石著;林少华译
北京:中国宇航出版社,2008

　　该书通过一个不谙世故、坦率真正的鲁莽哥儿踏入社会后同周围俗物展开的种种戏剧性冲突,辛辣而巧妙地讽刺了社会上的丑恶现象,赞美了正义、直率和纯真。

国境以南 太阳以西 / (日)村上春树著;林少华译
上海:上海译文出版社,2007

　　故事发生在主人公 36 岁那年。这一年是主人公"我"结婚第六年,这时直子忽然出现了,而在同"我"度过荡神销魂的夜晚之后,直子悄然离去,再无消息……

海边的卡夫卡 / （日）村上春树著；林少华译

上海：上海译文出版社，2007

　　该书讲述了背负命运诅咒的少年卡夫卡远走异乡，心在希望与绝望之间碰撞，在世界的现实性与虚拟性之间游移。村上春树在书中对日本军国主义的复活表达了忧虑，对日本的文化传统进行了反思。该书于2018年再版。

豪放词 婉约词 / 林少华主编

桂林：漓江出版社，2017

　　该书选取了国学经典著作中很多优秀的作品及资料，收录了我国古代一些著名词人的豪放词和婉约词；将插画与正文有机地结合在一起，博采各类经典作品的长处，并有所创新。

河童 侏儒警语：日汉对照全译本 / （日）芥川龙之介著；林少华注译

北京：中国宇航出版社，2017

　　该书通过精神病院23号患者的自述，讲述了一段与人类社会既相悖又相似的河童国里的见闻与经历，刻画出20世纪20年代日本社会真实而本质的一面。

芥川龙之介读书随笔 / （日）芥川龙之介著；林少华…［等］译

北京：金城出版社，2019

　　该书收录了芥川龙之介最富代表性的读书随笔，全面展示了这位文坛巨擘高超的文学识见与艺术审美水准。

金阁寺 / （日）三岛由纪夫著；林少华译

青岛：青岛出版社，2010

　　该书收录了《金阁寺》《潮骚》两部中长篇小说。《金阁寺》描写了青年沟口因自己的生理缺陷而失去生活的信心，于是一把火烧了金阁寺。《潮骚》通过一个海岛上一对青年男女灵与肉完美结合的纯情之恋，讴歌了生命、健康和大自然的美。

空镜头 / （日）片山恭一著；林少华译

青岛：青岛出版社，2005

　　该书作者以神鬼莫测的情节和腾挪有致的笔触演绎了爱与再生的主题。爱使人类再生，只要不迷失爱，我们就不会迷失。

朗格汉岛的午后 / （日）村上春树文；（日）安西水丸画；林少华译

上海：上海译文出版社，2004

　　该书收有《看书在餐馆》《夏日的黑暗》《关于女高中生的迟到》等幽默的随笔。

列克星敦的幽灵 / （日）村上春树著；林少华译

上海：上海译文出版社，2002

　　该书收有《绿兽》《沉默》《托尼瀑布》等七篇小说，每一篇都描绘了不可思议的世界，每一篇都秘藏着无底的恐惧。

林少华看村上 / 林少华著

青岛：青岛出版社，2020

　　该书增不了十篇文章，删除了五篇访谈录，其余内容基本保持原貌。

林少华看村上：村上文学35年 / 林少华著

青岛：青岛出版社，2016

　　该书全面评议了村上春树30余部原创文学作品。一书一评，一篇一议，引经据典而涉笔成趣，鞭辟入里而兴味盎然。

落花之美 / 林少华著

北京：中国工人出版社，2006

　　该书分为乡关何处、身为教授、落花之美、乐在雕虫、为了灵魂的自由五个部分。该书于2016年再版，增补了十篇文章，删除了五篇访谈录，其余内容基本保持原貌。

罗生门 / （日）芥川龙之介著；林少华译

青岛：青岛出版社，2005

　　该书作者以风雨不透的布局将人推向生死抉择的极限，从而展示了“恶”的无可回避，第一次传递出作者对人的理解、对人的无奈与绝望。

猫头鹰在黄昏起飞:村上春树长访谈 /（日）川
上未映子问;（日）村上春树答;林少华译
上海:上海译文出版社,2019

    该书讲述了《刺杀骑士团长》诞生背后的
故事,同时以作家独特的发问角度,让村上春树
道出了许多鲜为人知的创作谜辛、少年时期的经
历、对女权主义的看法,以及对自己的世界声誉、
日常生活乃至对离世后的思考等。

没有女人的男人们 /（日）村上春树著;林少华…
[等] 译
上海:上海译文出版社,2015

    该书为村上春树最新短篇小说集,收录了
《驾驶我的车》《昨天》《山鲁佐德》《木野》等
作品。

没有意义就没有摇摆 /（日）村上春树著;林少
华译
上海:上海译文出版社,2012

    该书是村上春树第一本纯粹的关于音乐随
笔。村上从所有经典音乐场景中精心选取 11
位名家名曲写成文章,其中溢满了对于音乐的
情感。

明治宫女 /（日）林真理子著;林少华译
桂林:漓江出版社,2006

    一代名媛下田歌子容貌出众、聪颖过人,深
得皇后宠爱,总理大臣伊藤博文想在政治上利用
她,下田歌子想以伊藤博文为靠山,两人一拍即
合,政府高官闻风而动,展开了尔虞我诈、钩心斗
角的一幕幕……

挪威的森林 /（日）村上春树著;林少华译
上海:上海译文出版社,2007

    该书描写背井离乡的大学生渡边,爱上了同
乡少女直子,同时又被本地少女绿子所吸引,在
两个少女之间徘徊,最终直子不堪忧郁自杀,渡
边开始独自摸索此后的人生。该书于 2018 年再
版。

奇鸟行状录 /（日）村上春树著;林少华译
上海:上海译文出版社,2018

    该书主人公是一名普通的城市青年,妻子不
告而辞,来信说另有新欢,但主人公经过追踪,发
现妻子是被邪恶势力控制了。最终主人公历经艰
艰难,救出妻子,击毙黑手。

且听风吟 /（日）村上春树著;林少华译
上海:上海译文出版社,2007

    该书描写"我"在酒吧遇到一个醉倒的少
女,在她的家中度过了醉意朦胧的一夜,两人成
了一对情人。短短 18 天的恋情,结束的又似没
头没脑,又似包含无限。

去中国的小船 /（日）村上春树著;林少华译
上海:上海译文出版社,2002

    该书是村上春树的短篇集。村上春树的深
沉、幽默,凝聚于此。该书收入《纽约煤矿的悲
剧》《去中国的小船》等七篇小说。

人的失格:日汉对照全译本 /（日）太宰治著;林
少华注译
北京:中国宇航出版社,2015

    该书刻画了一个性情乖僻的青年知识分子,
饱尝世态炎凉,沉湎于酒色,最后毁灭自己的心
路历程。

如果我们的语言是威士忌 /（日）村上春树著;
（日）村上阳子摄影;林少华译
上海:上海译文出版社,2013

    该书是村上春树和夫人在苏格兰和爱尔兰
旅行中记录的随笔,书中既有村上春树独特视线
的异国之旅,又有其夫人的摄影图片。

神的孩子全跳舞 /（日）村上春树著;林少华译
上海:上海译文出版社,2009

    该书是村上春树的短篇小说集,收录的作品
有《神的孩子全跳舞》《泰国之旅》《青蛙君救东
京》《蜂蜜饼》。这些小说全部以 1995 年神户大
地震为背景。

世界尽头与冷酷仙境 / （日）村上春树著；林少华译

上海：上海译文出版社，2007

　　该书有两条线：一条描写冷酷仙境，一条描写世界尽头，两条线到书末也没有交汇。

世界在你不知道的地方运转 / （日）片山恭一著；林少华译

青岛：青岛出版社，2016

　　该书描写了"我"、薰和治幸成长和恋爱的故事。让爱情"在不知道的地方运转"，不要急于把对方纳入自己的规范、模式、和程序，在爱情的神秘性和个体的复杂性面前保持一分敬畏和谦恭。

失乐园 / （日）渡边淳一著；林少华译

青岛：青岛出版社，2019

　　供职于出版社的久木偶遇书法老师凛子，随后两人碰撞出火花。为了追求终极之爱，他们选择在快乐的时刻饮毒自尽，相拥死亡。

生日故事集 / （日）村上春树编著；孔亚雷，林少华译

上海：上海译文出版社，2015

　　该书是村上春树于2002年翻译编著的一部以生日为主题的短篇小说集，收录了12篇英美小说家的短篇小说，外加村上为该书所写的序言和短篇小说《生日女郎》。

斯普特尼克恋人 / （日）村上春树著；林少华译

上海：上海译文出版社，2008

　　该书描写了两个年龄相差17岁的女同性恋者同赴欧洲旅游，年长者在希腊小岛上神秘失踪，她的同伴百计寻觅，终无下落。

天黑以后 / （日）村上春树著；林少华译

上海：上海译文出版社，2005

　　该书以象征手法，描绘了隐匿于日本社会纵深处的一种"恶"，隐含着作家对日本民族的批判和对于这个民族未来向何处去的担忧。

为了灵魂的自由：村上春树的文学世界 / 林少华著

北京：中国友谊出版公司，2010

　　该书除了品评村上每篇作品所蕴含的艺术特征、心灵信息和精神趋向外，还连续提取了其较为典型的生活细节和创作思想的变化轨迹。

舞！舞！舞！ / （日）村上春树著；林少华译

上海：上海译文出版社，2002

　　该书揭示了资本主义社会的不合理性对人的心灵的扭曲以及这种社会下人的精神孤独和生命的脆弱。

乡愁与良知：林少华散文百篇 / 林少华著

青岛：青岛出版社，2010

　　该书是中国当代散文作品集，收入106篇散文。

相约在雨季 / （日）市川拓司著；林少华译

青岛：青岛出版社，2008

　　该书以追忆和现实两条线交叉着缓缓推进，娓娓道来，波澜不惊，而又引人入胜。

象厂喜剧 / （日）村上春树著；（日）安西水丸画；林少华译

上海：上海译文出版社，2013

　　该书是村上春树的彩图小小说集，由13个故事组成，配有多幅彩色插图，内容均为村上的奇思妙想。书末还有两位作家和画家的对谈，讲述了他们合作过程中的趣闻。

小孤独 / 林少华著

北京：作家出版社，2017

　　该书以村上文学中特有的"小孤独"为切入点，首次条分缕析林少华的翻译之道和文学之道。

斜阳 / （日）太宰治著；林少华注译

北京：中国宇航出版社，2015

　　该书描写了战后混乱苦闷的社会中，一个贵族家庭的没落过程，恰如太阳西沉。

心 / （日）夏目漱石著；林少华译

青岛：青岛出版社，2015

　　该书收录了作者的《心》《哥儿》两部作品。《哥儿》讽刺了社会上的丑恶现象。《心》描写了爱情与友情的碰撞，利己之心与道义之心的冲突，提出了一个严肃的人生课题。

旋涡猫的找法：村上朝日堂日记 / （日）村上春树著；林少华译

上海：上海译文出版社，2005

　　该书是 1994 至 1995 年村上春树在美国讲学期间的 16 篇连载随笔。

旋转木马鏖战记 / （日）村上春树著；林少华译

上海：上海译文出版社，2009

　　该书收录了村上春树以现实主义手法创作的九部短篇小说。

雪国 / （日）川端康成著；林少华译

青岛：青岛出版社，2012

　　该书收录了《雪国》《千鹤》两篇作品。《雪国》描写了岛村与艺伎驹子和一位纯情少女之间的感情纠葛。《千鹤》表现了美的孤独、虚空与悲凉。

寻羊冒险记 / （日）村上春树著；林少华译

上海：上海译文出版社，2001

　　该书描写了青年主人公携女友闯荡深山，寻觅一只奇异的星形斑纹的羊。这只羊体内怀有左右人类的巨大能量，邪恶势力也企图得到它，最后主人公摧毁了羊。

羊男的圣诞节 / （日）村上春树著；（日）佐佐木 MAKI 画；林少华译

上海：上海译文出版社，2004

　　该书讲述了主角羊男来到不为所知的异世界，踏上神奇、滑稽、一波三折的圣诞夜冒险之旅。

一不小心就老了 / 林少华著

天津：百花文艺出版社，2017

　　该书是林少华的散文随笔。不同于林少华以往的译文，这次收录的随笔是林少华的人生慨叹，言尽他 60 余岁的思想录，分享他阅尽沧桑后的人生经验。

伊豆舞女 / （日）川端康成著；林少华译

青岛：青岛出版社，2012

　　该书收录了《伊豆舞女》《古都》两部作品。《伊豆舞女》描述了一名青年学生独自在伊豆旅游时邂逅一位年少舞女的故事。《古都》描写了一对在贫富悬殊的家境中生长的孪生姐妹之间的悲欢离合的故事。

异乡人 / 林少华著

北京：作家出版社，2016

　　该书是林少华的散文结集，是部读者停下来，重新审视自己与世界之间关系的书。

萤 / （日）村上春树；林少华译

上海：上海译文出版社，2002

　　该书是村上春树 1987 年发表的短篇小说集，收录了《萤》《跳舞的小人》《三个德国幻想》等五部短篇小说。

雨天的海豚们 / （日）片山恭一著；林少华译

青岛：青岛出版社，2011

　　该书以"9·11"恐怖袭击后的世界为大背景，以各自成篇的四部短篇构成一个完整的故事。以海豚为引路使者，描述了作者的思考：没有信仰的心灵能否在传统遭到颠覆的时代获得新生？

雨天炎天：希腊、土耳其边境纪行 / （日）村上春树著；林少华译

上海：上海译文出版社，2007

　　该书记叙了村上春树在希腊土耳其周游 21 天的旅游见闻，以及途中感悟。

雨夜灯 / 林少华著

济南：山东画报出版社，2013

　　该书是林少华最新散文、杂文作品的结集，收录了《往日故乡的腊月》《夜半听雨》《青州的柿子》等文章。

遇到百分之百的女孩 / （日）村上春树著；林少华译

上海：上海译文出版社，2008

该书为村上春树 1983 年的连载短篇小说集，共 18 篇。各篇内容不一，有半夜值班的惊魂故事，有穷人搬家的苦恼，等等。

远方的鼓声 / （日）村上春树著；林少华译

上海：上海译文出版社，2011

该书是村上春树的游记，时间为 1986 至 1989 年；游历地区为欧洲，主要为希腊、意大利。

在世界中心呼唤爱 / （日）片山恭一著；林少华译

青岛：青岛出版社，2004

该书是部纯爱情题材的小说，作者以饱含深情的笔触及优美流畅的语言讲述了一个清纯而凄美的爱情故事。

再袭面包店 / （日）村上春树著；林少华译

上海：上海译文出版社，2001

该书包括互不相干的六个短篇，演绎出步入中年的必有光景：少年的浪漫、青春的冲动，已经越来越远；日常的琐碎、世俗的牵累，而今挥之难去——"我们到底要往什么地方去？"

在约定的场所：地下，2 / （日）村上春树著；林少华译

上海：上海译文出版社，2012

该书是《地下铁事件》的续集，亦为根据录音整理的采访实录。绝大部分篇幅是原邪教成员口述的邪教黑幕，详细逼真，触目惊心。

终究悲哀的外国语 / （日）村上春树著；林少华译

上海：上海译文出版社，2004

该书是村上春树随笔系列之一，共 16 篇，是村上 1991 年和 1992 年在美国讲学期间写下的散文，内容均为作者在美国的亲身经历见闻，有对美国社会文化现状的描述，有通过具体事件对美国和日本两国文化差异的叙述。

侏儒警语 / （日）芥川龙之介著；林少华译

北京：中国宇航出版社，2008

该书是芥川龙之介格言式随笔短章荟萃，内容广涉人生、道德、艺术、政治等。

最后开的花 / （日）片山恭一著；林少华译

青岛：青岛出版社，2006

该书主人公永江是一家证券公司的基金经理。离婚后他偶遇大学女同学由希。由希身患先天性心脏病，五年后由希卧床不起，这时他辞去基金经理工作，同由希结婚，陪她走完所剩无多的生命旅程。该书于 2017 年再版。

※刘静

汉英中介语使用模式及其可理解性：学术话语对比分析 / 刘静著

青岛：中国海洋大学出版社，2008

该书从话语对比研究的视角，分析了中国留美研究生微型学术讲座话语组织结构与可理解性的关系，并通过探讨句法结构揭示了汉英中介语话语的一般模式。

※刘汝山

世界语英汉双解词典 / 王泽照，刘汝山主编

青岛：青岛出版社，1992

该书是一本用英、汉两种语言释义的对照性词典，收入 10 000 余个基本词、常用词，32 000 个派生词和复合词，可满足读者学习世界语和阅读世界语书刊的基本需要。

英语常用词汇手册 / 刘汝山…[等]编

青岛：青岛出版社，1992

该书共收入 13 000 个英语常用词，可满足读者学习英语和阅读英文书刊的一般需要。

语篇连贯与衔接理论的发展及应用 / 张德禄，刘汝山著

上海：上海外语教育出版社，2003

该书针对语篇连贯的外部因素、研究控制语

篇连贯的形成机制以及语篇的衔接和连贯理论的应用等问题进行了解答；还讨论了衔接纽带、衔接力、语篇连贯和语境的错综复杂的关系，以及在语言交际中的衔接规则。

※刘秀丽

大学英语四级考试 4600 词语活用手册 / 吴铭方主编；刘秀丽，张宜波副主编

上海：东华大学出版社，2008

　　该书共详解 4 600 多个单词，包括大学英语一至四级全部单词，并设置构词、派生、同根、注意、用法、词组、搭配、例句、同义、反义、辨析和参考等栏目。

※卢晓帆

商务法语实战口语 900 句 / 卢晓帆主编

大连：大连理工大学出版社，2008

　　该书分为上篇和下篇。上篇为商务口语基本表达，包括与商务活动密切相关的内容；下篇为商务口语实践会话。

※罗顺江

爱之魔 / （法）德卡尔著；郭素芹，罗顺江译

重庆：重庆出版社，1991

　　该书描写了法国、意大利光怪陆离的现代生活。

B.B 真相 / （法）碧姬·芭铎著；罗顺江译

昆明：云南人民出版社，1998

　　该书为法国一代影后碧姬·芭铎的写真式自传。碧姬·芭铎的青春时代属于电影和男人，虽然光芒四射，但略显放荡与轻浮；她的后半生属于动物，虽然默默无闻，但令人尊重。

波德莱尔最后的日子 / （法）贝尔纳－亨利·莱维著；罗顺江译

深圳：海天出版社，2000

　　该书从房东、朋友、母亲、神甫和妓女的角度，无情地揭开了波德莱尔作为伟人和凡人的真面目。

成功之旅 / （美）约翰·C. 马克斯韦尔著；罗顺江，欧阳鹏译

昆明：云南人民出版社，2000

　　该书阐述了对成功的独到见解，包括了解"你"的目标、"我"能走多远、"我"如何应付弯路、"我们"一路上应该做些什么等内容。

川上贞奴：日本最著名的艺伎 / （英）莱斯莉·唐纳著；罗顺江，赵学栩译

昆明：云南人民出版社，2006

　　该书作者采访了日本著名艺伎贞奴的后代，向人们讲述了贞奴真实的一生，包括她的爱情及她在那个妇女比男人卑微的年代为自己命运抗争的故事。

带你去看俄罗斯 / 罗顺江主编

成都：四川文艺出版社，2010

　　该书以俄罗斯文化为载体，从国家档案、民族性格、风云人物、大国之剑、俄罗斯文学及艺术诸方面，介绍了俄罗斯深厚的历史、文化、风俗和现代文明。

当代艺术 / （法）伊沙贝尔·德迈松·鲁热著；罗顺江，李元华译

成都：四川文艺出版社，2005

　　一味地传承，最终会发展到令人窒息的地步。虽然该书有些内容在中国读者眼中显得有几分荒诞，但它确实突破了旧时的框框套套，在艺术界刮起了一阵清风。

都市浮云 / 罗顺江著

昆明：云南人民出版社，1996

　　该书以现代都市为背景，通过两代人在意识形态的冲突展开了整个故事。将新、旧两代人的果敢无畏与缠绵悱恻的柔情有机地糅合在一起。

法汉翻译理论与实践 / 罗顺江，马彦华著

北京：外语教学与研究出版社，2004

　　该书作者根据逻辑、审美、修辞和语境等对

翻译的影响,在词汇、句子、语篇层次上详述了翻译的基本理论及技巧运用。

告诉你一个法兰西 / 罗顺江,马彦华著

成都:四川文艺出版社,2008

该书以法兰西文化的传承为脉络,以法国社会、经济、政治、文化重大事件与主要人物为节点,从诸多方面介绍了法国的悠久历史、灿烂文化及丰富有趣的民间习俗等内容。

海盗时代 / (法)雷吉斯·布瓦耶著;罗顺江,程家荣译

成都:四川文艺出版社,2005

该书介绍了维京人发现格陵兰、驾着长船直达美洲、移民冰岛的历史,以及种种关于维京人的神话传说。

汉法翻译教程 / 罗顺江,马彦华编著

北京:北京大学出版社,2006

该书以文学翻译为主,作者通过译例的评析,有目的地讲解翻译理论与技巧。该书分为词语、句子、语篇,讲述了词语与词义、词语及其翻译、句型及其翻译、实践与点评、语境等内容。

汉英赠言精华 / 辛星…[等]编;张克勤,罗顺江英译

成都:四川辞书出版社,2000

该书按人生重要里程时段和重要事情分12类,类下按内容又分小类,收录了中外历代名人名言、名人诗句、谚语、格言、佚名者的精辟话语等。

落日印痕 / 罗顺江著

南昌:江西人民出版社,2018

该书是当代文学作品,是以高校为主题的文学创作。该书在讨论人物境遇的同时,尝试探究社会责任,催人奋进。

梦中情人 / (美)乔安娜·林赛著;罗顺江,马彦华译

昆明:云南人民出版社,1999

该书取材于19世纪的英国贵族生活,在古

老而富有的家庭背景烘托下,主人公情感之中灵与肉的矛盾冲突跌宕起伏。该书具有较强的感染力和可读性。

青少年 / (法)米歇尔·费兹著;敖敏译;罗顺江主编

成都:四川文艺出版社,2005

该书以法国人的眼光和思考提出了一些关于青少年教育的观点,内容包括青少年与自己、青少年与同伴、青少年与社会等。

人的7张面孔 / (美)约翰·哥特曼,(美)乔恩·德克莱尔著;罗顺江,李宪一译

海口:三环出版社,海南出版社,2003

该书提出了人际关系五项指南,阐述了人与人之间亲密相处的基本要素、如何做到有效沟通、大脑中七种基本的感情控制系统等内容。

世界上最冷的地方 / (英)Tim Vicary 著;罗顺江译

北京:外语教学与研究出版社;伦敦:牛津大学出版社,1998

该书讲述了配备了小马的斯科特一行,配备了狗和滑雪板的阿蒙森一行,在南极零下30度的气温下,忍受疲倦、饥饿和寒冷抢先建立南极站的故事。

晚清纪事:一个法国外交官的手记:1886~1904 / (法)奥古斯特·弗朗索瓦著;罗顺江,胡宗荣译

昆明:云南美术出版社,2001

该书描述了作者在中国的所见所闻及一些重大历史事件。

新理念大学法语.语法教程 / 罗顺江主编

上海:上海外语教育出版社,2018

该书既吸取了传统语法教材的特点,又自成体系。该书内容包括名词、冠词、形容词、数词、动词、介词、连词、句子等。

星条旗下的美国梦 / 罗顺江,罗小姝著

成都:四川文艺出版社,2010

该书分为美国概况、独立之路、工业革命、美

国文学和好莱坞等九章,将建国 233 年的美国生动、形象地展示出来,描述了其文化崛起之路。

因特网 / (法)雅克·埃诺著;李元华译;罗顺江主编

成都:四川文艺出版社,2005

　　该书讲述了因特网的发展历史及使用的基本知识,具体内容包括历史回顾、因特网的正确使用、因特网将改变世界等。

长不胖的相扑手 / (法)埃里克－埃马纽埃尔·施米特著;罗顺江译

上海:上海译文出版社,2012

　　该书讲述了 15 岁的君离家出走到东京闯荡,偶遇一位神秘老人,引领他走进相扑的世界。君获得相扑比赛的冠军,并得知老人是受母亲所托来开导自己,终于化解心中芥蒂。

※ 罗小姝

蒙面侠佐罗 / (美)约翰斯顿·麦卡利著;(英)保琳·弗兰西斯改编;罗小姝,刘淑玲译

青岛:青岛出版社,2008

　　1790 年,加利福尼亚,一个有着浪漫的心和轻佻性格的男人开始了一段历险。伊萨贝尔·阿连德恢复了这个主人公的真实形象,并且带着嘲讽和人道精神,使他具有超出传奇之外的生命。

英语故事会:英汉对照,会说话的企鹅 / 徐莉,张彩霞主编;罗小姝…[等] 译

青岛:青岛出版社,2007

　　该书内容丰富多彩。故事的主角有人们熟悉的老虎、狮子、狐狸和猴子,还有帝王、总统、大臣和将军等。

英语故事会:英汉对照,生命的奖牌 / 徐莉主编;罗小姝…[等] 译

青岛:青岛出版社,2007

　　该书故事由编者精心挑选,篇幅短小精炼,有神话、寓言,语言幽默风趣,内容丰富多彩。

※ 马彦华

电子游戏 / (法)雅克·埃诺著;马彦华译

成都:四川文艺出版社,2005

　　该书就 20 世纪 90 年代以来席卷全球的电子游戏风暴,进行了十分详细的介绍和译述。

法官们的政变 / (法)埃里克·泽穆尔著;胡宗荣,马彦华译

广州:花城出版社,2000

　　该书讲述了法兰西长期以来不合时宜、严重羁绊社会发展的古老的司法模式,揭露了许多当今法国政坛、司法界鲜为人知、耸人听闻的腐败内幕。

法国文化名篇选读 / 马彦华主编

上海:上海外语教育出版社,2011

　　该书通过 32 篇法国名人名篇,分别介绍了法国文化在八个方面取得的杰出成就。

法汉翻译新教程 / 马彦华,罗顺江编著

北京:北京大学出版社,2008

　　该书介绍了翻译研究的概论、理论与技巧、翻译与修辞、翻译争执与观点、审美与逻辑、科技和新闻体裁的翻译等内容。

驴子的回忆 / (法)得·塞居尔夫人著;马彦华译

南昌:二十一世纪出版社,2014

　　该书以一头聪明的驴子卡迪雄回忆的形式,叙述了它几次更换主人的经过。它在痛苦中逐渐觉悟到自己的错误,终于转变成一头勤劳又富有同情心的驴子,重新得到一家人,特别是孩子们的喜爱。

衰老 / (法)克里斯托夫·德耶热著;马彦华,周世珍译

成都:四川文艺出版社,2005

　　该书将人一生的各个阶段进行了科学的分析。该书的价值,或许就是科学地分析了人的生理或心理健康,表达了法国人的理念和建议。

※乔爱玲

出题与做题.大学英语六级听力 / 乔爱玲主编

上海：上海交通大学出版社，2007

该书旨在让考生充分了解大学英语六级新题型的出题特点、出题规律及做题技巧，让考生利用该书提供的听力训练材料提高听写能力，增加考试的胜算。

出题与做题.大学英语六级阅读与综合 / 乔爱玲，郭婷主编

上海：上海交通大学出版社，2007

该书由四部分组成。第一部分与第二部分为阅读理解与综合测试技巧解析、单项技能训练，第三部分为综合训练，第四部分为上述所有练习题的参考答案与解析。

出题与做题.大学英语四级听力 / 乔爱玲主编

上海：上海交通大学出版社，2006

该书概要地介绍了听力理解技巧与做题方法，并辅以相应的听力练习题。

出题与做题.大学英语四级阅读与综合 / 乔爱玲主编

上海：上海交通大学出版社，2006

该书由四部分组成。第一部分与第二部分分别为阅读理解、综合测试技巧解析与技能训练；第三部分为综合应试训练，共由十套阅读与综合试题组成；第四部分为前三部分练习的参考答案与解析。

出题与做题.大学英语四、六级写作与翻译 / 乔爱玲，张彩霞主编

上海：上海交通大学出版社，2008

该书由两部分组成，分别为写作与翻译测试技巧解析、单项技能训练，并辅以一定量的相关练习。

大学英语 1-6 级词汇拼词倍速记忆法.词根版 / 乔爱玲，金松主编

长春：吉林出版集团有限责任公司，2011

该书在词根词缀记忆原理的基础上，将大纲词汇重新编排，按照难易合理分组，加入词源典故、串词记忆树等内容，形成了拼词倍速记忆法。

大学英语考试六级:阅读理解分频分类突破 / 乔爱玲主编

长春：东北师范大学出版社，2009

该书讲解了阅读理解的考查点与做题技巧，融合最新教育学、心理学、测试学、计算机技术和创新思维等手段，旨在解决中国人特别是中国学生不知如何学好英语的苦恼。

大学英语考试四级分频阅读:阅读理解分频分类突破 / 乔爱玲主编

长春：东北师范大学出版社，2010

该书讲解了阅读理解的考查点与做题技巧，并配套专题练习的自学类辅导用书；内容涉及快速阅读、选词填空、简答题、短文理解等。

大学英语考试四级阅读理解分频分类突破 / 乔爱玲主编

长春：东北师范大学出版社，2009

该书分为新题型解读和分频分类突破两部分，内容包括快速阅读、选词填空、简答题、短文理解等。

大学英语四、六级口语考试指导与实践 / 乔爱玲主编

北京：外语教学与研究出版社，2003

该书含有 60 个模拟试题单元，围绕校园生活、文化科技、社会问题、人生哲理等主题展开，让学生通过学习多种表达方式，提高自身的综合交际能力。

新编大学英语 3 导读本:导教·导学·导考 .2/ 乔爱玲…[等] 编

北京：航空工业出版社，2004

该书包含 12 个单元，每单元包括课文背景，听力活动，课内精读，课后精读，历年英语四、六级真题及详解，精彩短文快速阅读等部分。

新编大学英语听力技巧训练 / 乔爱玲主编
青岛：青岛海洋大学出版社，1997

  该书根据大学英语教学大纲对听力的要求，结合 EPT 等听力测试内容和形式编写而成，由听力技巧简述、听力单项训练、综合真题 / 模拟题以及录音资料与答案组成。

新世纪英语口语 / 乔爱玲主编
青岛：青岛海洋大学出版社，1999

  该书包含 30 个单元，每单元包括文化背景、情景会话练习、知识扩充讨论、阅读 / 听力理解等部分。

研究生实用英语教程 . 教师用书 / 乔爱玲，冯艳荣主编
北京：北京大学出版社，2005

  该书阐述了原书课文与阅读材料中的难句、重点、语法、词汇等，书后附有原书练习的答案及课文的参考译文。

研究生实用英语教程 . 学生用书 / 乔爱玲主编
北京：北京大学出版社，2006

  该书包含八个单元，每单元由七个部分组成，主要包括与主题有关的知识信息，视听练习、短文练习练习和对话练习，写作技巧和练习，附加相关表达词语等部分。

英语 5000 高阶词汇精解 / 王福祯主编；乔爱玲…[等] 副主编
北京：中国国际广播出版社，2004

  该书收词约 5 000 条，每个词条配以完整的实例，并设立了"短语"和"用法"栏目，用以介绍不易掌握的短语和该词的用法特点；对收入的每个词条都配有完整的实例，强调通过实例记忆单词、掌握用法。

英语口语 999/ 姜保华，刘学云，乔爱玲著
上海：上海交通大学出版社，2004

  该书包含 45 个单元，每单元包括 22 ～ 23 个基本句子、2 ～ 3 组对话、相关词句和练习等部分。除含有 999 个基本日常口语句子外，还有 1 000 多个附加句子及相关的词汇和短语，书后

附有练习答案。

※任东升

PETS 五级模拟训练与点睛指导 / 任东升主编
天津：南开大学出版社，2000

  该书内容包括五级考试简介，级别标准及资格适用范围，考试形式、内容与结构，十套仿真模拟训练题库、听力文字材料等。

爱因斯坦与物理学的边疆 /（美）杰勒密·伯恩斯坦著；任东升译
天津：百花文艺出版社，2001

  该书讲述了爱因斯坦的生活经历、爱情故事、求学生涯、求职谋生，以及他所处时代的科学概况和政治风云。

翻译学系统理论的构建：2009 年青岛翻译学学科理论系统构建高层论坛论文集 / 任东升主编
上海：上海外语教育出版社，2010

  该书论述了翻译学作为一门特殊学科在其理论体系构建方面面临的问题，展现了翻译学学科理论研究的方向和崭新的研究视角与方法。

改变人类生活的 418 项发明与发现 /（美）罗德尼·卡黎索著；任东升，李玉良译
天津：百花文艺出版社，2005

  该书介绍了人类自古至今的 400 多项发明、发现及技术进步，深入地探讨了科学与技术的相互关系及其对人类生活的影响。

人种学研究者剖析：实地研究与研究者身份 /（英）阿曼达·科菲著；任东升，王振平译
青岛：中国海洋大学出版社，2007

  该书介绍了人种学研究著者在实地研究过程中遇到的问题及采取的策略，论述了实地研究与研究者身份的关系。

涉海法律英语翻译 / 任东升，白佳玉主编
青岛：中国海洋大学出版社，2015

  该书结合涉海院校海洋特色，参考近年各类法律英语及法律翻译教材内容，本着普及涉海法

律知识、增强海洋意识和培养应用实践技能的宗旨,着重培养学生应用英语翻译能力。

圣经汉译文化研究 / 任东升著

武汉:湖北教育出版社,2007

该书介绍了翻译作品的同项比较法、不同翻译失误比较、采蜜式比较和借鉴式比较、在比较中提高自己的翻译水平等内容。

圣经文化导论.教师用书 / 任东升,张德禄,马月兰编著

上海:上海外语教育出版社,2012

该书对应学生用书的每一讲,提供了圣经文化知识链接补充、圣经文化专题补充及各讲课堂讨论题和课后思考题的参考答案,并附录了专题讲座、圣经汉译史大事记等。

圣经文化导论.学生用书 / 任东升,张德禄,马月兰编著

上海:上海外语教育出版社,2012

该书选文全部采用原汁原味的"钦定本"英文,以圣经文化的宽广视角覆盖英语学习、文学赏析和文化比较,引导学生从唯物史观认识《圣经》作为世界文化经典的地位和作用。

小猎犬号环游记 /(英)达尔文著;任东升…[等]译

北京:外语教学与研究出版社,2015

该书介绍了一个丰富多变的自然与人文世界,是一部游记,更是一部不乏乐趣的绝佳科普著作。达尔文基于此次航行所做的自然观察,在20年后提出了"物竞天择、适者生存"的进化论学说。

新编英汉口译教程 / 任东升…[等]编

上海:上海外语教育出版社,2005

该书包含14个单元,每单元分为五个部分,内容包括单词和短语、背景知识、视译、口译练习等。该书编写内容深入浅出,反映了该学科领域的最新研究成果。

雅思阶梯阅读.2/ 任东升,马建龙编著

北京:北京语言文化大学出版社,2002

该书每册包含15个单元,每单元配有四个练习。每册后附有本册的生词表,注有音标和词义。

雅思强化阅读训练与写作.普通类 / 任东升,王治江编著

北京:北京理工大学出版社,2003

该书分为雅思普通类阅读、写作两部分。在阅读材料和写作技能训练材料的选择、题型编排和分布、答题策略和思路等方面基本与正式雅思考试相近。

杨自俭文存.学步集 / 任东升编

青岛:中国海洋大学出版社,2010

该书分为上卷和下卷,内容包括语言学、对比语言学、对比文化学、翻译学、文学五编,收录了《语言测试发展》《关于建立对比文化学的构想》等文章。

宗教经典汉译研究.第二辑 / 任东升,雷雨田主编

北京:社会科学文献出版社,2016

该书对宗教文献翻译的研究多以具体的翻译史料和史实为基础,并从翻译标准、翻译原则、翻译研究方法、文化交流等不同视角对翻译活动展开了讨论,探讨了宗教翻译研究的各个方面。

※时秀华

大学英语四级考试阅读翻译与简答 / 时秀华主编

北京:中国社会出版社,2005

该书将理论与实践有机地结合起来,既避免了理论的空洞性,又避免了实践的盲目性,主要内容包括阅读理解、英译汉和简答等。

※孙立新

东西方之间:中外学者论卫礼贤 / 孙立新,蒋锐主编
济南:山东大学出版社,2004

该书收录 16 篇文章,对德国传教士卫礼贤的生平进行了全面深入的探讨,对卫礼贤的学术思想和东西方文化交流主张进行了诠释。

在"模范殖民地"胶州湾的统治与抵抗:1897~1914 年中国与德国的相互作用 / (德)余凯思著;孙立新译
济南:山东大学出版社,2005

该书呈现的是德国在中国的殖民地胶州的历史,研究了德国的殖民统治下山东的政治经济、居民生活、宗教等方面的情况。

在职攻读硕士学位研究生实用英语教程 / 孙立新编著
青岛:中国海洋大学出版社,2011

该书包含八个单元,涉及饮食、文化、教育、经济、社会、环境等 21 世纪社会生活的多个层面。

中国文化要览 / 孙立新主编
青岛:中国海洋大学出版社,2015

该书以介绍中国优秀的传统文化为主线,介绍了中国文化的各个层面,内容包括中国传统意识形态、中国书画、中国传统节日、中国传统服饰及发饰,中国园林及建筑等。

※滕梅

大学英语 4 级词汇:短语集萃 1500 题详解 / 滕梅,王志英,杨婧主编
北京:电子工业出版社,2005

该书分为两部分。第一部分对大学英语 4 级考试中的常考形近词、义近词及其搭配进行了辨析,并采用 4、6 级考试的真题作为例句进行了讲解;第二部分为 35 套全真模拟题,每套题后都有答案和详细的解析。

大学英语 4 级考试大全 / 滕梅…[等]编著
北京:电子工业出版社,2004

该书立足大学英语 4 级考试新大纲要求并结合新题型的变化,精选 1999 年以来的十套试题,给出答案,并通过详细解析点出考点,阐述了重点、难点与解题技巧。

大学英语 6 级考试大全 / 滕梅编著
北京:电子工业出版社,2005

该书精选了 1999 年 6 月至 2005 年 1 月大学英语 6 级考试的 12 套真题,对每套题都进行了详尽的解析。

大学英语词汇透视 / 王志英主编;滕梅…[等]副主编
上海:上海交通大学出版社,2004

该书对考试中经常出现的词的词义、词性和搭配进行了辨识,并采用 4、6 级考试的真题作为例句进行了讲解。该书提供了大量的习题供读者复习巩固之用,书后附有练习答案。

莱茜回家 / (美)埃里克·奈特著;滕梅译
南昌:二十一世纪出版社,2014

该书讲述了男孩乔的爸爸把家里的牧羊犬莱茜卖给了公爵,莱茜被带到了几百英里外的苏格兰庄园。但是,莱茜费尽千辛万苦逃了出来,从苏格兰高地回到英格兰约克郡,去赶赴和乔的约会……

双城记 / (英)查尔斯·狄更斯著;(英)保琳·弗兰西斯改编;滕梅译
青岛:青岛出版社,2008

该书讲述了伦敦、巴黎的故事,是狄更斯代表作品中情节最惊心动魄的小说之一。

英语海洋文学翻译 / 滕梅,张蔚主编
青岛:中国海洋大学出版社,2015

该书取材于经典海洋文学作品,每讲标题以笔译材料中经典文学名著的书名命名,共 16 讲。每讲囊括了背景材料、视译、笔译、口译、笔译练习和参考译文六个模块的内容。

※ 王珏纯

英语的衔接.中译本 /（英）韩礼德,（英）哈桑著;
王珏纯…[等] 译
北京:外语教学与研究出版社,2007

该书内容包括衔接概念、衔接与语言结构、指称的类型、替代与省略等,作者通过大量实例,在比较精密、具体的层次上论述了哪些语言特征可以成为组篇机制特征,哪些不能。

※ 王文贤

日语学习者的互动学习效果研究 / 王文贤著
青岛:中国海洋大学出版社,2013

该书作者以日语专业二年级 44 名大学生为研究对象,做了八次课堂实验,调查了日语水平较高和较低的同学之间互动学习的状态和结果。结果表明,所有学生都能通过与其他同学的互动学习取得进步。

英文对外经贸业务函电 / 王文贤编著
青岛:青岛海洋大学出版社,1993

该书收入 2 800 多个单词和短语,内容广泛并按不同单元列出,包括联合投资、补偿贸易、来料加工、投标和租赁业务等,每单元后均设有练习题。

※ 王昕彦

新大学法语.3·4教学参考书 / 李军,王昕彦主编
北京:高等教育出版社,2004

该书结合相关教材,在第三册完成语法教学的基础上,第四册将重点放在系统培养学生的口头表达、阅读理解及书面表达能力上,并解析背景知识,阐释语言点,给出译文练习答案等。

新大学法语.4 / 王昕彦主编
北京:高等教育出版社,2004

该教材重点放在系统培养学生的口头表达、阅读理解和书面表达能力上。书中 PALIER 中放入了 1997 年、1998 年的大学法语四级考试题;并配有两套法国 TEF 考试模拟试题。

※ 王智红

大学体验英语综合教程.2 / 王智红,盖飞虹主编
长春:东北师范大学出版社,2010

该书包含八个单元,每单元由文化背景衔接、教材内容全解、语法要点归纳和四级同步跨越组成。

※ 魏蕾

大学英语六级考试历年真题试卷及详解 / 张青云,魏蕾主编
北京:石油工业出版社,2005

该书是有关英语高等学校水平考试的辅导书,内容包括 2001 年 1 月至 2006 年 1 月六级真题答案及详解等。每套题都配有详尽的解析。

※ 魏晓艳

捷径日语会话 / 魏晓艳,（日）平川美穗编著
北京:外语教学与研究出版社,2007

该书涵盖所有日常生活、学习场景;语言规范,讲解详尽,课后练习及阅读全面生动。

※ 吴炳章

交际博弈论 / 吴炳章著
北京:中国社会科学出版社,2015

该书分析了交际策略的宏观结构和微观结构,从生物学和社会学的视角说明了策略效用的决定要素,运用博弈论对语言交际做了系统性探讨。

认知语用学研究 / 吴炳章,徐盛桓主编
上海:上海外语教育出版社,2011

该书选编了国内语言类核心刊物上近 20 年来发表的 33 篇相关论文,汇聚了中国语用学研

究领域近年来取得的丰硕成果,分为关联理论、应用研究、认知语境和语用推导机制。

※辛海燕

先圈后点练听力 / 辛海燕,陈莹莹主编
北京:北京航空航天大学出版社,2006

该书涵盖了新四级考试中的四种听力题型,运用意识流方法在听力中的体现形式——"先圈后点"法进行了归类和总结,并提供了符合题型要求和考查内容的资源库。

先圈后点练听力 / 辛海燕,范志坚主编
北京:北京航空航天大学出版社,2007

该书涵盖了新六级考试的四种听力题型,以完全符合考生在平时学习中的思维习惯及其在考场上的解题流程的意识流式的"先圈后点"法为主线,从全新的视角分析了这种实用、易用的英语解题方法。

※修德健

汉日口译基础 / 修德健著
北京:外语教学与研究出版社,2010

该书为汉日口译的基础教程,结构清晰、内容翔实,配有大量例句和汉日口译中的翻译技巧讲解。

※徐德荣

跛脚迪吉 / (英)伊迪丝·内斯比特著;徐德荣,江建利译
杭州:浙江文艺出版社,2006

该书讲述了月光魔力帮助孤苦无依的迪吉回到300年前美满幸福的贵族生活,经过历险和磨炼,使他成长为正直勇敢的男子汉的故事。

海洋水产英语翻译 / 徐德荣,江建利主编
青岛:中国海洋大学出版社,2015

该书选取了典型海洋水产相关文本,辅以翻译练习及技巧讲解,全面介绍了水产专业及其增殖产业,兼顾翻译能力和水产专业知识。

绿野仙踪 / (美)莱曼·弗兰克·鲍姆著;(英)保琳·弗兰西斯改编;徐德荣,江建利译
青岛:青岛出版社,2008

该书讲述了小姑娘多萝茜被旋风吹走,降落在一个奇妙的地方。在回家的途中,稻草人、铁皮人及狮子都加入她的行列,他们互相帮助,战胜了西方女巫,最后如愿以偿。

※徐珺

爱情就是堆积如山的笔记 / 苏美著(徐珺,笔名苏美)
南京:江苏凤凰文艺出版社,2019

该书以《包法利夫人》《聊斋志异》等十部名著中的女性角色为书写对象,通过对书中人物的遭遇和命运的剖析,解读古往今来女性的诸多生存现实和自我救赎之路。

倾我所有去生活 / 苏美著(徐珺,笔名苏美)
南京:江苏文艺出版社,2014

该书记录了很多傻呵呵地就把苦日子给过去了的事情。随着故事的推进,作者调侃自己的迷茫、痛苦、纠结与奢望,许多活得太累的人终于能对往事和未来笑一笑。

※徐莉娜

纳粹德国的兴亡:首次披露二战时期珍贵彩照 / (英)乔治·福尔蒂著;徐莉娜…[等]译
青岛:青岛出版社,2005

该书首次披露了第二次世界大战时期的珍贵彩色照片,介绍了这场战争的经过:从希特勒20世纪30年代攫取政权到盟军轰炸柏林、慕尼黑并打败纳粹。

女孩二十:青春女性的人生平衡攻略 / (美)克里斯廷·哈斯勒著;徐莉娜…[等]译
青岛:青岛出版社,2007

该书讲述了很多不同年龄、种族和背景的女性故事,讲述了她们如何面对 20 多岁的危机。此外,书中还有很多年长女士的睿言智语和宝贵建议。

※徐中川

6000 英语词汇分级背诵手册 / 徐中川编著

北京:中国水利水电出版社,2008

该书科学选取了 6 000 个英语常用词汇,并分为十个等级。这 6 000 个单词不仅涵盖大学英语四、六级词汇,考研词汇和高等学校英语专业词汇,还包括雅思词汇。

6000 英语词汇分级背诵手册.第 2 版 / 徐中川编著

北京:中国水利水电出版社,2009

该书作者在对第 1 版进行了多遍认真审读的基础上,结合同行专家的意见和词汇应用的实际,对书中个别词汇的级别进行了必要的调整,对部分词汇的词义进行了补充或改进。

6000 英语词汇分级 + 多重背诵手册 / 徐中川主编

北京:中国水利水电出版社,2014

该书科学选取了 6 000 多个英语常用词汇,按不同的使用频率分为十级,每级 600 多词,涵盖我国大中学生应掌握的中学词汇,大学英语四、六级词汇,考研英语词汇,也包括其他一些常用词汇。

9000 英语词汇分级背诵手册 / 徐中川编著

北京:中国水利水电出版社,2005

该书按词的常用程度不同分级排列为十级,可使不同层次的英语学习者根据个人情况,有针对性地背诵某级别的词汇。

9000 英语词汇分级背诵手册.第 2 版 / 徐中川编著

北京:中国水利水电出版社,2007

该书作者在对第 1 版认真审读的基础上,对书中个别词汇的级别做了调整,对部分词汇的词义进行了补充或改进,添加了新的词条。

10000 英语高频词汇分级背诵手册 / 徐中川编著

北京:中国水利水电出版社,2012

该书精选 10 000 余个英语高频词汇,并将它们由易到难、科学进行分级,依次排列为初级词汇(3 600 多词)、中级词汇(3 400 多词)和高级词汇(3 000 多词)。

10000 英语高频词汇分级突破 / 徐中川,徐蕾主编

北京:中国水利水电出版社,2009

该书以国内外最新词汇资料为依据,将全部英语考试词汇由易到难、分级依次排列为初级词汇(3 500 词)、中级词汇(2 900 词)和高级词汇(3 100 多词),又适量补充了未收入各类考试词汇的 500 多个英语常用词。

15000 英语词汇分级背诵手册 / 徐中川,孙治国编著

北京:中国水利水电出版社,2011

该书科学选取了 15 000 余个英语常用词汇,按照不同的使用频率分为五级,完整收入了中学英语词汇、大学英语词汇和考研英语词汇,涵盖英语专业四、八级词汇,雅思词汇,托福词汇和 GRE 词汇。

大学英语四级词汇分级 + 多重背诵手册 / 徐中川主编

北京:中国水利水电出版社,2013

该书是一本集背诵手册和测试手册于一身的词汇用书,提炼了大学阶段必须掌握的大学英语四级词汇(约 2 800 词),并按常用词频分为 1~4 级,每级约 700 词。

高考英语 3600 词汇分级背诵手册 / 徐中川,梁洪丽编著

北京:中国水利水电出版社,2009

该书按常用词频科学分级的编排方式,使分为十级的 3 600 词犹如由易到难的十级台阶,使

不同水平的英语学习者能够有针对性地背诵某级别的词汇,提高学习效率。

考研英语词汇分级＋立体记忆法 / 徐中川,秦晓星,邹姗姗著

上海:上海科学技术出版社,2007

该书将考研英语词汇按词频的高低分为基础级词汇、考研英语 1~6 级词汇,收录的词汇达 6 300 多个,对动词、名词、形容词等给出其搭配用法,每级词汇后都附有背诵成果测试题。

考研英语词汇分级背诵与测试手册 / 徐中川编著

北京:中国水利水电出版社,2007

该书将考研英语词汇按词频分为基础级词汇、考研英语 1～6 级词汇,同时,补充了约 800 个常用词,从而使该书的词汇达 6 300 多个。该书中的每级词汇后都附有背诵成果测试题。

柯林斯英语高频词汇分级背诵手册 / 徐中川主编

北京:中国水利水电出版社,2012

该书科学选取了 14 700 个英语词汇,涵盖中学英语词汇、大学英语词汇、雅思和托福考试词汇,可使不同层次的英语学习者有针对性地背诵某级别的词汇。

美国总统演讲名篇赏析 / 徐中川主编

北京:中国人民大学出版社,2013

该书精选了 16 篇美国总统演讲稿,不仅对收录的演讲提供原文与中文译文、作者简介、演讲背景、生词解释、名句摘引等内容,还设计了演讲赏析、文化知识链接等特色板块。

全国英语等级考试 PETS 词汇分级背诵与测试手册 .1-3 级 / 徐中川主编

北京:中国水利水电出版社,2007

该书将约 4 000 个 PETS 1-3 级词汇依次排列为 PETS 一级词汇、PETS 二级词汇和 PETS 三级词汇,还将 PETS 考试常用词组按使用频率分为 1-3 级词组,列于 PETS 1-3 级词汇之后。

全新高考英语词汇分级突破 / 徐中川,孙继华主编

北京:中国水利水电出版社,2009

该书科学选取了 3 600 多个高考英语常用词汇,并将这些词汇按常用词频分为十级,每级约 360 词,每级词汇后附有背诵成果测试题。书中还设有"考点讲解""词汇辨析"等栏目。

全新英语四六级词汇分级＋立体记忆法 / 徐中川主编

北京:国防工业出版社,2008

该书将全部大学英语词汇和词组按词频分级排列,依次排列为预备级和一级至六级,并配有大量自我检测和巩固词汇记忆的测试题。

世界经典英语演讲赏析 / 徐中川主编

北京:中国人民大学出版社,2015

该书精选世界范围内的 12 篇经典英语演讲,不仅提供了每篇演讲的中英文、作者简介、演讲背景、生词解释、名句摘引等内容,还设计了演讲赏析、文化知识链接、相关练习题等特色板块。

新要求英语四六级词汇分级背诵与测试手册 / 徐中川,周娜娜编著

北京:中国水利水电出版社,2008

该书将全部大学英语四、六级词汇按词频依次分为预备级词汇、大学英语一级至四级词汇、大学英语五级和六级词汇,每级词后附有背诵成果测试题。

雅思英语词汇分级背诵与测试手册 / 徐中川主编

北京:中国水利水电出版社,2008

该书在系统地分析、研究历年来出版的各类雅思培训教材、词汇用书和雅思考试真题的基础上,确定了约 4 800 个最新雅思考试词汇。所选词汇按使用频率分级排列,每级后附有背诵成果测试题。

英语四六级词汇分级背诵与测试手册 / 徐中川编著

北京:中国水利水电出版社,2006

该书介绍了科学记忆词汇的策略和方法,词汇、词组按常用程度分级排列,方便记忆,每级后附有背诵成果测试题,还附有四、六级词根表、词缀表及词例。

英语专业八级词汇分级背诵与测试手册 / 徐中川主编

北京:北京语言大学出版社,2010

该书将专业八级词汇按使用频率分为四级,每级 1 000 多词;对动词、名词、形容词等给出搭配用法,给出单词的派生词、同义词 / 反义词法和词汇联想等多种记忆方法;附有自我检测和巩固词汇记忆的测试题。

英语专业四级词汇分级背诵与测试手册 / 徐中川主编

北京:北京语言大学出版社,2010

该书将英语专业四级考试大纲词汇按照其使用频率分为六级,并附有自测题。

中考英语 1800 词汇分级背诵手册 / 徐中川主编

北京:中国水利水电出版社,2009

该书科学选取了 1 800 多个英语常用词汇,并将这些词汇按不同的使用频率分为十级,每级约 180 词,涵盖初中生、小学生应该掌握的全部词汇。

※杨红

海洋特色英语与文化 / 杨红,王智红主编

青岛:中国海洋大学出版社,2015

该书围绕海洋气候变化、海洋生物、渔业及养殖、海洋污染和海洋管理等八个主题设计了录像讨论、课文阅读、单词练习、翻译、拓展阅读等不同的版块。

涉海英语视听说教程 / 杨红,王智红主编

青岛:中国海洋大学出版社,2012

该书涵盖海洋生物、海洋食品与安全、海洋法、海洋经济及海洋污染等社会热点问题。每单元由主题视听说、学术英语报告和新闻英语听力技巧组成。

※杨连瑞

New English Lexicology / 杨连瑞主编

青岛:中国海洋大学出版社,2010

该书涉及现代英语词汇的形态结构、词的形式和内容的关系、词汇之间的意义关系、词汇的语义特征、词的联想和搭配、美国英语词汇等内容。

动态系统论与二语习得研究 / 杨连瑞…[等]著

青岛:中国海洋大学出版社,2017

该书分为动态系统理论与方法篇和二语动态系统发展篇,汇集了近几年来我国二语习得学界基于动态系统理论的二语习得研究最新成果。

二语习得多学科研究 / 杨连瑞,李丽,王慧莉著

青岛:中国海洋大学出版社,2010

该书论述和评析了国外二语习得研究的各种理论和模式,并结合我国外语教学实际,论述了二语习得的母语迁移和语言共性、临界期和最佳年龄等该学科领域一些重大问题。

二语习得研究与中国外语教学 / 杨连瑞…[等]著

上海:上海外语教育出版社,2007

该书论述了第二语言习得研究的学科定位和性质,介绍和评析了国外二语习得研究的各种理论和模式,论述了对比分析、中介语理论、第二语言习得的外部影响因素以及第二语言习得的个体差异等问题。

现代英语教学论 / 杨连瑞,孙建华编著

济南:山东大学出版社,2003

该书吸收了近年来国外第二外语教学理论研究的有益成分,努力反映现代外语教学的新成

果和大趋势,深入探讨了我国外语教学中的基本理论和实践问题。

杨自俭文存·知行集 / 杨连瑞编
青岛:中国海洋大学出版社,2010

　　该书内容包括教与学、学会文化探索、治学之道、我的感悟和翻译,收录了《关于外语教育的几个问题》《七类不同的意义》等文章。

英语教学艺术论 / 杨连瑞,肖建芳著
南宁:广西教育出版社,2003

　　该书论述了英语教学艺术活动的基本原理和规律,探讨了英语教学设计艺术、英语教学组织艺术、英语教学语言表达艺术等学科的教学艺术实践。

英语语法教程 / 杨连瑞主编
青岛:中国海洋大学出版社,2005

　　该书在编写体系上,以传统语法体系为主,注意继承与革新相结合,充分吸收了国内外英语语法研究成果。

中国二语习得研究:首届中国二语习得研究高层论坛报告 / 杨连瑞主编
上海:上海外语教育出版社,2013

　　该书为首届中国二语习得研究高层论坛的论文集,选录了34篇论文,全面审视、探讨了当下我国二语习得教学和研究中的经验成果。

中国外语研究.2015年卷 / 杨连瑞主编
青岛:中国海洋大学出版社,2016

　　该书由语言学理论与应用板块、国别文学与文化板块、翻译理论与批评板块、国际商务语言与文化板块和外语教育教学板块组成。

中介语语言学多维研究 / 杨连瑞…[等]著
北京:外语教学与研究出版社,2015

　　该书科学地探索了中介语动态发展的语言过程、认知过程和教育过程,开拓了习得－损耗、形态－句法、句法－语用等界面研究,研究结论弥补了传统理论的不足和国际学术界有关中国学生中介语研究的空缺。

※杨晓声

英美诗歌教程 / 杨晓声编著
青岛:中国海洋大学出版社,2008

　　该书分为英国诗歌和美国诗歌,选取了不同时期代表各个诗歌流派创作成就的诗人。

※杨自俭

翻译新论:1983-1992 / 杨自俭,刘学云编
武汉:湖北教育出版社,1994

　　该书是关于翻译研究的论文集,内收1983至1992年在《中国翻译》《外语教学研究》和《现代外语》等重要学术期刊上发表的多篇论文和专著节选。

共性·个性·视角:英汉对比的理论与方法研究 / 潘文国,杨自俭主编
上海:上海外语教育出版社,2008

　　该书共选收论文40篇,分别讨论了英汉语言对比研究的背景、基本理论、学科史和方法论。

看得见风景的房间 / (英)福斯特著;李瑞华,杨自俭译
合肥:安徽文艺出版社,1992

　　该书讲述了露西在佛罗伦萨旅行时,遇到了英国青年乔治,乔治对她的倾慕令她心动。当露西和乔治在英国重逢后,两人有情人终成眷属。

魔帽恐慌 / (英)桑德斯著;刘艳丽译;杨自俭,徐敏慧审校
太原:希望出版社,2003

　　一位神秘而富有的老妇人搬到了树林中的一间破房子里,她会给每个人买礼物,但闹闹球和麻利裙不上当。这个老妇人实际上是凶残的克隆夫人。现在,她又回来夺魔帽了……

译学新探 / 杨自俭主编
青岛:青岛出版社,2002

　　该书为2001年4月在青岛召开的全国译学学科建设专题讨论会的论文集,其中精选31篇,

分为译学本体研究、中国传统译学研究、国外译学研究、相关学科研究和译学方法论研究六个部分。

印度之行 /（英）福斯特著；杨自俭，邵翠英译

合肥：安徽文艺出版社，1990

该书描绘了印度独具特色的自然风光和社会风情，展现了不同民族、宗教和人物之间错综复杂的关系，刻画了不同的民族心理和文化心态。

英汉对比研究论文集：1977-1989/ 杨自俭，李瑞华编

上海：上海外语教育出版社，1990

该书选编了 42 篇英汉对比研究的论文，从理论和方法、语义、句子、修辞、语用等方面论述了英语和汉语的特点并进行了比较。

英汉语比较与翻译 / 刘重德主编；杨自俭副主编

青岛：青岛出版社，1998

该书分为英汉语言对比研究、英汉翻译研究、英汉文化对比研究，收录了 40 多篇相关论文。

英汉语比较与翻译 .3/ 杨自俭主编

上海：上海外语教育出版社，2000

该书收有《简论对比语言学中的几个问题》《对比语言学者的历史重任》《论文化的可译性》等 40 篇论文。

英汉语比较与翻译 .4/ 杨自俭主编

上海：上海外语教育出版社，2002

该书收有《英汉双及物结构式比较》《从英汉歇后语看文化差异》《汉译英的翻译单位问题》等 50 篇论文。

英汉语比较与翻译 .5/ 杨自俭主编

上海：上海外语教育出版社，2004

该书分为英汉语言对比研究、中西文化对比研究、英汉语篇对比研究、翻译研究、典籍英译研究等部分，精选了近 60 篇相关文章。

英汉语比较与翻译 .6/ 杨自俭主编

上海：上海外语教育出版社，2006

该书遴选 40 余篇本届中国英汉语比较研究会经典论文，涵盖了英汉语言对比研究、中西文化对比研究、英汉翻译研究领域中最新研究成果。

英汉语比较与翻译 .7/ 杨自俭著

上海：上海外语教育出版社，2010

该书分为英汉语言对比研究、翻译研究、文化与教学研究，精选了近 50 篇相关文章。

语言多学科研究与应用 / 杨自俭主编

南宁：广西教育出版社，2002

该书强调了理论与方法的指导作用，突出了研究意识和研究能力的培养，文字深入浅出，实为中外语言学教师和研究生不可不读的参考书。

字本位理论与应用研究 / 杨自俭主编

济南：山东教育出版社，2008

该书通过字本位理论的创建、字本位基础理论研究、字本位理论的应用研究，帮助读者了解字本位理论的创建过程、理论价值、基本原理与研究方法以及具体应用。

※尹伟

逆天 /（法）乔里－卡尔·于斯曼著；尹伟，戴巧译

上海：上海文艺出版社，2010

该书是一部奇特的小说。作者将其全部注意力集中在主人公德泽森特——一名古怪、隐遁的审美家身上，深度剖析他的内心世界。

启蒙运动中的法国 /（法）丹尼尔·罗什著；杨亚平，赵静利，尹伟译

上海：华东师范大学出版社，2011

该书从文化史的角度考查法国的启蒙运动，对这一时期法国的社会状况做了分析，涉及当时民众的日常生活文化和巴黎的都市研究，展示了处于社会大转型时期的法国城市文化全景。

※张德玉

奥运英语会话 / 张德玉主编

青岛：青岛出版社，2008

　　该书包括市民篇、行业篇和奥运篇，吸收了英国和美国最新流行的口头语，采用英汉对照，着眼于情景对话，涉及日常生活和奥运会的各个方面，结合青岛和奥运会的实际，使读者学以致用。

奥运英语速成 1000 句 / 张德玉，韩玉堂主编

青岛：青岛海洋大学出版社，2002

　　该书包括住宿篇、饮食篇、交通篇、购物篇、旅游篇、运动篇和附录。每篇采用独立成句、同一视面中英文对照的形式，按顺序编排；篇后对某些疑难英语词句给出注释，便于学习。

大学英语六级考试一线通：模拟考场 / 张征总主编；张德玉，毛艳阳主编

青岛：中国海洋大学出版社，2004

　　该书是《大学英语课程教学要求（试行）》颁发后最新、最及时的一本模拟考题，从内容到形式均按大纲组织，涵括了所有新老题型，契合了培养学生综合素质的新要求。

国际商务英语阅读与写作．一级 / 中国国际贸易学会商务专业培训考试办公室编；张德玉…［等］副主编

北京：中国商务出版社，2008

　　该书突出了中国现阶段英语商务主要文体写作的特点，贴近目标读者所担负的实务环节。例句、例信、例文均属中国工商企业对外商务活动中的往来文本。

国际商务英语阅读与写作．一级，试用本 / 中国国际贸易学会商务培训认证考试办公室编；张德玉…［等］副主编

北京：中国商务出版社，2007

　　该书主要内容包括报刊阅读、文件阅读、公关写作、函电写作等。

海尼曼英汉双解词典 / 张德玉编译

青岛：青岛出版社，2005

　　该词典精选了 13 500 个最为常用的英语词汇，收录了 500 余种有关核心词汇的最新用法。释义用英语中最为常用的 1 500 个单词，并采用第二人称。

商务英语专题写作 / 李小飞主编；张德玉…［等］副主编

北京：中国商务出版社，2004

　　该书介绍了社交信函、简历、商务便函、商务报告、图表和图表分析、企业介绍、产品推介文稿等商务英语写作方法。

师恩难忘 /（美）科琳·塞尔主编；张德玉，杜敏译

青岛：青岛出版社，2007

　　该书为英汉对照读物，收录了《我之所以教书》《初为人师》《礼物》等故事。

威廉·莎士比亚 /（美）帕米拉·希尔·尼特尔顿著；张德玉译

青岛：青岛出版社，2008

　　该书介绍了威廉·莎士比亚的一生，内容包括莎士比亚所处的时代、少年莎士比亚、恋爱中的莎士比亚、成功的剧作家、最后的岁月等内容。

新编实用英语教程．上册 / 张德玉主编

青岛：青岛出版社，2003

　　该书共 16 课，每课涉及某一专业学科和科技领域的最新发现和成果，或精选一篇经典散文。每课包括课文、词汇表、注释、课文练习和补充练习，书后配有全部练习答案。

新编实用英语教程．下册 / 张德玉主编

青岛：青岛出版社，2003

　　该书共 16 课，每课涉及某一专业学科和科技领域的最新发现和成果，或精选一篇经典散文。每课包括课文、词汇表、注释、课文练习和补充练习。书后配有全部练习的答案。

新核心大学英语泛读教程 B 版 / 张德玉,杨红主编

上海:上海交通大学出版社,2017

　　该书通过讲、读、练相结合,帮助学生快速、准确地获取英文科技信息,提高英语文献资料的阅读水平。

一杯安慰送老师:师恩难忘 / (美)Colleen Sell 主编;张德玉,杨华注释

青岛:青岛出版社,2006

　　该书歌颂的是一些出类拔萃、鼓舞人心的良师。通过该书,读者将记住那些或严厉,或和蔼,或貌不惊人,或美丽大方,或沉默寡言,或个性开朗,影响学生人生历程的老师。

英国初级百科全书.太空·海洋 / (英)保罗·达伍斯威尔著;张德玉译;(英)本·丹尼著;徐莉娜译

青岛:青岛出版社,2003

　　该书用精美的插图、简练的文字描绘了太空、海洋的方方面面。

英语扩展教程 .2/ 高职高专英语专业系列教材编写组编;张德玉…[等] 副主编

北京:高等教育出版社,2008

　　该书是配合《英语综合教程》第二册的同步自学练习用书,共十个单元。每单元在主题上力求与主教材保持一致,并分为听、说、读、写和语法等部分。

※ 张国

英语文体学教程 / 张德禄,张国编著

北京:高等教育出版社,2008

　　该书采用从感性到理性、从实际语料和手段到理论的方法,给学生提供了大量的真实语料,并对其中的文体特征进行了归纳和总结,探讨了如何使用语言手段,从而取得文体效应。

※ 张凯

雅思百变模板写作 / 张凯,尹玮主编

长春:东北师范大学出版社,2009

　　该书针对模板写作的缺陷,总结了众多写作书籍和历年真题,将雅思写作浓缩为四种类型,并为每种类型提供了可替换的模板,为考生提供文章框架的关键词和关键句。

※ 张韶岩

基础日语会话 / 张韶岩编

青岛:青岛海洋大学出版社,1999

　　该书分为寒暄语、社会生活、学校生活及家庭生活。每课设有“新词语”“重要句型”“替换练习”“说明”“参考”等栏目。

※ 张微

大学生职业发展英语 / 张微主编

上海:上海交通大学出版社,2015

　　该书针对当前大学生普遍存在的目标缺失现象,旨在帮助他们及早树立职业理想,掌握求职必备的技能与文化礼仪,从而顺利地实现由校园到职场的过渡。

※ 张小玲

阿信.(三)/ (日)桥田寿贺子著;张小玲译

天津:天津人民出版社,2006

　　该书讲述了阿信得到船主阿久婆的帮助,开始做卖鱼生意。然而,第二次世界大战的阴影笼罩了日本,阿信一家身不由己地卷入战争……

从现代到后现代的自我追寻:夏目漱石与村上春树的比较研究 / 张小玲著

台北:秀威资讯科技股份有限公司,2014

　　该书从自我、女性观、中国观、对文学意义的追求四个方面,对明治时期的代表作家——夏目漱石,与当代的代表作家——村上春树进行了比

较研究,分析了两位作家具有代表性的作品。

夏目漱石与近代日本的文化身份建构 / 张小玲著

北京:北京大学出版社,2009

该书通过对夏目漱石文学探索生涯的梳理,形成了一条清晰的"文"的轨迹,并进一步通过"文"及"文化身份"等关键词的链接揭示了文学者夏目漱石的文化意义。

小豆豆与我 / (日)黑柳朝著;张小玲译

海口:南海出版公司,2010

该书是黑柳朝80岁高龄时创作的。黑柳朝在这里回忆了自己与家人,尤其是与女儿小豆豆之间发生的一幕幕往事。

※赵德玉

牛津英语搭配词典 / (英)克劳塞等编著;赵德玉…[等]译

北京:外语教学与研究出版社,2006

该词典收词9 000余条,以名词、动词和形容词为主,涵盖了中高阶英语学习者需要掌握的大部分单词。该词典收录的例句多达50 000句,反映了搭配词在现实生活中的使用情况。

啤酒 / (英)凯文·特雷纳著;赵德玉,张德玉译

青岛:青岛出版社,2004

该书以图文形式介绍了世界啤酒文化,阐述了其酿造历史与发展、酿造过程、啤酒风格及其渊源,并介绍了世界各地啤酒酿造的过程。

啤酒百科全书 / (荷)B.范霍夫著;赵德玉,郝广伟译

青岛:青岛出版社,2011

该书以啤酒产区为主线,介绍了世界上的啤酒精品,帮助读者了解啤酒的历史、啤酒酿造过程、啤酒生产厂家等啤酒文化,并通过精美的图片展示了800多种啤酒品牌的独特风采。

※赵群

大学英语高级教程 / 赵群,罗炜东主编

青岛:中国海洋大学出版社,2003

该书包含16个单元,涉及阅读材料、构词法、实用的英语用法,以及写作指导与相关练习等内容。

※左金梅

A Brief Introduction to Western Literature / 左金梅主编

青岛:中国海洋大学出版社,2006

该书简述了西方文学的发生、发展历史,重点概述了现代主义和后现代主义的各个流派。

当代西方文论 / 左金梅,申富英,张德玉编著

青岛:中国海洋大学出版社,2005

该书介绍了文艺批评和文艺理论的界定、西方文艺理论与批评的历史简介、当代西方文化流派的详细阐述等内容。该书于2011年再版。

美国文学 / 左金梅主编

青岛:青岛海洋大学出版社,2000

该书分为殖民地时期、美国革命时期、浪漫主义时期、现实主义时期及现代主义时期五个部分,简略介绍了前两个时期的文学,用较大篇幅论述了后三个时期的文学。

女性主义视域下的英国浪漫主义诗人 / 左金梅…[等]著

济南:山东友谊出版社,2009

该书分别从双性同体、工业革命背景、女性思想和大海意象等角度综合考察了六位浪漫主义诗人的诗学艺术及其代表作品分析,分别研究了布莱克、华兹华斯、柯勒律治、雪莱、拜伦和济慈的创作艺术。

西方名著欣赏 / 左金梅主编

青岛:中国海洋大学出版社,2009

该书分为小说、散文、诗歌、戏剧四个部分。

每部分概述了该文学体裁的定义、包含的类别，以及其构成要素，从不同的类别和角度精选了西方文学史上经典作者的代表作品，并对所选作者和作品做了介绍。

西方女性主义文学批评 / 左金梅…［等］著
青岛:中国海洋大学出版社，2007

该书阐述了西方女性主义文学批评的起源、特点及发展趋势，探讨了妇女的社会形象和作用，分析了西方文学史上具有典型的女性主义思想的作家及其文本。

西方文学纲要及选读 / 左金梅主编
青岛:青岛海洋大学出版社，2001

该书介绍了文艺复兴、浪漫主义、现实主义和自然主义、后现代主义等内容。

新编英国文学 / 左金梅,张德玉,韩巍编著
青岛:中国海洋大学出版社，2011

该书在原《英国文学》的基础上进行了必要的修改，增加了内容，添加了作家图片，改正了原来书中的谬误之处，更加适合学生使用。

英国文学 / 左金梅,张德玉编著
青岛:中国海洋大学出版社，2004

该书分为古代、中世纪、文艺复兴、资产阶级革命、18世纪、浪漫主义、现实主义、现代主义和后现代主义九个部分。每个时期分为历史背景、文学特点、思想主题及重要作品的分析等部分。

英美浪漫主义诗歌概论与欣赏 / 左金梅,张德玉,赵德玉编著
青岛:中国海洋大学出版社，2006

该书概述了诗人的生活社会背景、创作风格、思想内涵及其诗歌的社会意义，从语言、修辞、主题等方面对诗人进行了深入的分析，并从当代西方文艺理论的角度分析了诗人诗作的现实意义。

英语专业四级测试 / 左金梅主编
青岛:青岛海洋大学出版社，2002

该书前四部分为语法、词汇、完形填空和阅读理解等专项练习及答案。第五部分收集了1995至2002年(TEM4)的八套全真题，并附有答案。

征服英语专业八级测试一本通 / 左金梅,李旭奎主编
西安:世界图书出版公司西安公司，2004

该书结合考试大纲，从听力理解、阅读理解、翻译、写作等方面对英语专业八级各单项考试的测试要求、题型、应试技巧进行了阐述，并对近年试题进行了分析。

文学与新闻传播学院

※柴焰

当代英美马克思主义文论研究 / 柴焰著
北京：中国书籍出版社，2011

　　该书介绍了英国当代马克思主义文化研究、威廉斯与伊格尔顿悲剧思想比较、詹姆逊文艺思想在中国的传播研究等内容。

经典电影赏析十五讲 / 柴焰，沈壮娟，刘佳编著
东营：中国石油大学出版社，2010

　　该书介绍了电影的诞生和艺术语言、主要电影思潮与运动等内容，并对世界各国著名电影导演的艺术风格、代表作品进行了评析，重点对30余部世界各国的经典影片展开了全面新颖的解读。

伊格尔顿文艺思想研究 / 柴焰著
青岛：中国海洋大学出版社，2004

　　该书围绕伊格尔顿学术思想中凸现出来的具有鲜明特色的"政治批评"，从意识形态理论、文化研究和文化批判以及后现代主义批判等领域，对其文艺思想进行了深入和系统的论述。

※陈杰

唐宋瓷器装饰艺术研究 / 陈杰著
济南：齐鲁书社，2011

　　该书对唐宋时期瓷器的装饰纹样进行了分类梳理，在此基础上，重点对各个时期的纹样艺术特点、反映的历史思想意识问题以及装饰纹样艺术的来源等做了深入的探讨。

文化产业政策与法规 / 陈杰，闵锐武编著
青岛：中国海洋大学出版社，2006

　　该书分为文化产业政策与文化产业法规两部分，介绍了中国文化产业政策概述、出版类法律法规、广播影视类法律法规、知识产权保护类法律法规等内容。

※陈永生

汉字与圣书字表词方式比较研究 / 陈永生著
北京：人民出版社，2013

　　该书对古汉字和古埃及圣书字的形体特征、结构原理进行了全面比较，发现了两种文字在记录语言方式上的异同，探析了这些异同与两个民族的文明状况、宗教特点、语言特点、认知心理特点之间的关系。

※丁玉柱

海洋探险 / 丁玉柱，李文英编著
北京：中国少年儿童出版社，2002

　　该书根据青少年摄取知识的特点，采用问答的形式，图文并茂地回答了200道有关海洋探险知识的题目。该书于2007年再版。

海洋探险 / 丁玉柱，李文英，牛玉芬编著
广州：中山大学出版社，2012

　　该书对2007年版进行了修订。此次修订在保持原有知识体系和编写风格情况下更新了知识内容。

海洋探险知多少 / 丁玉柱,李文英主编;冯佳插图

北京:中国时代经济出版社,2011

　　该书内容详尽生动,图文并茂,介绍了关于海洋探险的知识,分为古代海洋探险史话、近代海洋探险故事、现代海洋探险趣闻。

海洋文化 / 丁玉柱编著

北京:中国少年儿童出版社,2002

　　该书根据青少年摄取知识的特点,采用问答的形式,图文并茂地回答了324个有关海洋文化知识的问题。该书于2007年再版。

海洋文化 / 丁玉柱,牛玉芬,杨桂荣编著

广州:中山大学出版社,2012

　　该书对2007年版进行了再次修订。此次修订在保持原有知识体系和编写风格的情况下更新了知识内容。

海洋文化知多少 / 丁玉柱主编;潘婷插图

北京:中国时代经济出版社,2011

　　该书介绍了海洋科普知识,揭开了海洋神秘的面纱,内容包括海洋神话故事、海洋语言文字、海洋绘画名作、海洋音乐经典、海洋民俗风情、海洋著作学说等。

海洋文学 / 丁玉柱编著

北京:中国少年儿童出版社,2002

　　该书根据青少年摄取知识的特点,采用问答的形式,图文并茂地回答了有关海洋文学的知识题249问。该书于2007年再版。

海洋文学 / 丁玉柱,牛玉芬编著

广州:中山大学出版社,2012

　　该书对2007年版进行了修订。此次修订在保持原有知识体系和编写风格的情况下更新了知识内容。

海洋文学知多少 / 丁玉柱主编;乔伟插图

北京:中国时代经济出版社,2011

　　该书介绍了中国古代海洋文学、中国现代海洋文学、外国古代海洋文学、外国现代海洋文学

等内容。

《世说新语》的国学密码解析 / 丁玉柱,牛玉芬著

青岛:中国海洋大学出版社,2012

　　该书采取注释、解析、阐发的方法,将《世说新语》一书涵盖的魏晋文人言行进行了亦庄亦谐、亦古亦今的解读。该书是一部了解魏晋名士生活的百科全书。

唐诗三百首.插图典藏本 / (清)蘅塘退士编选;丁玉柱,江海寄译注

青岛:青岛出版社,2009

　　该书对三百首唐诗进行了注释。书中每首唐诗均配有注释和诗意,并配有精美图画。

王蒙的生活和文学道路 / 丁玉柱著

哈尔滨:黑龙江教育出版社,1994

　　该书对王蒙的文学活动进行了全面的研究,从理论上对王蒙的文学观念进行了分析与把握,从几个不同的重要角度对王蒙的文学活动、创作实践等进行了考察与解析。

王蒙简论 / 丁玉柱著

青岛:中国海洋大学出版社,2004

　　该书论述了王蒙在一定历史时期的社会环境中因受主观与客观、内在精神与外部世界等诸因素的影响,从社会学、历史学等侧面对形形色色的人生和复杂多变的社会现象所进行的艺术价值判断。

王蒙旧体诗传 / 丁玉柱著

青岛:中国海洋大学出版社,2006

　　该书对王蒙的旧体诗作文本进行了解说和注释,在此基础上,点面结合地勾勒出王蒙的人生轨迹和心路历程。

王蒙玄思录 / 丁玉柱,张鹏翔著

青岛:青岛出版社,2007

　　该书对王蒙的玄思小说进行了探讨。王蒙的玄思小说阐发了王蒙对人生与世情的观察、感知、思考,充满了哲理的睿智、艺术的奇美和对真

善美的执着追求。

※ 傅根清

二十四史校勘记:旧唐书校勘记.上 / 傅根清…[等] 整理

北京:商务印书馆,2004

该书尊重原书面貌,采用浙江富阳的手工宣纸、徽墨、传统石印工艺、手工古式线装。书中以校勘记定本为主,参以留备参考之本。

广告学概论 / 傅根清,杨明编著

济南:山东大学出版社,2004

该书从整体层面阐述了广告的基本概念和理论,对广告活动的基本要素进行了专门研究。

实用广告学教程 / 傅根清编著

济南:山东大学出版社,1996

该书介绍了广告的起源与发展、广告目标与广告计划、广告创意、广告媒体策划、企业形象设计的管理、现代广告组织与管理等内容。

中国诗词精典 / 傅根清…[等] 校理

济南:山东大学出版社,2008

该书选取了中国诗词中具有代表性的《诗集传》《古诗源》《唐诗三百首》《千家诗》《词选》《续词选》,在忠于原著的基础上,力求注释准确、译文生动,以使读者更好地领略古诗词的美韵。

※ 高乐华

中国海洋生态经济系统协调发展研究 / 高乐华著

北京:中国社会科学出版社,2018

该书通过海洋生态与经济社会发展之间能量、物质、信息、价值等交换关系,对海洋生态 - 经济 - 社会复合系统的独特性与变化性进行了全面解析,反映了当下中国海洋生态经济系统在理论研究和实践发展领域的新特征、新问题和新趋势。

中国文化产业经济前沿问题研究 / 高乐华著

北京:经济管理出版社,2017

该书从一般产业经济学理论角度探究了当前中国文化产业的新经济形态,在理论成果总结、统计模型梳理、市场营销案例列举的支撑下,探讨了中国文化产业的结构与布局、组织与竞争、政府态度与规制。

※ 郭丽

瞬间与永恒:点评中国现当代作家与作品 / 郭丽著

济南:山东文艺出版社,2003

该书主要对中国现当代作家及作品进行了评论,力求对兼顾了当代小说创作中传统与前卫意识、精英与世俗立场等评论对象的代表作文本解读的同时,扩展其风格及创作规律的探索。

中国当代文学读本.小说卷 / 郭丽主编

济南:齐鲁书社,2003

该书选取了一些能够代表当代中国文学面貌的小说作品,如《永远有多远》《一地鸡毛》《长恨歌》,并对这些作品的创作者进行了介绍。

※ 韩梅

明清山左即墨地区望族文化与诗歌研究 / 韩梅著

北京:中国社会科学出版社,2016

该书探讨了即墨地区望族兴起与诗歌创作繁荣的深层原因,以期揭示山左齐鲁文化与即墨区域文化对诗歌创作的影响,并丰富了明清时期山左望族文化与文学的个案研究。

※ 何卫青

我认识的野生动物 /（加）欧内斯特·汤普生·西顿著;何卫青译

南昌:二十一世纪出版社,2014

该书的主人公——狼、熊、野马、狐狸……都有自己的语言和感情,它们像人类一样聪明、勇敢,它们表现出的英雄气概令人肃然起敬。

小说儿童:1980~2000:中国小说的儿童视野 / 何卫青著

青岛:中国海洋大学出版社,2005

该书从故事、话语和意象三个"域",探讨了20年来中国小说中对儿童的人物形象的描写,作者认为对儿童不同的认知方式,基于小说家对人性的不同理解。

鱼歌 / 何卫青著

青岛:中国海洋大学出版社,2018

该书讲述了悬生和小鱼、明瞳和盲耳、花丫和鹏鸥、花爷和女水手,在迷宫似的悬鱼镇和古树岛,梦一般相遇、探寻,并分享彼此的人生故事。

※ 黄亚平

典籍符号与权力话语 / 黄亚平著

北京:中国社会科学出版社,2004

该书从符号学角度观照了中国典籍文化的发生发展历程,认为典籍不仅是工具,还具有自我指涉功能,即典籍是一种独立自主的意义系统。典籍作为一种权力话语,反过来可对文化和历史施加重大影响。

古籍注释学基础 / 黄亚平著

兰州:甘肃教育出版社,1995

该书作者对我国遗存的大量古籍进行了注释著述,在囊括总纲和条分缕析之后,根据内容和特点,将其概括为五种类型,在每种类型之下,选出前人古籍注释的范例进行了介绍、讲析和论述,进而阐明了每种类型的特点、体式和作用。

广义文字学研究自选集 / 黄亚平著

北京:中国社会科学出版社,2016

该书收录20篇文章,介绍了广义文字学理论研究、前文字研究、文字与文明研究。

广义文字研究 / 黄亚平,白瑞斯,王霄冰主编

济南:齐鲁书社,2009

该书收录了23篇国内外文字学研究论文,从研究方法的探讨,文字起源,语言与文学关系,文字功能地位,文字、图像与仪式,书写材料和技术等方面讨论了文字问题。

汉字符号学 / 黄亚平,孟华著

上海:上海古籍出版社,2001

该书分为上编和下编。上编为史前汉字符号研究,下编为汉字符号的共时研究。

宗教与文化记忆 / (德)扬·阿斯曼著;黄亚平译

北京:商务印书馆,2019

该书包含扬·阿斯曼不同时期的思想精华。扬·阿斯曼提出了著名的"能被记忆的存在就是文本"的理论,认为文本总是包含着过去,记忆在过去与现在之间架起了桥梁。

※ 蒋秋飚

梦想之舟 / 蒋秋飚主编

青岛:中国海洋大学出版社,2015

该书集结了国内教育界、文学界、科学界的诸位院士及学者,就科学与人文的关系展开了讨论;收录了《中国飞得更远》《树立生命的信念》等文章。

※ 李萌羽

多维视野中的沈从文和福克纳小说 / 李萌羽著

济南:齐鲁书社,2009

该书从本土文化、后现代性、原型批评等多维理论视角,结合个案分析,对沈从文与福克纳的小说特征、文化内涵与价值的比较进行了分析,对两位作家作品的趋同性和差异性进行了系统的分析、阐释,以期在中美文学差异性与共同性的坐标系中揭示二者的异中之同与同中之异。

跨文化沟通与中西文学对话 / 李萌羽著
北京：中国社会科学出版社，2017

　　该书对中外文化、文学进行了观照省思和审美评析，主要包括跨文化认同与中外文学综合研究、中西文学关系研究及跨文化沟通与对话三编内容。

跨文化交际教程 / 李萌羽，（美）Michael H. Prosser 编著
北京：高等教育出版社，2012

　　该书既系统地介绍了跨文化交流学科的核心内容，又充分展现了各国丰富多彩的文化和交流模式，同时凸显了中国文化特色。

跨文化交流 / 李萌羽著
青岛：中国海洋大学出版社，2011

　　该书介绍了中国传统文化"和谐"理念对跨文化交流学科的借鉴意义、中西文化模式研究述评、语言和非言语交流等内容。

※李扬

大师的足迹：20世纪上半叶海大校园里的文学名家 / 李扬，郭丽主编
青岛：中国海洋大学出版社，2004

　　该书主要收录了有关中国海洋大学校史上的文学名家的研究文章，包括名家自己的回忆性文章，追录大师们的足迹，缅思昔日的岁月，重温校史的华章。

故事形态学研究新进展 / 李扬主编
北京：中国社会科学出版社，2019

　　该书汇集了十余年来故事形态学研究的20篇最新论文成果，反映了形态学理论在民间故事以及其他文学艺术和文化领域中的扩展应用。

人与兽：一部视觉的历史 / （法）加科·布德著；李扬…[等]译
济南：山东画报出版社，2001

　　该书试图用语言和图画来讲述人与动物之间的亲密和互相依赖的关系。同时，该书如实地展现了人与动物基本关系的另一面，即彼此之间根深蒂固的冲突。

消失的搭车客：美国都市传说及其意义 / （美）扬·哈罗德·布鲁范德著；李扬，王珏纯译
桂林：广西师范大学出版社，2006

　　该书融会了最著名、最搞笑、最离奇、最惊险的美国都市传说，并试图揭示这些当代民间叙事的诸多模式和可能包含的意义。该书译者对2006年版译本进行了重新订正，补充、润色了译文，并于2018年再版。

文学的方式 / 李扬编
青岛：中国海洋大学出版社，2004

　　该书收录了王蒙和客座教授、驻校作家近两年在海大各类学术讲座上以文学为主题的讲演，从多个角度谈论了当代文学。

西方民俗学译论集 / 李扬译著
青岛：中国海洋大学出版社，2003

　　该书收录的文章分为译、论两类，是作者对西方民俗理论学习、译介和运用的一些习作，包括走近民俗学、现当代中国民间故事的收集与类型特征、迈向新世纪的民间叙事研究等内容。

新编美国民俗学概论 / （美）扬·哈罗德·布鲁范德著；李扬译
上海：上海文艺出版社，2011

　　该书涵盖了美国民俗的诸种事象，吸收了美国民俗学界的最新研究成果，对民俗学理论进行了系统和深刻的把握和阐述。

中国民间故事形态研究 / 李扬著
北京：中国社会科学出版社，2015

　　该书对随机选取的50个中国民间故事功能图式进行了划分描述，进而从功能、人物、序列方面探析了中国民间故事的内在叙事形态结构，总结了中国民间故事形态结构的区域特征。

走近王蒙 / 李扬编
青岛：中国海洋大学出版社，2003

　　该书从多个角度全面刻画与研究了这位知

名作家,收录了其友人的评价、回忆文章及媒体报道等,力求全面展示作家的人生、思想与创作。

作家文学与民间文学 / 李扬编

青岛:中国海洋大学出版社,2004

该书介绍了学科视野中的民间文学、文学史中的文体演进、小说创作与民间文学等内容。

※ 刘怀荣

劳山集校注 / 刘怀荣,苑秀丽校注

北京:人民出版社,2015

该书对《劳山集》做了标点、校勘,对其中的难解字词、典章制度,尤其是一批近代文化名人做了详细的注释,并就黄公渚生平、交游、创作、学术成就与治学特点等做了初步探讨。

齐鲁传统文化 / 刘怀荣,魏学宝,孙中升主编

济南:山东人民出版社,2018

该书以齐鲁传统文化为出发点,从文化概貌、文化名人、文化标识、传统美德、兵家文化等方面探讨了齐鲁传统文化的内涵。

青岛文化研究.第三辑,"齐文化与崂山道教文化研究"专辑 / 刘怀荣主编

青岛:中国海洋大学出版社,2018

该书是以研究青岛地方文化为主要内容的学术著作,设有六个栏目,包括齐文化研究、齐文化与文学研究、齐地名人研究、齐地文化家族研究、崂山道教文化研究、海洋文化与文学研究。

中国海洋故事,民俗卷 / 刘怀荣主编

青岛:中国海洋大学出版社,2019

该书收录了15个有关海洋的故事,介绍了与海有关的风土人情和民俗习惯。

※ 刘佳

世界优秀影片赏析 / 刘佳,任晓菲,李成林主编

青岛:中国海洋大学出版社,2017

该书选取了中国、法国、美国等九个国家的20部优秀影片,对这些电影佳作的各个元素进行了分析和阐释,侧重培养学习者对中外优秀电影作品的赏析与情感的体验能力。

※ 刘润芳

德国浪漫派与中国原生浪漫主义:德中浪漫诗歌的美学探索 / 刘润芳,罗宜家著

北京:中国社会科学出版社,2009

该书首先综述了德国浪漫派的哲学、美学思想,介绍了德国早、中、晚期浪漫派各自的特点及其美学与思想上的共性。在深入探讨德国浪漫派诗人和诗歌后,该书进入对中国原生浪漫主义的探讨,认为中国词汇中虽有"浪漫"一词,但传统文论中没有与"浪漫主义"内涵相对应的概念与范畴。

※ 刘爽

遗产 / (美) D.W. 巴法著;刘爽,邹卫宁译

南京:译林出版社,2004

该书通过对职业政客富勒顿的调查和富勒顿谋杀案的审判,向读者展示了一幅美国官场现状图,揭示了美国司法和政治的内幕。

※ 刘中富

汉语秘密语研究 / 刘中富著

北京:中国文史出版社,2003

该书对秘密语进行了综合性的研究和考察,从理论上探求了其本质特征和运作规律,对秘密语的许多问题进行了细致入微的观察和分析。

秘密语 / 刘中富著

北京:新华出版社,1998

该书阐述了如何恰当使用秘密语语,对秘密语语汇的性质、范围、类型、特点、功能、社会文化意义以及发展演变等都进行了系统的论述。

文字词汇研究 / 刘中富著

北京:中国社会科学出版社,2017

该书内容涉及汉语词汇学、文字学、辞书学

和文献学等领域,讨论的基本是文字问题和词汇问题。

※ 罗贻荣

戴维·洛奇文论选集 / (英)戴维·洛奇著;罗贻荣编译

北京:中国社会科学出版社,2018

　　该书是国内第一部较为全面、系统译介戴维·洛奇文论的著作,收入了洛奇那些被学界广为引用的名篇,涵盖了40年间他的文学理论与批评各个发展时期的理论精华,并体现其演变的逻辑和整体性。

疯狂的地球 / (美)墨里·莱因斯特尔著;罗贻荣译

石家庄:河北少年儿童出版社,1998

　　该书收录了三部中篇科幻小说。《疯狂的地球》展示了空气中超量CO_2给地球和人类生存带来的灾难性后果。《月亮金属》讲述了人类掠夺月球资源的奇妙故事。《极地之外》通过龙虾人的兴衰,对人类日趋发展的工业、科技文明以及社会制度进行了反思。

换位 / (英)戴维·洛奇著;罗贻荣译

北京:作家出版社,1998

　　该书描写了美国和英国两个教授根据交流计划互换了职位,他们在经历了一系列的文化冲突后,渐渐融入当地的环境,卷入当地的学潮,于不知不觉中交换了家庭和汽车等。

简单的真相 / (美)戴维·鲍尔达奇著;罗贻荣译

南京:译林出版社,2000

　　该书通过两个主要人物的经历和体验,向人们揭示了让人震惊的真相:美国政府要人共谋迫害无辜者并不惜杀人灭口掩盖真相,大法官们高高在上玩弄权术置正义于脑后。

美好的工作 / (英)戴维·洛奇著;罗贻荣译

北京:作家出版社,1998

　　该书通过年轻女教师罗宾小姐和工厂厂长维克的关系,从学校生活辐射到社会,描写了大学与工业社会、女权主义与大男子主义、人文学者与企业家之间的种种矛盾。

世界伟大的艺术:世界上最伟大的绘画作品权威的研究与阐述 精评详注 / (英)罗伯特·卡明著;罗贻荣译

南宁:接力出版社,2002

　　该书忠实再现了45幅世界上最伟大的油画作品。精彩的解说和简单明了的点评,揭示了隐藏在伟大作品里的题旨和象征意义。

"天边"里外:中西文学与文化论集 / 罗贻荣著

北京:中国社会科学出版社,2020

　　该书以不同视角和方法对多种西方小说做了分析和阐释,介绍了作者对巴赫金对话理论的个人解读、对中西方教育教学理念和方法所做的探讨以及对跨文化的文学与文化传播理论与实践的思考。

小世界:学者罗曼司 / (英)戴维·洛奇著;罗贻荣译

重庆:重庆出版社,1992

　　该书描述了一批世界文坛的学者、教授,利用学术研究基金往返各国,表面是学术交流,实际是为追逐名利、旅游猎艳。

威洛比家的孩子们 / (美)劳里著;罗贻荣译

济南:明天出版社,2013

　　该书通过文学性极强的语言、生动可爱的人物形象、丰富的想象和美国式的幽默,营造了一个温暖、自由、创新、正义的儿童文学世界,反映了当代美国儿童的生活状况和成长心路。

"真实的谎言":施瓦辛格的传奇人生 / (美)劳伦斯·利默著;罗贻荣…[等]译

南京:译林出版社,2006

　　该书是一部关于施瓦辛格的传记,通过讲述这位可能改变美国政治面貌的奥地利移民的公众生活、私人生活及其性格上的多面性,展现了一个现代版的靠艰苦奋斗而功成名就的故事。

治疗 / （英）戴维·洛奇著；罗贻荣译

南京：译林出版社，2002

该书是一部供消遣的喜剧性小说，表现了中年危机和满足物质需求后的精神危机，是后工业社会和物质文明较为发达的社会普遍面临的问题。

走向对话：文学·自我·传播 / 罗贻荣著

北京：中国社会科学出版社，2006

该书分为上篇和下篇。上篇介绍和评论了巴赫金的对话理论；下篇讨论了对话理论在文学、文化心理学和传播学研究若干领域的应用。

※ 马春花

被缚与反抗：中国当代女性文学思潮论 / 马春花著

济南：齐鲁书社，2008

该书论述了中国当代文学的确存在一股女性文学思潮，依据女性文学思潮在流变过程中所显示的不同特征将其命名为"女权主义""女性主义""女人主义"。

叙事中国：文化研究视野中的王安忆小说 / 马春花著

青岛：中国海洋大学出版社，2007

该书阐释了王安忆的民族寓言，从多元视点立体切入，获得与文本本体的寓言性相对应的解释，以文化研究为立论的方法，从王安忆的身份构成、性别意识和空间政治等角度出发，获得认识并理解王安忆小说的别样可能。

※ 马树华

20世纪青岛日常生活史 / 马树华著

北京：商务印书馆，2019

该书以1898至1937年为限，自西向东选取了青岛中山路及其周边街市、汇泉湾一带，以及崂山三个典型的空间，探讨了不同文化空间的形成和变化，以及对社会形态、日常生活、文化风格

的建构作用。

中国海洋文化史长编·明清卷 / 曲金良主编；马树华，曲金良卷主编

青岛：中国海洋大学出版社，2012

该书论述了明清时期的中国海疆开发、海洋思想、海洋政策管理、造船与航海、海洋风俗等内容。

※ 孟华

汉字：汉语和华夏文明的内在形式 / 孟华著

北京：中国社会科学出版社，2004

该书提出了汉字符号学理论，旨在纠正"五四"以来中国学术的"去汉字化"倾向，并以语言与文字关系为轴心，考察汉字如何成为汉语和汉文化的基本条件和建构力量。

文化元素·国家·地方：以青岛文化为例 / 孟华，李玉尚著

长春：吉林大学出版社，2009

该书试图根据文化元素理论来揭示地方文化研究的重要性、基础性，以引起读者对地方文化与国家文化之间关系的思考。

文字论 / 孟华著

济南：山东教育出版社，2008

该书对文字学的一般问题进行了符号学的深入思考和批判，在此基础上提出了作者独到的文字学理论。

※ 闵锐武

蒲安臣使团研究 / 闵锐武著

北京：中国文史出版社，2002

蒲安臣使团是中国近代第一个走出国门、出访欧美的外交使团。该书研究了蒲安臣使团派遣的背景、在美国的成就、在欧洲的外交活动与收获、出访的历史作用和影响等内容。

中国海洋文化史长编.近代卷 / 曲金良主编;闵锐武卷主编
青岛:中国海洋大学出版社,2013

　　该书阐述了近代时期中国海洋文化发展史的精神文化、制度文化、经济文化、社会文化及其海外影响与中外文化海路传播等内容。

※ 牛月明

艺境论初探 / 牛月明著
泰国:《时代论坛》出版社,2003

　　该书先对中国文论创新的诸范畴和知识体系进行了横向整合,后对其进程和总体特征加以提玄钩要,从而提出建构当代艺境论的命题。

圆融之执:艺境符号化的选择与审视 / 牛月明著
北京:中国社会科学出版社,2003

　　该书对建构中国艺境论的知识体系、思维方法和元范畴进行了重新的思考和整合。作者从体现中国意境论较高成就的圆融式符号化选择出发,认为建构中国意境话语的基点是张多执而道圆融。

中国传统文论读解 / 牛月明著
青岛:青岛海洋大学出版社,2000

　　该书分为先秦时期、汉魏六朝时期、唐宋金元时期、明清时期,论述了中国传统文论的发展,介绍了诗文论体系的建构、诗文论的精进与转向、诗文论的集成和叙事学的初展等内容。

中国文论:创新与重建 / 牛月明,王小强著
长春:吉林文史出版社,2004

　　该书对中国文论创新的进程和总体特征加以提玄钩要,对中国文论的思维方式、元范畴乃至话语体系等进行了讨论,论证了以传统文论资源参与世界文论建设之可能,提出了重建中国文论的问题。

中国文论构建研究:因情立体、以象兴境 / 牛月明著
北京:中央编译出版社,2012

　　该书介绍了何谓"中国文论"、建构中国文论的思想根基(整体圆融)、中国文论的话语体系(因情立体、以象兴境)等内容。

中国文论话语体系试探 / 牛月明著
北京:中国书籍出版社,2017

　　该书介绍了何谓"中国文论"、中国文论构建的思想根基、话语体系、问题意识、知识领域等方面,对中国文论进行了研究。

中国文学批评史 / 牛月明…[等]编写
武汉:武汉大学出版社,2008

　　该书通过阐释先秦至近代各个时期文学批评的文化背景、理论发展、文体特征、代表作家作品等情况,探讨了中国整个文学批评的发生、发展及演变过程。

中日文论互动研究:以"象"根词的考察为中心 / 牛月明著
北京:中央编译出版社,2014

　　该书介绍了西学从东来与文论话语的转换、文论新变与"象"根词、学院文论建构中的新兴"象"根词、"象"的语义流变与知识构成等内容。

※ 欧阳霞

新闻采访与写作 / 欧阳霞主编
北京:清华大学出版社,2009

　　该书吸收了新闻学研究的最新成果,将学理阐述与案例分析相结合,用大量的案例分析和精选练习加强了学生新闻采写的实际操作能力,并将新闻职业道德和职业精神理念渗透其中。

新闻采访与写作.第2版 / 欧阳霞,张晨主编
北京:清华大学出版社,2014

　　该书对第1版进行了修订,结构上分为三大部分,既概论、新闻采访、新闻写作。内容上丰富和深化了原版未突出的重点知识,增加了媒体实

践发展的全新元素,几乎更新了全部案例。

新闻采访与写作.第3版 / 欧阳霞编著

北京:清华大学出版社,2019

该书在第2版的基础上增加了三章,删除了三章,重写了"新闻的定义"一章,进一步强调了新闻专业主义的重要性。

※ 曲金良

古港春秋 / 曲金良主编

青岛:中国海洋大学出版社,2017

该书讲述了我国沿海地区港口的兴衰起伏及港口的故事,展现了我国古代港口辉煌灿烂的成就以及与众多国家和人民源远流长的交往。

海陆丝绸之路的历史变迁与当代启示 / 万明,曲金良,修斌主编

北京:中国社会科学出版社,2020

该书是"海陆丝绸之路的历史变迁与当代启示:中国中外关系史学会第九届会员代表大会暨学术研讨会"的论文合集,收录30篇论文。

海洋历史地理论 / 曲金良…[等]主编

济南:山东教育出版社,2010

该书收录了25篇论文,所收录的论文均以海洋历史地理为研究对象,内容包括航路的开辟和跨海交往、海洋地缘战略、沿海地区的军事防御体系建设等。

海洋民俗 / 曲金良,纪丽真主编

青岛:中国海洋大学出版社,2012

该书介绍了海洋民俗的基础知识、经典案例和逸闻趣事等内容。

海洋文化百科知识 / 曲金良编著

长春:吉林人民出版社,2012

该书介绍了广袤的海洋地理、丰富的海洋资源、悠久的航海历史、多彩的海洋民俗、神圣的海洋权益、堪忧的海洋环境等内容。

海洋文化概论 / 曲金良主编

青岛:青岛海洋大学出版社,1999

该书旨在解决海洋文化学的基本理论框架、海洋文化的基本内容构成及其分类、海洋文化的应用及其发展前景、海洋文化学的基本研究方向等问题。

海洋文化小百科:学生必读 / 曲金良主编

长春:吉林人民出版社,2010

该书以词条的形式,介绍了海洋自然知识、海洋环境、海洋文化等方面的知识,是青少年了解海洋、地球家园的必读书籍。

海洋文化研究.2000年卷 / 曲金良主编

北京:海洋出版社,2000

该书收录了30多篇有关海洋文化研究的文章,旨在探讨海洋文化研究与解决现实应用问题。

海洋文化与社会 / 曲金良著

青岛:中国海洋大学出版社,2003

该书阐述了海洋文化的基本理论构架、海洋文明的起源与发展、海洋文化的社会调查与研究方法等内容。

黄海印象 / 曲金良,赵成国主编

青岛:中国海洋大学出版社,2014

该书分为初识黄海、大美黄海、霓彩黄海,介绍了黄海及沿岸的美丽风光,展示了黄海沿岸繁华的城市、繁忙的港口。

胶州湾历史文化资源 / 曲金良主编

青岛:中国海洋大学出版社,2020

该书通过大量实地田野调研和文献资料收集,广泛征引了相关政府部门、相关学者已有的出版成果,梳理了胶州湾历史文化资源的各个方面,揭示了胶州湾丰厚的历史文化底蕴。

蓝色青岛 / 曲金良著

青岛:青岛出版社,2012

该书从城市与文化的关联角度,展现了青岛海洋文化的发展及其特点,内容包括神奇浪漫的

海洋信仰、从先秦第一港到现代世界大港、中外海上交流与国际港口都会、中国海洋科技教育的中心等。

图说世界海洋文明 / 曲金良编著
长春：吉林人民出版社，2009

该书按照世界海洋文明的不同区域、不同类型进行选点扫描，介绍了其各自的区域特点、发展路径、相互关系、人物故事、影响结果、地域风情等内容。

中国海洋文化 . 山东卷 / 曲金良主编
北京：海洋出版社，2016

该书讲述了山东省各个方面的海洋文化特点；从民俗文化、海防文化、渔盐文化、航海文化、港口文化、海洋文学等方面，讲述了山东海洋文化的特色及从古至今的演变发展过程。

中国海洋文化：一个东方大国的海洋风情 / 曲金良，周秋麟主编
北京：海洋出版社，2006

该书介绍了中国海洋文化的地理环境、中国海洋文化遗产、中国的海港城市、中国的海洋管理与可持续发展等内容。

中国海洋文化发展报告 .2013 年卷 / 曲金良主编
北京：社会科学文献出版社，2014

该书集中反映了我国海洋文化观念、海洋文化历史、海洋文化产业、海洋文化教育、海洋文化规划管理等领域的基本面貌、存在问题、对策措施等。

中国海洋文化发展报告 .2014 年卷 / 曲金良主编
北京：社会科学文献出版社，2015

该书集中反映了我国在海洋强国、文化强国背景下，海洋文化意识、海洋文化观念、海洋文化事业、海洋文化规划管理等领域的基本面貌、存在问题、对策措施等。

中国海洋文化发展报告 .2015 年卷 / 曲金良主编
北京：社会科学文献出版社，2016

该书集中反映了在海洋强国、文化强国背景下，我国海洋文化学界、海洋相关各界、海洋文化规划管理等领域的基本面貌、存在问题、对策措施等的研究与发展状况。

中国海洋文化观的重建 / 曲金良著
北京：中国社会科学出版社，2009

该书阐述了中国当代社会海洋价值观的现状，分析了这些现状产生的历史背景，指出了中国社会海洋价值观创新与重建的必要性和必然性，论证了中国社会海洋价值观创新与重建的基本内涵与基本体系，并对中国社会海洋价值观重建的保障体系及对策措施进行了建设性思考。

中国海洋文化基础理论研究 / 曲金良…［等］著
北京：海洋出版社，2014

该书针对当今世界海洋发展形势和中国海洋强国战略对中国海洋文化发展繁荣的时代需求，构建了中国海洋文化的基础理论构架，系统地回答了中国海洋文化是什么、怎么样、为什么、应如何等基本问题。

中国海洋文化史长编 .典藏版 / 曲金良主编
青岛：中国海洋大学出版社，2017

该书阐述了中国海洋文化发展史的精神文化、经济文化、社会文化及其海外影响与中外文化海路传播等内容，既展示了中国海洋文化发展历史丰富多彩的面貌，又展示了中国学界不同学科、视角的已有相关研究积累。

中国海洋文化研究 . 第一卷 / 曲金良主编
北京：文化艺术出版社，1999

该卷收入的论文针对"东北亚海上交流的历史文化遗产"这一专题领域，以或宏观，或中观，或微观的视角研究了其中的重要问题。

中国海洋文化研究 . 第三卷 / 曲金良主编
北京：海洋出版社，2002

该卷收录了部分海洋文化相关国际学术研讨会上的论文，也收录了国内外一些著名学者最新的重要研究成果。

中国海洋文化研究 . 第4-5合卷 / 曲金良主编

北京：海洋出版社，2005

该书收录了《海洋文化研究的思维方法论探讨》《郑和之后明代航海业的发展与兴盛》等56篇论文。这些论文均为我国海洋文化界著名学者的研究著述。

中国海洋文化研究 . 第6卷，东北亚海上交流历史文化遗产研究论文集 / 曲金良主编

北京：海洋出版社，2008

该书收录了35篇论文。论文作者以充分的史料、严谨的论证，阐发了许多重要的学术思想和理论观点。

中国海洋文化遗产保护研究 / 曲金良著

福州：福建教育出版社，2019

该书阐述了中国海洋文化遗产及其传承保护之内涵、现状、问题与创新对策，是目前国内第一部此领域的研究专著。

中国民俗文化论 / 曲金良著

青岛：青岛海洋大学出版社，1995

该书不但关注中国民俗文化的过去和现在，而且预测把握中国民俗文化及其研究的未来，从而构成了对中国民俗文化宏观研究与微观考论有机统一的理论体系。

※孙兰

谢朓研究 / 孙兰著

济南：齐鲁书社，2014

该书对谢朓做了全方位的研究，包括其人其诗文全部作品，尤其对前人忽视或者存疑的问题进行了深度挖掘，拓展了论者普遍关注的山水诗研究。

※孙文婷

弗勒希小传 / （英）弗吉尼亚·伍尔夫著；孙文婷译

南昌：二十一世纪出版社，2014

该书作者以简洁幽默的笔法，借着给狗立传，从侧面描写了英国维多利亚时代著名女诗人伊丽莎白·巴雷特·布朗宁。同时，作者以狗的视角，反映了当时的阶级矛盾。

※王庆云

《红楼梦》与中国文学传统 / 王庆云著

北京：中国书籍出版社，2013

该书回顾了百年红学史上的五次高潮，对红学百年诸多尚未解开的谜团进行了探秘，评价了当代红学点评对红学传统承继与创新的意义，并以案例观察形式探讨了《红楼梦》的翻译及红学的外域传播问题。

经贸汉语 . 中级 / 梁镛，王庆云编著

北京：北京语言大学出版社，2006

该书紧密联系经济运作和企业管理的实际，内容基本涵盖了中国经济生活，特别是外商在华投资的主要领域。

现代汉语与对外汉语教学研究 / 王庆云，刘中富主编

青岛：中国海洋大学出版社，2011

该书介绍了第5版《现代汉语词典》成语注音的特点和存在的问题、现代汉语词汇特点初探、"的士"及其相关词语的读音规范问题等内容。

中国古代文学 . 诗歌卷 / 王庆云…[等] 编著

北京：华语教学出版社，2005

该书是针对中国高校外国留学生汉语言专业高年级"中国古代文学"课程编写的教材。该书按照中国古代诗歌的类型和对形式与内容的划分设置单元，每单元包括作品篇名、作者介绍、注释、译文和赏析。

中国古代文学 . 小说卷 / 王庆云编著；丁玫插图

北京：华语教学出版社，2003

该书是针对中国高校外国留学生汉语言专业高年级"中国古代文学"课程编写的教材。该书将史和文整合为一体，使学生在学习中既可见中国古代小说发展历史之基本概貌,又可鉴赏到作品文本。

中国古代文学与海外汉学史论 / 王庆云著
北京:中国社会科学出版社,2017

　　该书是作者从事中国古代文学、国际汉学、对外汉语教学研究几十年来在国内外学术期刊发表的论文的选集。全书包含四个部分、一个附篇,共收录了25篇论文。

※王小强

面向历史的心灵救赎:郭沫若历史剧研究 / 王小强著
北京:中国社会科学出版社,2014

　　该书从内部动力学视角对郭沫若的历史剧进行了研究,根据其史剧探索的不同阶段,试图从其内部世界的发展变化,找到其创作的动力学及价值学依据,以重新解析其史剧。

※温奉桥

20世纪中国文学新视野 / 温奉桥著
北京:中国社会科学出版社,2016

　　该书从整体论、作家论、作品论层面,对20世纪中国文学进行了新的观照,对20世纪中国文学内在规律、文学现象、审美特质等进行了探讨和阐释,重构了20世纪中国文学的新图景。

多维视野中的王蒙:第一届王蒙文学创作国际学术研讨会论文集 / 温奉桥编
青岛:中国海洋大学出版社,2004

　　该书是对王蒙先生50年的创作进行研究的论文集,涉及其文学思想研究,小说研究,与古典文学的关系研究等方面。

老庄的流韵:王蒙与道家文化 / 温奉桥主编
合肥:安徽教育出版社,2011

　　该书以王蒙的作品《老子的帮助》和《庄子的享受》为主线,从文学、哲学、社会学、美学等方面进行了全方位的深入解读。

理论与实践:《王蒙自传》研究 / 温奉桥主编
青岛:中国海洋大学出版社,2009

　　该书收录了《王蒙自传》学术研讨会的论文,对《王蒙自传》、王蒙文学创作以及中国当代文学等进行了探讨。

王蒙·革命·文学:王蒙文艺思想研究 / 温奉桥编
北京:人民文学出版社,2008

　　该书收集了多篇对王蒙文艺思想研究的文章,内容包括王蒙文艺思想研究、王蒙小说研究、王蒙文学批评研究、王蒙诗歌研究等。

王蒙文艺思想论稿 / 温奉桥著
济南:齐鲁书社,2012

　　该书结合王蒙在各时期的讲话及文学创作,深入剖析了王蒙文艺思想产生的时代背景及其时代特色,有助于读者了解王蒙的文学思想及思路历程。

王蒙研究.第一辑 / 严家炎,温奉桥主编
青岛:中国海洋大学出版社,2014

　　该书收录了本年度王蒙研究的代表性文章,包括《新疆的现代化焦虑与民族传统文化》《全球化与民族文化建设》等。

王蒙研究.第二辑 / 严家炎,温奉桥主编
青岛:中国海洋大学出版社,2015

　　该书分为"王蒙讲稿""综合研究""左右看王蒙"等板块,收录了《永远的文学》《和解的力量》等文章。

王蒙研究.第五辑 / 严家炎,温奉桥主编
青岛:中国海洋大学出版社,2019

　　该书将本年度王蒙研究的代表性文章集中出版,是国内专家学者对王蒙文学进行深入、多方位研究的结晶。

王蒙在海大 / 温奉桥编
青岛:中国海洋大学出版社,2005

　　该书是对王蒙在海大工作生活情况的一些访谈录介绍,以及对《红楼梦》等小说进行的一些评介等。

文学的记忆：王蒙《这边风景》评论专辑 / 温奉桥主编

广州：花城出版社，2014

该书荟萃了赵一凡、李敬泽、谢有顺等名家的文章，从不同角度对《这边风景》进行了解读。

文学的医心：毕淑敏作品研究及其他 / 温奉桥主编

青岛：中国海洋大学出版社，2011

该书收录了 24 篇关于毕淑敏作品研究的文章，以及 17 篇关于现当代文学研究的文章。

现代性视野中的 20 世纪中国文学 / 温奉桥，李萌羽著

青岛：中国海洋大学出版社，2007

该书是对现代性的一种解构，从现代性视野中的 20 世纪中国文学、现代性与中国现代文学、现代性与中国当代文学方面介绍了现代性视野中的中国文学。

现代性视野中的张恨水小说 / 温奉桥著

青岛：中国海洋大学出版社，2005

该书对张恨水的抗战小说进行了研究，提出了 20 世纪中国文学的多种现代性规范的命题，论证了现代通俗文学是不同于"五四"新文学，也不同于古典传统文学的另一种现代性范示。

现代性与 20 世纪中国文学 / 温奉桥编

青岛：中国海洋大学出版社，2004

该书所收入文章，大体从现代性与 20 世纪中国文学价值规范、现代性与 20 世纪中国文学思潮、现代性与 20 世纪中国作家研究等角度选编，共收录了 23 篇相关文章进行探讨。

一部小说与一个时代：《组织部来了个年轻人》 / 温奉桥，张波涛编

青岛：中国海洋大学出版社，2016

该书收录了诸多当代文学名家围绕这部作品所写的诸多文章，谈论了这部作品对个人创作道路及中国当代文学发展的影响，彰显了这部作品的文学史价值。

张恨水新论 / 温奉桥著

济南：齐鲁书社，2009

该书讲述了张恨水与中国文化现代化、张恨水与宗教文化、张恨水与市民文化、张恨水小说的文化策略与文本形态、张恨水与现代章回小说等内容。

中国当代文学演讲录：在中国海洋大学听讲座 / 温奉桥主编

济南：齐鲁书社，2011

中国当代演讲录共分文学卷和学术卷两卷。所收录文章是自 2002 年 4 月以来，国内外著名作家、诗人、学者在中国海洋大学的演讲。

※ 邢军

莱西店埠方言与切语研究 / 邢军主编

北京：北京大学出版社，2017

该书对"切字语"的来源、构成原理和实际使用情况做了分析和语料描写，对形成该"切字语"基础的店埠镇前张管寨方言进行了全面考察和系统研究。

※ 修斌

国际海洋政治专题研究 / 修斌…[等] 著

青岛：中国海洋大学出版社，2007

该书探讨了国际海洋政治有关的一些问题，介绍了海权理论与战略问题研究、海权问题与中美关系研究、日本海洋战略与中日海洋争端研究、大国南极政策研究、研究动态与书评等内容。

海大日本研究．第一辑 / 修斌主编

青岛：中国海洋大学出版社，2011

该书收录了五位著名学者在"中国的日本研究"论坛的演讲，还收录了词汇学、文学、历史学等方面的论文和文章。

海大日本研究．第二辑 / 修斌主编

青岛：中国海洋大学出版社，2012

该书集中了 2011 年中外大家、学者有关钓

鱼岛和中日关系发展等方面的演讲,以及国内外日本研究专家、学者有关日本文化、学术等方面的论文和日本学者经典之作的中文译文。

海大日本研究 . 第三辑 / 修斌主编
青岛:中国海洋大学出版社,2013

该书收录的论文涉及日本语言文学、历史文化、海洋民俗、中日海上文化交流、东亚共同体建设等方面,重点刊载了日本海洋问题和中日海洋关系的论稿。

海大日本研究 . 第四辑 / 修斌主编
青岛:中国海洋大学出版社,2014

该书分为演讲、海洋东亚、琉球研究、日本政治、语言文化等部分,收录了《日本历史的重要拐点对东亚国际秩序的影响》《东亚海域中国帆船的漂流笔谈记录》等文章。

海大日本研究 . 第五辑 / 修斌主编
青岛:中国海洋大学出版社,2016

该书刊载了日本研究和中日关系研究的学术论文,内容涉及海洋东亚、日本政治、语言文化等方面。另外,该辑继续译介了部分日本涉海法律政策的重要资料。

海上丝路 / 修斌主编
青岛:中国海洋大学出版社,2017

该书对"海上丝路"名称的由来,在历史上的有关事迹进行了详细的讲解,阐述了历史上东西方交流的相关人物事迹、海上丝路上的著名遗迹等,特别对海上丝路新时期的发展进行了展望。

全球化时代的中日经济文化比较 / (日)川西重忠著;修斌,胡燃译
北京:大众文艺出版社,2005

该书内容以中国经济为主,也有一部分是文化比较和思想评价;介绍了东亚共同体的展望、在欧盟的日资企业和中国企业、中日两国企业行为与企业家思维模式之异同等内容。

日本海洋战略研究 / 修斌著
北京:中国社会科学出版社,2016

该书考察了日本海洋战略的历史演变及其与日本国家战略的关系,梳理了近代以来日本海洋战略的基本内涵、理论基础及冷战后的"海洋国家论",对日本"新的海洋立国"战略的主要目标、实现途径等进行了论述,也论及日本在海洋法律和岛屿争端问题上的战略调整及动向,提出了加快建立中国海洋战略优势的若干意见。

※ 徐向昱

未完成的审美现代性:新时期文论审美问题研究 / 徐向昱著
北京:中国社会科学出版社,2015

该书将新时期文论审美问题的研究分为三个时期:一是"文革"后,初步揭示了审美现代性两极对峙的发展格局;二是20世纪80年代中期以后,重蹈了古典主义的覆辙;三是进入20世纪90年代后,漂亮的商业包装或意识形态的工具,成为审美理论的新选择。

※ 徐妍

2006年青春写作 / 徐妍主编
沈阳:春风文艺出版社,2007

该书收录了2006年"80后"的一些作品,分为突围之路、理性之思、记忆之井、青春之痛和趣味之城等部分。

曹文轩的文学世界 / 徐妍著
济南:明天出版社,2018

该书解读并分析了曹文轩的文学作品如何与为何继承、转换、改写了中国古典主义一脉文学传统,如何与为何成为"新时期"以来的"逆潮流"的文学写作,进而创造了独属于他的文学"水域"世界。

鲁迅论儿童文学 / 鲁迅著;徐妍辑笺
北京:海豚出版社,2013

该书收录了鲁迅对于儿童读书、性格方面教育的论述,从中例证了中国封建伦理对儿童成长的毒害性。

文学研究的恒与变：中国现当代文学采薇集 / 徐妍著

北京：中国社会科学出版社，2016

　　该书以鲁迅、中国现当代作家作品、中国青春文学和中国儿童文学研究方向为主要关注对象，讨论的多是 21 世纪以来"去文学性""解构文学本质论"的主流学术问题之外的非主流的文学问题与思想文化问题。

新时期以来鲁迅形象的重构 / 徐妍著

合肥：安徽教育出版社，2008

　　该书作者详细考察了鲁迅研究在新时期中国文化、政治领域的影响的来龙去脉，辨析了鲁迅研究者的研究文本的突破与局限，对诸多鲁迅研究者的研究成果进行了梳理与辨析。

※薛海燕

《红楼梦》：一个诗性的文本 / 薛海燕著

北京：中国社会科学出版社，2003

　　该书旨在考察《红楼梦》的创新与诗文创作传统之间的关系。

近代女性文学研究 / 薛海燕著

北京：中国社会科学出版社，2004

　　该书分为女性社会身份的近代变迁、近代女性诗、近代女性词、近代女性文、近代女性戏和近代女性小说等章节，对中国近代女性文学进行了研究。

近代视阈下的明清戏曲小说研究 / 薛海燕著

北京：中国社会科学出版社，2017

　　该书是作者在 1998 至 2014 年间创作的论文结集。所收论文主要以明清小说戏曲、近代文学、女性文学为研究对象，讨论了明清经典作品的常规阐释难题。

民初女性小说作家研究 / 薛海燕著

北京：中国社会科学出版社，2015

　　该书考证了民初小说界女作者群体的人数、籍贯、生平、作品数量等基础数据，对代表作家作

品给予了具体阐释和分析。

※薛永武

大学生潜能开发与情商育成 / 薛永武主编

济南：齐鲁书社，2001

　　该书探讨了大学生的潜能开发和情商育成，并把它纳入我国整体性人才开发中加以考察。

《乐记》精神研究 / 薛永武著

北京：中国书籍出版社，2020

　　该书作者运用阐释学的原理和方法，重新对《乐记》进行了价值定位，多角度阐释和挖掘了《乐记》的重要价值，揭示了《乐记》鲜活的生命精神、哲学的超越精神、深刻的艺术精神。

《乐记》与中国文论精神 / 薛永武，牛月明著

北京：社会科学文献出版社，2012

　　该书运用阐释学的研究方法对《乐记》进行了全方位研究，对《乐记》与中国文论精神进行了系统研究，深入探讨了《乐记》对中国文论发展史的多重影响。

《礼记·乐记》研究 / 薛永武著

北京：光明日报出版社，2010

　　该书运用阐释学的原理和方法，从中西比较的学术视野，对《乐记》进行了多维的创造性阐释，通过对《乐记》价值的重新定位，在视域融合中揭示了《乐记》的丰富内涵。

《论语》译评 / 薛永武著

北京：中国书籍出版社，2019

　　该书对《论语》进行译介的同时，对文本逐章进行了系统的现代阐释，对一些原文的阐释争议提出了新的观点。作者在评析中，从哲学、教育学、人才学等多个维度，在追求原意的基础上，做出现代的新阐释。

人才开发学 / 薛永武著

北京：中国社会科学出版社，2008

　　该书分别从大学习观、大人才观、能力结构、人际沟通、管理艺术、制度创新、社会评价、人才

流动、人才战略等角度出发,对人才开发进行了整体性研究。

人才与审美 / 薛永武著
北京:中国科学技术出版社,2008

该书作者提出了"人才美学"的构想,切入人才与审美的互动关系,研究人才美的本质和特征、人才美的价值、人才美与审美文化的关系、人才开发与崇高理想的关系以及人才美与人生优化的关系。

审美与人才开发 / 薛永武著
北京:党建读物出版社,2016

该书通过对人才美学理论的探索,一方面为人才开发提供了审美的视角和方法;另一方面为美学研究提供了人才美的全新视角,大力倡导人才美,把人才美视为最高的文化美和社会美。

文化产业人才资源开发 / 薛永武主编
北京:北京大学出版社,2016

该书借鉴国内外文化产业人才开发的理论和实践,对我国文化产业人才内涵、分类与文化产业人才开发的方法进行了分析研究,并对各类文化产业人才开发的具体内容和方法进行了多角度的研究。

西方美学论稿 / 薛永武著
济南:山东文艺出版社,2000

该书作者在对西方美学做历时性分析的基础上,切入中西比较的角度,运用文化学、哲学、宗教、科学美学、人才学等多种角度,对西方美学进行了整合研究,提出了新的观点。

先秦两汉儒家美学与古希腊罗马美学比较研究 / 薛永武,王敏主编
长春:吉林文史出版社,2007

该书从比较美学的视域出发,对先秦两汉儒家美学和古希腊罗马美学进行了比较研究,在比较中揭示出双方的共同性和差异性,以此寻找当代美学生成的传统美学因子。

中国文化概论 / 金元浦主编;薛永武…[等]副主编
北京:中国人民大学出版社,2007

该书介绍了中国文化的起源、发展、变革与转型,分析了中国文化的基本精神及其特征,着重对儒、道、法、等传统文化思想进行了考察,并对古代文学、古代艺术和当代大学生审美教育以及传统文化在近代的变革、20 世纪 90 年代以来大众审美文化等内容做了阐述。

中国文化经典流变:《礼记·乐记》的接受史研究 / 薛永武著
北京:社会科学文献出版社,2012

该书分为上编和下编。上编从宏观的视野对《礼记》进行了提纲挈领的阐释,对《礼记》的形成及其基本内容等进行了动态的审视;下编主要包括先秦音乐理论与《乐记》的思想渊源研究等内容。

中西文论与美学研究 / 薛永武著
北京:中国社会科学出版社,2016

该书研究了先秦音乐理论对《乐记》的影响,研究了苏格拉底、狄德罗、康德和黑格尔等人的文艺思想,深入研究了审美价值与主体性等重要的美学基本理论,对人才美学、审美经济和海洋美学等进行了新的探索。

※俞凡

新记《大公报》再研究 / 俞凡著
北京:中国社会科学出版社,2016

该书结合《大公报》不同时期的主要社评及新闻,对该报的历史进行了再考察,揭示了《大公报》与南京国民政府,由相互试探到密切合流再到产生分歧终决裂的历程过程,对这份民营报做出了新的评价,同时为如何评价近代史上的民营报与政府的关系这一重要问题提出了新的思路。

※张立波

基于大数据的文化企业商业模式创新 / 张立波著

北京:北京大学出版社,2017

该书介绍了大数据背景下的文化企业商业模式、文化企业商业模式创新的路径选择、文化企业商业模式创新的基本方法、基于大数据的文化产业项目运营案例等内容。

文化产业商业模式 / 陈少峰,张立波著

北京:北京大学出版社,2011

该书分析了文化市场的特性和产品特性、顾客导向及其双重顾客的特点、文化品牌的塑造方法,以及企业家在经营管理中如何选择和改进商业模式等内容。

文化产业项目策划与管理 / 张立波编著

北京:北京大学出版社,2013

该书讨论了文化产业项目策划的基本要素、主要流程以及实践方法,同时对文化产业项目的可行性研究与评估、文化产品的开发及策划、文化产业园区策划等项目策划实务进行了详细的探讨。

新中道的企业管理哲学 / 张立波,陈少峰著

北京:北京大学出版社,2012

该书主要以"新中道"来探讨企业管理中的一些核心问题,即针对企业管理实践存在的现实问题,进行了结构性分析,提出了改进或完善解决问题的思路和方法。

中国文化企业报告 .2012 / 陈少峰,张立波主编

北京:华文出版社,2012

该书致力于对我国文化企业的基本概况、发展环境以及国家相关产业政策等进行分析,特别是通过分析文化产业发展趋势和竞争实力,透视中国国内文化企业的运营状况、内在规律及发展前景。

中国文化企业报告 .2015 / 陈少峰,张立波,王建平主编

北京:清华大学出版社,2015

该书对 2014 至 2015 年各行业文化企业发展状况、存在问题、趋势前景等进行了分析,对相关案例进行了剖析,突出了产业发展趋势研究和企业经营管理问题的对策性研究,以期能为国内文化企业及相关投资机构了解中国文化产业发展动态、进行战略决策提供有价值的指导或参考。

中国文化企业报告 .2016 / 陈少峰,张立波,王建平主编

北京:清华大学出版社,2016

该书加强了内容文化企业与平台文化企业、自媒体文化企业发展、文化企业创业与创客、文化企业创意人才扶持等方面的专题研究,从产业实践的视角来关注和探讨文化企业的发展路径。

中国文化企业报告 .2017 / 陈少峰,张立波,王建平主编

北京:清华大学出版社,2017

该书结合产业格局和企业经营面临的新变化,对内容框架进行了适当调整和完善,从产业实践的视角探讨了文化企业的具体发展路径,由此形成更具问题导向且更为充分地反映文化企业发展实际的研究维度。

中国文化企业品牌案例 / 陈少峰,张立波,王建平主编

北京:清华大学出版社,2015

该书以国内文化企业为关注对象,以文化企业的核心竞争力与商业模式为研究中心,选取了国内文化产业各行业具有代表性、活跃性和启发性的企业案例,深入分析了相关文化企业管理的成功要素和基本经验,揭示了互联网文化产业时代各类文化企业的经营之道。

※ 张胜冰

从远古文明中走来：西南氐羌民族审美观念 / 张胜冰著

北京：中华书局，2007

　　该书深入探寻了西南氐羌民族审美观念所具有的独特文化内涵，以及审美形态上表现出的怪异、狞厉、拙稚、神秘等原始文化特征。

民族文化学 / 张胜冰…[等] 著

北京：中国社会科学出版社，1998

　　该书阐述了我国西南地区民族经济文化的历史和现状，介绍了生态论、形态论、发展论、功能论、方法论等内容。

民族艺术与美学观念的文化阐释 / 张胜冰著

北京：中国社会科学出版社，2016

　　该书论述和考释了中国传统文化与美学中的生态伦理观念、中国少数民族艺术和审美所体现的艺术人类学和文学社会学价值、大众艺术的当代发展演变等，研究了与区域文化有关的民族文化与跨境文化等重要问题。

民族艺术与文化产业 / 张胜冰，屈小青，邹龙著

青岛：中国海洋大学出版社，2009

　　该书主要论述了民族艺术与文化产业的关系，包括民族艺术的产业内涵与形式、途径与方式，民族艺术变为文化产业的关键因素，民族艺术的价值链与产业链的关系等重要理论和实践问题。

世界文化产业导论 / 张胜冰，徐向昱，马树华著

北京：北京大学出版社，2014

　　该书论述了全球化背景下世界文化产业发展的现状和产业模式，对世界各国一些热点文化产业现象和理论问题进行了深入解析和透视。

世界文化产业概要 / 张胜冰，徐向昱，马树华著

昆明：云南大学出版社，2006

　　该书对西方主要发达国家和亚洲的日、韩等国家的文化产业发展状况做了详细的介绍，同时对其他国家和地区的文化产业做了简略介绍。

诗性与理性 / 张胜冰著

昆明：云南教育出版社，1998

　　该书站在人类文化发展的总体高度，探讨了中西文学批评理论的本体精神。作者认为中国文学批评理论是一种诗性的本体，西方文学批评理论则是一种理性的本体。

实用美学 / 曹鹏志，张胜冰著

昆明：云南大学出版社，1993

　　该书是探讨和阐述实用美学这门新兴应用学科的理论著作，主要探讨了美学如何在现实中加以应用的问题，在论述上侧重对基本知识和理论的介绍。

文化产业经营管理案例 / 张胜冰…[等] 著

青岛：中国海洋大学出版社，2007

　　该书通过案例分析的形式对文化产业经营管理进行了阐述，介绍了麦乐迪模式与娱乐文化走势、欧洲迪斯尼乐园经营成败分析、欧洲文化遗产的保护与开发利用等内容。

文化产业与城市发展 / 张胜冰著

北京：北京大学出版社，2012

　　该书深入分析了全球化背景下文化产业对城市的作用及中国的发展模式，涉及文化产业与城市发展的关系、城市文化资源的开发利用、文化产业人才集聚与城市环境要素等理论和现实问题。

文化资源与文化产业 / 张胜冰著

长沙：湖南文艺出版社，2008

　　该书论述了有关文化资源与文化产业的一些重要问题，在论述过程中深入阐述了文化资源的一般问题，辅以必要的案例，进一步讨论了所要论述的问题。

走进民族神秘的世界：中国西南少数民族艺术哲学探究 / 张胜冰，肖青著

北京：民族出版社，2004

　　该书探讨和梳理了少数民族艺术哲学的文化内涵，涉及西南少数民族的神话、原始歌谣、图腾艺术、当代审美文化等众多领域中的艺术哲学

了研究和评述,并提出了适应我国文化产业发展
的对策和建议。

命题,展现了西南少数民族艺术哲学的丰富多彩
和多元形态。

※张伟

现代诗学 / 张伟著
长春:时代文艺出版社,2005

　　该书对中国现代诗学的一些重要理论范畴、诗的本质特征论、诗的创作法则论、诗的审美形态论、诗的主客体论、诗的审美价值标准论等方面进行了梳理和探析。

中国海洋文化学术研讨会论文集 / 张伟主编
北京:海洋出版社,2013

　　该书内容不仅涉及新世纪中国海洋文化的研究方法、海洋意识的重构及区域海洋社会经济变迁等,还涉及海洋资源的开发利用、海洋艺术与海洋文学的研究等方面;同时,就如何加强我国海洋文化研究进行了探讨,提出了诸多值得思考的新问题。

转型的逻辑:传媒企业研究 / 张伟著
青岛:中国海洋大学出版社,2007

　　该书论述了传媒经济活动独特的商业模式和制度模式,揭示了传媒经济的基本规律,并以此为基点,通过专题与个案,展开对中国特色传媒理论与实践的研究。

※赵成国

勇者乐海 / 赵成国主编
青岛:中国海洋大学出版社,2017

　　该书从早期海洋意识的觉醒、国内外的文化交流、海外贸易、谋海兴邦、捍卫海疆等方面谱写了不畏艰险、勇于探索、开拓海洋的精神。

中国文化产业研究.第三辑 / 赵成国主编
北京:中国社会科学出版社,2016

　　该书运用现代经济、法律、历史学等多学科的理论和研究方法,针对文化传承与经济价值等关系问题、文化市场主体与市场培育等问题进行

※周继圣

新编 HSK 模拟试题精解 / 周继圣,周红编著
桂林:广西师范大学出版社,2004

　　该书针对中国汉语水平考试,从词汇、语法的训练出发,编写了针对性的模拟试题并进行了解析。

※朱纪达

品牌传播学 / 余明阳,朱纪达,肖俊崧著
上海:上海交通大学出版社,2005

　　该书综合了国际国内品牌传播研究成果,在此基础上进行了创新。全书从概念界定、理论框架、市场周期、本土化与标准化、效果与价值评估等方面进行了探讨。

※朱自强

儿童文学:学科与建构:朱自强学术自选集 / 朱自强著
北京:中国社会科学出版社,2016

　　该书在整体结构上显示出作者的儿童文学学科理念:儿童文学是一个学科,拥有自己富于特色的理论、文学史和文学批评,具有跨学科性和实践应用性。

儿童文学的思想 / 朱自强著
南昌:二十一世纪出版社集团,2015

　　该书分为儿童文学的"思想革命"、作家与作品的思想探寻、学术批判与论辩三个部分,所收录的学术成果大多具有论辩性、批判性和建设性。

儿童文学的"思想革命" / 朱自强著
青岛:青岛出版社,2017

　　该书分为儿童文学的"思想革命"、作家与

作品的思想探寻、思想论辩与学术批判以及附录部分，收录了《论中国当代儿童文学的儿童观》《"解放儿童的文学"：新世纪的儿童文学观》等文章。

儿童文学的艺术 / 朱自强著
南昌：二十一世纪出版社集团，2015

该书分为儿童文学理论与思潮、当代儿童文学作家作品论、儿童文学与周边、图画书论评四辑，侧重对儿童文学艺术的探讨与研究。

儿童文学概论 / 朱自强著
北京：高等教育出版社，2009

该书分为上编和下编。上编为儿童文学原理，包括儿童文学本质论、发生原理论、作家论与研究方法论等内容；下编为儿童文学文体论，在提出儿童文学新的分类方法的基础上，分门别类地加以论述。

儿童文学论 / 朱自强著
青岛：中国海洋大学出版社，2005

该书主要介绍了儿童文学理论、儿童文学比较研究、儿童文学与语文教育、儿童教育哲学等内容，对儿童文学进行了研究。

儿童文学新视野 / 朱自强编
青岛：中国海洋大学出版社，2004

该书为汇编儿童文学理论文章的文集，以近年来最新研究成果为主，介绍了儿童文学理论研究方法论、中国文化和中国儿童文学的发展、儿童文学与网络文化等内容。

儿童也有文学 / 朱自强…[等]著
吉隆坡：嘉阳出版有限公司，2010

该书分为上编和下编。上编为"敲开儿童文学之窗"，主要介绍了儿童文学基本理论；下编为"一辈子的书"，介绍并推荐了世界儿童文学经典作品，包括十本绘本的评介及数项国际儿童文学大奖的介绍。

海洋文学 / 朱自强主编
青岛：中国海洋大学出版社，2012

该书介绍了古代海洋神话传说、诗词歌赋中的沧浪之音、古代戏曲小说中的海洋文学明珠等内容。

经典这样告诉我们 / 朱自强著
济南：明天出版社，2010

该书系统阐述了儿童文学的本质问题。作者扫描了世界范围内的儿童文学名著，综合运用了儿童哲学、心理学、美学、民间文学等多种学科的理论，以实证的方法对儿童文学的本质问题做了开拓性研究。

论小学语文教育与儿童教育 / 朱自强著
南昌：二十一世纪出版社集团，2015

该书收录了29篇作者关于小学语文教育和儿童教育方面的论文。

亲近图画书 / 朱自强著
济南：明天出版社，2011

该书从理论和阅读实践相结合的角度，对图画书的本质、图画书的艺术特征、图画书的类型和图画书阅读对孩子精神成长的重要性及图画书的发展动态进行了讲解。

日本儿童文学导论 / 朱自强著
长沙：湖南少年儿童出版社，2015

该书是日本儿童文学专论，从日本儿童文学的源流到史论，再到相关作品论，对日本儿童文学进行了论述。

日本儿童文学论 / 朱自强著
济南：山东文艺出版社，2007

该书介绍了日本儿童文学综论，大正儿童文学史论，昭和儿童文学作家作品论，中日儿童文学比较研究等内容。

"三十"自述儿童文学的本质 / 朱自强著
南昌：二十一世纪出版社集团，2015

该书分为学术成长的历程和现实性实践者的学术反思，介绍了对中国儿童文学传统的批判与被批判、对"新潮"儿童文学的批判与被批判、"童年生态"研究等内容。

童书的视界:文学·文化·教育 / 朱自强著
南宁:接力出版社,2010

该书收录了评论、时评、书评、图画书导读、序文等应用性文章。

外国儿童诗精选 / 朱自强编选
济南:山东文艺出版社,2008

该书是外国经典童诗的选本,收入该书的童诗集中地反映出童诗独特的艺术魅力。

外国现当代童话精选 / 朱自强编选
济南:山东文艺出版社,2008

该书精选了世界各国著名童话,在领略异国他乡童话世界风采的同时,了解了国外的文化传统和风俗习惯。

现场的学术:讲演与对谈 / 朱自强著
南昌:二十一世纪出版社集团,2015

该书分为四辑,收录的均为讲演、对谈文章。第一辑为小学语文教育讲演录;第二辑为儿童教育;第三辑为儿童文学访谈;第四辑为著作中作者言论的摘录。

现代儿童文学文论解说 / 朱自强著
北京:海豚出版社,2014

该书收录了民国时期著名教育家、学者关于儿童文学理论的论文。

小学语文儿童文学教学法 / 朱自强著
南昌:二十一世纪出版社集团,2015

该书分为上编和下编。上编为儿童文学阅读教学理论;下编为儿童文学阅读教学法。该书介绍了小学语文教育"三观"、儿童文学的语文教育价值、儿童文学阅读教学原则等内容。

小学语文教材七人谈 / 朱自强…[等]著
长春:长春出版社,2010

该书由七位不同学术背景的专家,从七个话题切入,探讨了小学语文教材存在的问题。

中国儿童文学的走向:中国原创儿童文学的现状和发展趋势研讨会论文集 / 朱自强主编
上海:少年儿童出版社,2006

该书收录 38 篇论文,主题涉及中国原创儿童文学综论、理论探索、作家作品论、原创儿童文学与出版产业。

中国儿童文学史论 / 朱自强著
南昌:二十一世纪出版社集团,2015

该书介绍了中国现代儿童文学史论、中国现代儿童文学文论解说、中国幻想小说发生论、黄金时代的中国儿童文学等内容。

中国儿童文学与现代化进程 / 朱自强著
杭州:浙江少年儿童出版社,2000

该书阐述了中国儿童文学与社会现代化进程的互动关系以及中国儿童文学自身的现代化发展,分析了周作人、鲁迅在中国儿童文学的现代化形成中的作用及彼此的影响,并提出了中国儿童文学现代化价值的五个坐标。

中国儿童阅读 6 人谈 / 朱自强…[等] 著
天津:新蕾出版社,2008

该书中六位专家就中国儿童阅读的现状及发展中存在的问题进行了讨论,话题涉及童年阅读、儿童文学等在儿童经典图书中需要探讨和解决的十个问题。

中国幻想小说论 / 朱自强,何卫青著
上海:少年儿童出版社,2006

该书介绍了想象的源头——中国的幻想传统、想象的觉醒——中国幻想小说的发生、想象的国度——中国幻想小说的形象世界等内容。

中国文化产业 . 第一辑 / 朱自强主编
青岛:中国海洋大学出版社,2008

该书围绕文化产业诸多领域展开了较深入的研究,提出了一些富有启发性、建设性的看法,旨在提高人们对文化产业的认识。

中国文化产业.第二辑 / 朱自强主编

青岛：中国海洋大学出版社，2010

　　该书分为理论研究、行业分析、区域视野、域外观察，收录了《中国文化产业政策演变的过程》《亚洲国家文化产业集群发展模式比较研究》等文章。

中国现当代童话精选 / 朱自强编选

济南：山东文艺出版社，2008

　　该书精选了数十篇中国现当代不同时期、不同风格的童话，增加了导读部分，对培养中小学生的人文精神、审美趣味和阅读兴趣有着重要作用。

中美儿童文学的儿童观：首届中美儿童文学高端论坛论文集 / 朱自强，罗贻荣主编

北京：中国社会科学出版社，2015

　　该论文集中的 20 位作者为中国、美国儿童文学界的知名学者或作家，他们对中国、美国儿童文学中的儿童观问题进行了探讨。

朱自强小学语文教育与儿童教育讲演录 / 朱自强著

长春：长春出版社，2009

　　该书以儿童文学为切入点，研究了小学语文教育和儿童教育。该书汇集了作者的演讲文章。

朱自强学术文集 2 1908-2012 中国儿童文学与现代化进程 / 朱自强著

南昌：二十一世纪出版社，2015

　　该书阐述了中国儿童文学与社会现代化进程的互动关系及中国儿童文学自身的现代化发展。

法学院

※白佳玉

船舶北极航行法律问题研究 / 白佳玉著

北京：人民出版社，2016

 该书阐释了船舶北极航行的应对之策，还从北极航道使用国的角度，探究了如何通过与北极航道沿岸国及其他利益攸关国的合作，来寻求北极航道的可持续开发利用。

船舶压载水法律规制研究 / 白佳玉著

北京：中国法制出版社，2010

 该书从独特的海洋环境生态保护的视角，对压载水携带外来物种入侵问题、压载水造成的生态损害、海洋生态保护法制建设等进行了深入的研究。

海洋外来物种入侵防治的法律规制研究 / 白佳玉著

北京：中国政法大学出版社，2017

 该书是我国第一部关于海洋外来物种入侵防治法律制度的系统论著，从分析我国海洋外来物种入侵问题的现状入手，论述了相关的国际、国内法律制度框架。该书介绍了美国、加拿大、澳大利亚、英国、日本、韩国等代表性海洋国家的相关法律制度，提出了我国海洋外来物种入侵防治战略、政策和法律制度的设计。

※管松

争议海域内航行权与海洋环境管辖权冲突之协调机制研究 / 管松著

厦门：厦门大学出版社，2017

 该书将海洋冲突协调机制归纳为基于法律拟制区域的协调机制和基于生态系统的协调机制两类，通过对两类协调机制的研究和比较，并针对争议海域内航行权与海洋环境管辖权冲突的特殊性，提出应基于生态系统的协调机制满足尚未完成划界的争议海域的特殊需求。

※贺鉴

海洋发展：现实与构想 / 贺鉴主编

北京：人民出版社，2016

 该书探讨了我国的海洋战略，认为将其设定为"全面推进海洋事业"更加符合国家利益，指出全面推进海洋事业战略是开放的战略，是和平发展的战略，是引导全民族走向海洋的战略。

※胡家强

法律适用的理论与实践 / 胡家强主编

青岛：中国海洋大学出版社，2011

 该书收录了中国海洋大学法律硕士研究生的论文，反映出他们对法学理论的探索性思考和对法律实践的经验总结，部分论文论点具有一定的建设性。

民法学 / 胡家强，苑敏主编

北京：科学出版社，2008

 该书内容涉及民法学的基本原理和基本民事法律制度，以阐述我国民法学研究中的成熟理论为主，同时注重吸收、借鉴国外民法学研究的最新成果。

民法学. 第 3 版 / 胡家强, 苑敏主编
北京: 科学出版社, 2019

　　该书以阐述我国民法学研究中的成熟理论为主, 同时注重吸收、借鉴国外民法学研究的最新成果。在结构上, 该书以制定中的我国民法典的体系结构为基础, 力求体例完整; 在内容上, 系统地阐述了民法学的基本概念、基础理论和基本制度, 同时注重分析民事法律规范背后的价值取向。

※ 胡增祥

海洋法理论与实践 / 薛桂芳, 胡增祥编著
北京: 海洋出版社, 2009

　　该书系统地阐述了海洋法的基本理论和基础知识, 在论述海洋法基本理论的同时, 尽可能地提供了一些实例和国家的实践。

※ 李华

环境责任保险制度研究 / 李华著
青岛: 中国海洋大学出版社, 2011

　　该书综合运用实证分析、个案剖析、过程研究、综合系统等方式, 对环境责任保险制度在我国构建的必要性、可行性问题进行了理论论证, 就环境责任保险制度的具体构建提出了创新性观点。

我国环境刑事诉讼程序规则研究 / 李华著
北京: 中国政法大学出版社, 2017

　　该书将传统刑事诉讼的立案阶段、侦查阶段和起诉阶段作为重点进行了研究, 以环境犯罪的特殊性为依据, 展开对环境刑事诉讼程序理论底蕴与规则构建的研究, 并给出了合理建议。

※ 李湛

海洋权益 / 李湛, 王晓菡编著
北京: 中国少年儿童出版社, 2002

　　该书根据青少年摄取知识的特点, 采用问答的形式, 图文并茂地回答了 400 道有关海洋权益的知识题目。该书于 2007 年再版。

海洋权益 / 李湛, 王晓菡编著
广州: 中山大学出版社, 2012

　　该书对 2007 年版进行了修订, 在保持原有知识体系和编写风格的情况下更新了知识内容。

※ 刘惠荣

北极地区发展报告 .2014 / 刘惠荣主编
北京: 社会科学文献出版社, 2015

　　该书按国别总结和分析了北极域内国家及域外活动大国的北极战略与政策, 对北极治理中的焦点问题进行了专题研究, 并对北极近两年来的重大事件进行了梳理。

北极地区发展报告 .2015 / 刘惠荣主编
北京: 社会科学文献出版社, 2016

　　该书分为三部分。第一部分是总论, 以主要国家的北极战略与政策发展为主要内容; 第二部分论述了北极航道法律政策的发展及其对中国的意义; 第三部分以北极治理中的新议题为主要内容。

北极地区发展报告 .2016 / 刘惠荣主编
北京: 社会科学文献出版社, 2017

　　该书介绍了北极区域治理、北极法律政策与发展动态、北极焦点问题研究、中国在北极的利益和实质性存在以及北极新兴议题研究等内容。

北极地区发展报告 .2017 / 刘惠荣主编
北京: 社会科学文献出版社, 2018

　　该书对中、日、韩北极事务合作, 中国北极科技外交, 英国的北极政策、美国的北极政策和意大利的北极战略进行了深入分析。

北极地区发展报告 .2018 / 刘惠荣主编
北京: 社会科学文献出版社, 2019

　　该书对"冰上丝绸之路"背景下的中、蒙、俄经济走廊建设, 中、日、韩北极事务合作, 中国北极

科技外交,以及英国的北极政策、特朗普政府的北极政策和意大利的北极战略进行了深入分析。

北极地区发展报告.2019/ 刘惠荣主编

北京:社会科学文献出版社,2020

该书收录了15篇报告。作者在总报告中对北极国家在北极地区的动态进行了最新的跟踪和评估,在其他各篇,对北极地区重要问题的发展及北极地区新议题的治理进行了研究。

北极生态保护法律问题研究 / 刘惠荣,杨凡著

北京:知识产权出版社,2010

该书提出了未来北极区域性生态法可以考虑扩展北极环境战略的生态保护内容,增强其执行力,赋予北极理事会执行的权力,从而促进和加强北极生态系统的保护。

多头政体:参与和反对 /(美)罗伯特·达尔著;谭君久,刘惠荣译

北京:商务印书馆,2003

该书是美国政治学家罗伯特·达尔的代表作。达尔通过对100多个国家和地区的分析,指出多头政体是通往民主制度的唯一道路,进而提出多头政体存在的前提条件。

国际环境法 / 刘惠荣主编

北京:中国法制出版社,2006

该书阐述了国际环境法的基本原则、国际环境法的主体、国际大气保护法、国际生物多样性保护法、国际贸易领域的环境保护、国际环境法律责任等内容。

国际商法学 / 刘惠荣主编

北京:北京大学出版社,2004

该书阐述了国际商法的基本理论和基本制度,将外国民商法基本理论、判例法司法实践与我国商事法律和对外贸易实践相结合,反映了国际商法理论与实践的最新发展动向。

海事法通论 / 田雪梅,刘惠荣主编

青岛:青岛海洋大学出版社,1999

该书结合我国《海商法》,对海事法从较广义的角度来探讨有关的问题,介绍了海商法概论、海上货物运输合同、海上保险及海损责任、海监法律制度等内容。

海洋法视角下的北极法律问题研究 / 刘惠荣,董跃著

北京:中国政法大学出版社,2012

该书从考察北极权益争端出发,总结了由此衍生出的海洋法及相关国际法问题,归纳了北极争端对海洋法及相关国际法提出的挑战。在海洋法的制度框架下,对适用于北极的现有国际法和国内法制度进行了总结,分析了解决北极争端的海洋法路径。

海洋行政执法理论 / 刘惠荣…[等]编著

北京:海洋出版社,2013

该书介绍了法的渊源与效力、法律体系、法律责任、法治与法治国家、海洋行政法理论等内容。

民商法概论 / 刘惠荣主编

青岛:青岛海洋大学出版社,2000

该书阐述并分析了民商法的基本概念、基本原理及基本制度,从而探求民法与商法的共性和特性。

南极生物遗传资源利用与保护的国际法研究 / 刘惠荣,刘秀著

北京:中国政法大学出版社,2013

该书吸收了目前国际法领域关于南极生物遗传资源保护与利用的前沿资料,结合联合国海洋法公约,研究了利用和保护南极生物遗传资源的问题。

虚拟财产法律保护体系的构建 / 刘惠荣著

北京:法律出版社,2008

该书对网络虚拟财产争议案件发展状况、各种学术观点进行了全面解析,从罗马法到两大法系的物权、财产权理论为根据,对虚拟财产在法律上进行了定性,进而构建了虚拟财产法律保护的理论体系。

※刘卫先

后代人权利论批判 / 刘卫先著

北京：法律出版社，2012

　　该书通过对后代人权利理论的梳理和批判性分析，指出所谓的后代人权利只不过是一个理论的虚构，后代人权利的追求给社会留下的只是人们普遍承担的保护环境的义务。

自然资源权体系及实施机制研究：基于生态整体主义视角 / 刘卫先著

北京：法律出版社，2016

　　该书通过对生态整体主义视角下自然资源之双重"身份"与价值进行考察和分析，构建了旨在保障实现自然资源可持续利用的权利体系；在自然资源权体系构建的基础上，对我国的矿业权、水权、排污权、自然资源行政许可等理论进行了反思与重构。

※刘远征

怎样打民事官司 / 李少伟，刘远征编著

北京：中国法制出版社，2002

　　该书切中了广大农民迫切了解和需要解决的法律问题，通过发生在他们身边的具有典型性和针对性的事例，以问答的形式介绍了村民在民事纠纷中涉及的法律知识，并进行了富有启发性、科学性的阐释。

中国法制史 / 刘远征…［等］编

北京：北京大学出版社，2007

　　该书介绍了中国历代有代表性的各种法律思想、法律制度和司法状况，提示了中国法制的起源与夏商法律制度、西周的法律制度等内容，以及法律近代化的历程。

※马晓莉

近代中国著作权立法的困境与抉择 / 马晓莉著

武汉：华中科技大学出版社，2011

　　该书介绍了近代中国著作权立法的两难困境、国际环境中近代中国著作权立法的选择、两难困境下近代中国著作权立法选择的多维思考等内容。

商标法案例．学理精解 / 罗传伟，马晓莉编著

北京：中国经济出版社，2004

　　该书从商标的取得与使用、商标的保护、商标与其他标记来解释《商标法》的含义和具体适用。书中案例选题广泛，逼真再现了法庭争锋，收录、分析了最新的案例。

新中国民法典起草历程回顾 / 赵晓耕主编；马晓莉…［等］副主编

北京：法律出版社，2011

　　该书回顾了民法典的起草历程，回顾了我国民法发展的诸多细节，具有历史和现实价值。

知识产权法学 / 姜一春主编；马晓莉…［等］副主编

北京：科学出版社，2008

　　该书分别对知识产权法的基本概念、著作权、专利权、商标权及知识产权保护方面的国际公约进行了介绍，并注重知识产权法各种基本观点和理论的研究，反映了此领域的最新研究成果。

中国法制史教程 / 曹三明主编；马晓莉…［等］撰稿

北京：人民法院出版社，2004

　　该书介绍了立法史，宪法、行政法史，刑法史，民法史，经济法史，以及司法制度史。

中国法制史教学案例 / 赵晓耕主编；马晓莉…［等］撰稿

北京：北京大学出版社，2006

　　该书通过对中国历代具体案例的研究和分析，揭示了案例背后的中国社会、经济、政治及法

律本身等因素对不同时期法制的影响。

※马英杰

海洋环境保护法概论 / 马英杰主编

北京：海洋出版社，2012

　　该书在对我国海洋环境保护法规和主要相关国际公约研究的基础上，介绍了我国海洋环境保护的法律体系、海洋环境标准、海洋环境监测、纠纷处理及主要国际公约、主要案件等内容。

海洋生物多样性保护的法律思考 / 马英杰，胡增祥著

青岛：中国海洋大学出版社，2006

　　该书收录了 23 篇论文，内容涉及海洋生物多样性及其法律保护、海洋特殊区域保护、渔业资源保护、海洋环境保护和海洋环境监督管理等。

海洋资源法律研究 / 马英杰，田其云著

青岛：中国海洋大学出版社，2006

　　该书介绍了海洋资源法律的产生与发展、海洋资源法的原则与制度等内容，对有关理论和实践问题进行了探讨。

中国海洋法制建设战略研究 / 马英杰…[等]著

北京：海洋出版社，2014

　　该书从立法、执法能力建设、法制建设与事业发展的统一方面研究了海洋法制发展战略。

中国海洋环境保护法概论 / 马英杰，何伟宏主编

北京：科学出版社，2018

　　该书介绍了我国海洋环境保护的法律体系、主要管理制度、各种污染防治和资源保护、海洋环境监测、纠纷处理以及主要国际公约、主要案件等内容。

中国珍稀濒危海洋动物保护法律研究 / 马英杰著

青岛：中国海洋大学出版社，2008

　　该书论述了珍稀濒危动物及它们的价值，阐述了中国珍稀濒危海洋生物，介绍了中国珍稀濒危动物的立法概况和中国珍稀濒危海洋生物种群的保护等内容。

※梅宏

滨海湿地保护法律问题研究 / 梅宏著

北京：中国法制出版社，2014

　　该书以国际法和比较法为视角，分析了滨海湿地保护国际立法的背景、实践与发展趋势，对亚太五国的滨海湿地保护法律问题进行了比较研究，提出了我国滨海湿地保护立法的建议和应对问题的对策。

※潘侠

精神病人强制医疗法治化研究：从中美两国对话展开 / 潘侠著

北京：中国政法大学出版社，2015

　　该书以比较法的视角，围绕强制医疗的程序、被强制医疗患者的权利、患者出院后融入社会的配套机制等对中美两国的强制医疗状况进行了系统的对比和剖析，提出了实现我国精神病人强制医疗法治化的基本构想。

※任以顺

保险法理论与实务 / 任以顺主编

济南：山东人民出版社，2015

　　该书吸收了作者近年来在保险法学方面的最新成果，构建了保险法律制度，讲解了保险法的原理与规则，巧妙地穿插典型案例，较好地解决了保险实务中的热点与难点问题。

保险利益研究 / 任以顺著

北京：中国法制出版社，2013

　　该书对保险利益的特征、类型及保险利益原则展开了深入研究，对其立法缺陷进行了剖析论证，进而提出了完善的建议。

经济法学 / 李响,任以顺主编
北京:科学出版社,2009

　　该书分为基础理论、市场规制法与宏观调控法,介绍了市场经济运行过程中对相关市场行为的规制及国家在宏观调控过程中形成的法律制度。

※桑本谦

理论法学的迷雾:以轰动案例为素材.第2版 / 桑本谦著
北京:法律出版社,2015

　　该书是对近十年不断发生的一些热点案例和涉法事件做出的学术回应,对2008年版的部分内容进行了删减和修改。相关讨论追求理论上的突破,不止于技术层面的案例分析。

※时军

刑事诉讼法 / 姚莉主编;时军…[等]副主编
北京:科学出版社,2008

　　该书对刑事诉讼法的基本概念、基本原则、基本制度、刑事诉讼的程序等进行了详细的介绍,同时,对未成年人案件的刑事诉讼程序、刑事赔偿程序及涉外刑事诉讼程序进行了扼要介绍。

※孙庆和

经济犯罪新论 / 尉文明,孙庆和,王彩莲著
青岛:青岛海洋大学出版社,1991

　　该书阐述了我国经济犯罪的概念、状况、原因及对策,并对各种具体经济犯罪的概念、特征、罪与非罪以及处理时应注意的问题做了系统阐述。

※田其云

海洋渔业资源恢复法律制度研究:兼论浙江海洋渔业资源恢复法制建设 / 田其云…[等]著
北京:海洋出版社,2010

　　该书将浙江海洋渔业资源恢复法律制度的研究融入海洋渔业资源恢复法律制度研究之中,理论联系实际地丰富海洋生态恢复理论及生态恢复法律制度体系。

我国海洋生态恢复法律制度研究 / 田其云…[等]著
北京:中国政法大学出版社,2011

　　该书以海洋生态平衡为基础,考察我国海洋生态系统退化状况,对海洋生态恢复法律制度遵循的基本理论、制度体系、规范体系等进行了分析,对海洋生态恢复法律制度理论与实践相联结进行了有益的探讨。

中国海洋发展战略的历史与借鉴 / 田其云…[等]著
北京:海洋出版社,2014

　　该书为教育部哲学社会科学重大攻关课题攻关项目"中国海洋发展战略研究"研究成果之一。全书分为上篇和下篇。上篇为中国海洋战略的历史;下篇为中国海洋发展战略的借鉴。

※王冶英

劳动与社会保障法学 / 张荣芳主编;王冶英…[等]副主编
北京:科学出版社,2008

　　该书分为劳动法和社会保障法,全面反映了劳动与社会保障方面的我国最新立法情况和现状,从实践的角度出发,对现行法律法规进行了阐述与分析。

社区政治论:人们身边悄悄进行的社会变革 / 王冶英…[等]著
太原:山西人民出版社,2003

　　该书全面揭示了与社区政治活动紧密相关

的社区政治理论、社区政治组织、社区政府、社区法治、社区经济管理、社区治理模式等内容。

社区治安与社会稳定 / 王冶英…[等]著
北京：中国劳动社会保障出版社，2001

该书从社区工作的实际出发，对当前社区治安工作的基础理论、基本任务、社区治安与综合治理、社区治安的保障机制、社区治安法律适用及理性思考等方面进行了分析和阐述。

中国婚姻家庭法律制度热点问题研究 / 王冶英著
青岛：中国海洋大学出版社，2009

该书是由中国婚姻家庭制度的历史演进及婚姻家庭价值观念的变化、婚姻法的基本原则及其实施中的难题、监护制度和现代科技的发展对婚姻家庭法律制度的挑战等内容组成的专著。

※肖鹏

经济法学教程 / 肖鹏，齐德义主编
青岛：青岛海洋大学出版社，1994

该书阐述了我国经济法学研究的新成果，全面反映了我国经济法制建设的新成就；根据法制建设的新情况，对一些经济法的重要内容，如金融、税收、会计、经济合同，做了新的阐述。

※徐祥民

渤海管理法的体制问题研究 / 徐祥民…[等]著
北京：人民出版社，2011

该书总结了我国现行的海洋管理体制，分析了海洋综合管理体制的合理性，对国外跨边界区域海立法的执行体制、跨国界区域海立法的执行体制和国内外流域立法的执行体制进行了全面的梳理，阐明了渤海区域立法应当贯彻综合管理原则。

渤海管理法调整范围的立法方案选择 / 徐祥民…[等]著
北京：人民出版社，2012

该书综合考量了渤海的事务管理范围和空间管理范围因素，对渤海管理法调整范围在立法方案的基本选项上进行了分析和比较，并为此提供了立法方案选择。

渤海管理现行法律文献研究 / 徐祥民，时军，凌欣著
北京：人民出版社，2013

该书从管理综合、污染防治、资源管理、国家专门委员会规范性文件进行了分析研究；继而以相关省市为单位，对涉及渤海的相关文献进行了梳理，对环渤海的山东、河北、辽宁等省的与渤海管理相关的法律文献进行了分析研究；从污染防治、生态保护和管理法律手段等方面，对可能影响渤海环境的河南、山西、陕西、吉林、甘肃和青海等省的与渤海管理相关的法律文献进行了分析研究。

常用中国环境法导读 / 徐祥民主编
北京：法律出版社，2017

该书是以我国颁布的环境法律法规为主线，对中国现有环境法中最常用、最具代表性的20部环境法所做的导读。

国际环境法基本原则研究 / 徐祥民…[等]著
北京：中国环境科学出版社，2008

该书介绍了可持续发展原则、国家环境资源主权与不损害国外环境原则、预防原则、污染者负担原则、共同但有区别的责任原则等内容。

海大法学评论.2002卷 / 徐祥民主编
长春：吉林大学出版社，2002

该书涉及法学、政治学、社会学、管理学，收录了山东省环境资源法研究会2001年年会的九篇优秀论文，以及国内兄弟院系的知名学者、几位外国学者的学术论文。

海大法学评论 .2003 卷 / 徐祥民主编

长春：吉林大学出版社，2004

　　该书收录了法学与政治学专论、中国政治分析、社会问题研究、海洋管理与海洋法等论题的论文及法政译文。

海上溢油生态损害赔偿的法律与技术研究 / 徐祥民…[等] 著

北京：海洋出版社，2009

　　该书通过实例，对法律问题、海洋技术问题等方面的思考、应用、处理进行了详细的记录和提炼，相信这些问题会引起有关部门的重视与思考。

海洋法律、社会与管理 .2010 年卷（总第 2 卷）：**中国海洋大学法学学科建设三十周年纪念刊** / 徐祥民主编

北京：海洋出版社，2010

　　该书分为海洋法律、海洋社会与文化、海洋管理、海洋政治、海洋相关会议综述，主要内容包括保护海洋环境应当坚持的几项基本原则、中国滨海湿地保护政策与法制检讨等。

海洋法律、社会与管理 .2011 年卷（总第 3 卷）/ 徐祥民主编

北京：海洋出版社，2011

　　该书是论文集，作者分别从海洋法律、海洋社会与文化、海洋管理、海洋政治、相关会议综述等方面汇集了相关的研究文章。

海洋法律、社会与管理 . 第 4 卷 / 徐祥民主编

北京：社会科学文献出版社，2013

　　该书回答了如何把中国建设成为海洋强国的问题和那些与建设海洋强国有关的理论和实践问题，包括海洋湿地管理、海洋倾倒区选划、中国对北极事务的参与等研究。

海洋法律、社会与管理 . 第 5 卷 / 徐祥民主编

北京：社会科学文献出版社，2014

　　该书包括六个栏目，收录了《中国防治海洋外来物种入侵立法模式探析》《海洋战略下我国海洋国土的开发利用》等文章。

海洋法律、社会与管理 . 第 6 卷 / 徐祥民主编

北京：社会科学文献出版社，2015

　　该书设有"海洋政治学""海洋法学""海洋社会学""海洋管理学""学术会议综述"等栏目，收录了《日本海洋强国发展之路及其启示》《南极环境影响评价制度的运行及其完善》等文章。

海洋法律、社会与管理 . 首刊（2009 年卷）/ 徐祥民主编

北京：海洋出版社，2010

　　该书分为"海洋法律""海洋权益""海洋管理""海洋产业"和"海洋社会学"等栏目，收录了《海上溢油生态损害防治立法研究》《日本海洋社会研究初探》等数十篇文章。

海洋环境保护法 / 徐祥民主编

北京：法律出版社，2020

　　该书介绍了我国海洋环境保护法的发展历程、主要制度及有关的国际公约和条约，讲述了海洋污染防治法，海洋生物资源保护法，海洋环境监测，以及岸线、港口、海岛等区域综合管理的环境保护措施。

海洋环境的法律保护研究 / 徐祥民…[等] 著

青岛：中国海洋大学出版社，2006

　　该书既对一些与海洋污染防治有关的法律制度做了研究，又对海域使用管理等维护海洋的环境功能有关的法律法规和管理制度做了探讨。

海洋权益与海洋发展战略 / 徐祥民主编

北京：海洋出版社，2008

　　该书介绍了海洋经济发展与海洋环境保护、海洋管理与海洋法制建设、海洋安全与海洋权益维护、海洋发展的国际借鉴与我国海洋发展的战略选择等内容。

环境法学 / 徐祥民主编

北京：北京大学出版社，2005

　　该书阐述了环境资源保护法学的基本理论

和基本制度,介绍了环境法和环境法学、环境法的产生和发展、自然资源保护法等内容。

环境公益诉讼研究:以制度建设为中心 / 徐祥民…[等] 著

北京:中国法制出版社,2009

　　该书围绕环境公益诉讼的原告资格、可诉范围、救济方式、具体程序以及建构路径进行了剖析和论证,用环境责任论说明了环境公益诉讼原告资格的来源。

环境基本法建设与海洋环境保护法的完善 / 徐祥民,滕征光主编

济南:山东大学出版社,2010

　　该书精选了 35 篇文章,论述了环境法地方立法、环境的依法保护、生态文明与环境法制保护、防止海洋污染的思考、对海洋污染的监管、环境法的不足与完善等问题。

环境权:环境法学的基础研究 / 徐祥民…[等] 著

北京:北京大学出版社,2004

　　该书在检索了自 20 世纪 80 年代以来有关环境权的主要研究著作和学术论文的基础上,系统地展示了与环境权有关的诸多观点。

环境与资源保护法学 / 徐祥民主编

北京:科学出版社,2008

　　该书将环境法体系分为基本环境法与具体环境法,对基本环境法、事务法系统、手段环境法进行了系统的论述,对如何通过法律手段进行环境与资源的保护进行了阐述。

环境资源法论丛.第 3 卷 / 吕忠梅,徐祥民主编

北京:法律出版社,2003

　　该书刊载了十余篇学术论文,分为基础理论研究、立法研究、国际环境法研究、环境司法制度研究、学位论文精选。

环境资源法论丛.第 4 卷 / 吕忠梅,徐祥民主编

北京:法律出版社,2004

　　该书刊载了 18 篇学术论文,设有"基础理

论研究""环境法的实施""国际环境法与外国环境法""资源法学研究"等专栏。

环境资源法论丛.第 5 卷 / 吕忠梅,徐祥民主编

北京:法律出版社,2005

　　该书分为基础理论研究、国际环境法与比较环境法研究、制度研究、学位论文精选,入选的论文有《法经济学视野中的环境权》《论民法上的环境人格权制度》等。

"蓝黄"经济区建设的法制保障研究 / 徐祥民主编

北京:人民出版社,2013

　　该书探讨了"蓝黄"经济区建设与我国环境法制建设、《中华人民共和国环境法》修订相关问题、中国环境法制建设的理论与实现等方面的问题。

气候变化背景下的环境法学研究 / 徐祥民主编

北京:知识产权出版社,2012

　　该书探讨了环境法学基本理论问题、气候变化法律问题、渤海专门立法和海洋资源保护法律等方面的问题。

人天关系和谐与环境保护法的完善 / 徐祥民著

北京:法律出版社,2017

　　该书以近 20 万字的篇幅来解答"法律怎样去创造人天和谐价值,对人采取怎样的措施才是得当的?"这个问题。

生态文明建设与环境公益诉讼 / 徐祥民,陶卫东主编

北京:知识产权出版社,2011

　　该书探讨了生态文明与环境法制建设研究、气候变化与低碳经济法律研究、检察机关环境公益诉讼主体资格研究等方面的问题。

生态文明视野下的环境法理论与实践 / 徐祥民,王光和主编

济南:山东大学出版社,2007

　　该书收录了山东省法学会环境资源法学研究会会议的 30 余篇学术论文,围绕山东省可持

续发展未来十年展望、海岸带管理中的法律问题以及环境保护的其他热点问题展开了讨论和交流。

诉讼法学词典 / 徐进主编(徐祥民:笔名徐进)

北京:中国检察出版社,1992

该书收词 3 036 条,包括民事诉讼法学、行政诉讼法学、刑事诉讼法学、中国诉讼法史等学科的名词术语。

文化基础与道路选择:法治国家建设的深层思考 / 徐祥民著

北京:法律出版社,2004

该书分为上篇、中篇和下篇。上篇为对法治的一般认识;中篇为中国的法治观与法律文化传统;下篇为中国社会主义法治国家建设的道路。

污染防治与生物多样性保护:以文明与法制为视角 / 徐祥民,王诗成主编

济南:山东大学出版社,2009

该书收录了与污染防治与生物多样性保护相关的论文,介绍了生态文明与环境法制建设研究、节能减排与大气污染防治问题研究、生物多样性保护法律问题研究、海洋污染防治与海洋执法研究等内容。

以培养卓越法律人才为目标:法律人才培养模式改革论集 / 徐祥民主编

北京:中国法制出版社,2015

该书收录了 57 篇论文,介绍了卓越法律人才培养的基本理念、卓越法律人才的培养模式、卓越法律人才培养中的实践教学等内容。

运行的宪法 / 徐祥民著

北京:北京大学出版社,2015

该书以推动宪法运行、建设宪政国家为实践目标,从运行的角度研究宪法,提出了宪法基本功能三分说,对宪法实施的特点给予了系统阐述,对宪法效力的来源及宪法法律效力的根据等给出了新的解释。

政体学说史 / 徐祥民…[等] 著

北京:北京大学出版社,2002

该书介绍了正宗政体与变态政体、法治与权力制衡、联邦共和国、主权者与社会契约、权能分治与五权宪法、人民民主专政等政体学说。

中国法律思想史 / 徐祥民…[等] 编

北京:北京大学出版社,2004

该书介绍了西周时期的明德慎罚和礼治思想、春秋时期政治法律思想的理性化、封建正统法律思想的确立与董仲舒的法律思想、近代地主阶级改革派的法律思想等内容。

中国法律思想史 / 徐祥民,刘笃才,马建红编

北京:北京大学出版社,2015

该书按照时间线索,介绍了自夏、商至五四运动以前的中国法律思想史,全面展示了中国法律思想史的发展历程。

中国法制史 / 徐祥民,胡世凯主编

济南:山东人民出版社,2000

该书介绍了夏商西周时期的法律制度、春秋时期的法律制度、战国时期的法律制度、秦朝时期的法律制度、两汉时期的法律制度,直至人民民主政权的法律制度等内容。

中国海洋发展战略研究 / 徐祥民著

北京:经济科学出版社,2015

该书介绍了制定中国海洋战略的自然基础、制定中国海洋战略的国际环境、制定中国海洋战略的政策背景、制定中国海洋战略的时代条件、对海洋强国战略说的质疑等内容。

中国海域有偿使用制度研究 / 徐祥民…[等] 著

北京:中国环境科学出版社,2009

该书介绍了我国海域有偿使用制度的法理分析、海域有偿使用制度在我国的建立与实施、外国海域有偿使用制度概况、海域有偿使用与海洋产业发展、海域有偿使用与海岛开发保护等内容。

中国环境法全书 / 徐祥民主编

北京：人民出版社，2014

　　该书共 14 册，按照"宁错纳不疏失"、近详远略等原则，收录了从 1949 年 10 月 1 日到 2009 年 12 月 31 日 60 年内的环境法文件，涵盖环境法总则、环境保护事务法、环境保护手段法等内容。

中国环境法学评论 .2008 年卷 / 徐祥民主编

北京：人民出版社，2009

　　该书介绍了"环境公益诉讼立法研究""外国环境法"与"国际环境法研究""环境法律制度研究"和"环境资源法学研究"进展等栏目，增设了"环境法学书评"和"案例评析"两个栏目。

中国环境法学评论 .2009 年卷（总第 5 卷）/ 徐祥民主编

北京：科学出版社，2010

　　该书收录了来自九家单位近 20 位作者在 2009 年度撰写的新作。论文涉及国际环境法、环境法制建设等主题，关于环境审判专业化道路、气候资源保护立法的创意思路，以及环境法学研究领域的案例评析、书评、研究综述等。

中国环境法学评论 .2010 年卷（总第 6 卷）/ 徐祥民主编

北京：科学出版社，2010

　　该书收录了中外环境法研究者、司法机关工作人员、自然保护区管理人员、行政执法人员和数位律师的原创新作。

中国环境法学评论 .2011 年卷（总第 7 卷）/ 徐祥民主编

北京：科学出版社，2011

　　该书专设的"我的环境法学研究"栏目中，五个年龄段的学者回顾了自己对环境法学的研究。该书策划了"中国环境法制进程"，对 2001 至 2010 年各年度的中国环境法治大事予以述评。

中国环境法学评论 .2012 年卷（总第 8 卷）/ 徐祥民主编

北京：科学出版社，2012

　　该书汇集了全国环境法学研究的最新成果。专栏"理论研究"收录了资深学者对环境法学的专论；"问题与制度研究"收录了五篇新著；"博士论坛"继续推介青年才俊。

中国环境法学评论 .2013 年卷（总第 9 卷）/ 徐祥民主编

北京：科学出版社，2013

　　该书共设八个栏目，几乎每个栏目都有需要反复研读才能真正理解的新思想，或者激发学术思考的新资料、新信息、新视角。

中国环境法学评论 . 第 10 卷 / 徐祥民主编

北京：科学出版社，2014

　　该书分为环境行政管理与环境行政诉讼研究、气候变化应对法专题研究、环境法学研究年度报告等专题。其中"博士论坛"作为本刊的特色栏目，继续推介青年才俊，刊发了博士的原创新作。

中国环境法学评论 . 第 11 卷 / 徐祥民主编

北京：社会科学文献出版社，2015

　　该书介绍了环境法热点问题探讨、环境法学基础理论研究、海洋环境保护法研究、生态保护法研究、环境法学说与案例研究等内容。

中国环境法学评论 . 第 12 卷 / 徐祥民主编

北京：社会科学文献出版社，2017

　　该书介绍了环境法前沿问题研究、环境法学基础理论研究、环境诉讼制度与环保法庭建设研究、域外环境法研究、域外环境法和国际环境法译评等内容。

中国环境资源法的产生与发展 / 徐祥民…[等] 著

北京：科学出版社，2007

　　该书介绍了中国环境资源法各组成部分的产生与发展过程，对我国环境资源法在发展中存在的问题及其根源加以探究与分析,并从制度建设和非制度方法等方面对我国环境资源法各组成部分的发展和完善提出了理论和实践的见解、观点。

中国环境资源法学评论.2006年卷 / 徐祥民主编

北京:人民出版社,2007

该书收录了有关我国环境资源法方面的18篇学术论文,论述了环境资源法的发展方向、成绩与不足。

中国环境资源法学评论.2007年卷 / 徐祥民主编

北京:人民出版社,2008

该书收录了19篇论文,介绍了环境基本法修改专题研究、环境法学基础理论研究、国际环境法与外国环境法研究、环境诉讼与环境刑法研究、环境立法与环境法学研究的进展等内容。

中国环境资源法学评论.第一卷 / 徐祥民主编

北京:中国政法大学出版社,2006

该书为中国法学会环境资源法学研究会会刊,所设栏目包括"理论前沿""循环经济法研究""矿业权研究""环境法的立与改""环境保险与环境诉讼""环境资源法学研究年度报告",收录了17篇有关论文。

中国宪政史 / 徐祥民…[等]著

青岛:青岛海洋大学出版社,2002

该书全面研究了100年来中国宪政发展的经验教训和制度成果,梳理了中国宪法沿革过程。该书着力于探索变化的原因,揭示变化的规律,总结宪政建设的经验教训,是我国第一部贯通中国百年宪政史的力作。

※于阜民

犯罪论体系研究 / 于阜民著

北京:科学出版社,2014

该书旨在与中国现行《刑法》形成良好契合,建构了"两要件二阶层"犯罪成立模型,且以新视角评说"持有型犯罪""期待可能性""超规范出罪事由"等争论不休的刑法学命题。

刑法学.第2版 / 于阜民主编

北京:科学出版社,2013

该书对第1年版进行了修订,在基础理论体系不变的前提下,对学科具体知识、观点等做出适应实践需要的调整和补充。

专利权的刑事保护 / 于阜民著

北京:社会科学文献出版社,2005

该书从刑法基本理论和司法实践相结合的角度出发,就假冒专利权构成特征、罪数形态和专利权刑事保护程序诸方面展开了深入研究,得出了一些具有理论意义和指导专利权利保护实务价值的结论。

※于铭

世界区域海治理立法研究 / 于铭…[等]著

北京:人民出版社,2017

该书对世界范围内区域海治理法制建设的观念、历史、现状进行了梳理,总结了地中海、黑海等十个跨国边界区域海的法制建设成就,从管理框架、规制对象、规制手段等方面分析世界范围内区域海的治理经验,并对区域海治理法中的执行机构做了不同模式的划分。

※于晓艺

最忠诚的反叛者:弗兰克法律现实主义思想研究 / 于晓艺著

北京:中央编译出版社,2014

该书分析了美国弗兰克法律现实主义思想的提出,介绍了弗兰克的规则怀疑论思想和事实怀疑论思想,解析了弗兰克思想的转向,对弗兰克法律现实主义思想进行了再剖析。

※赵星

传媒与犯罪 / (英)伊冯·朱克斯著;赵星译

北京:北京大学出版社,2006

该书通过对英国及美国媒体报道的分析,透视媒体与犯罪的关系,回顾了传媒与犯罪领域所讨论的核心问题。

环境犯罪论 / 赵星著
北京:中国人民公安大学出版社,2011

该书论证了环境刑法正当性的基础和环境犯罪对传统刑罚目的的挑战与应对,阐释了中国环境行政执法的缺陷及对环境司法的消极影响与应对措施,指出了中国宽严相济刑事政策的困境与应对。

刑法责任论的新展开 / 赵星,胡宗金著
北京:知识产权出版社,2015

该书全面讨论了罪过、不法、责任的若干问题。在上篇中,分析了目的、故意、过失等罪过形态的区分依据以及在主观主义视野下对罪过形态的新理解;在下篇中,提出了责任阶层的实质内涵是刑罚处罚必要性,即进一步判断不法行为是否具备适用刑罚进行处罚的必要。

刑事法热点、难点问题研究 / 赵星主编
北京:中国人民公安大学出版社,2012

该书对我国公诉变更制度的完善、明确交通肇事罪共犯的问题、有效抑制洗钱罪、更高效打击拐卖人口罪等内容进行了论证和研究。

预防青少年网络被害的教育对策研究:以实证分析为基础 / 赵星…[等]编
北京:北京大学出版社,2010

该书对收集的2 400余个相关调查对象的数据进行了分析,对青少年网络的物质性被害、精神性被害和其他方式被害的现状做了调查,分析了现行教育制度中的缺陷对青少年网络被害的实际影响,提出了对德育理论和危机干预理论创新和发展的建议。

知识产权侵权犯罪被害人保护和救济研究 / 赵星著
北京:中国人民公安大学出版社,2008

该书对知识产权犯罪被害人保护和救济的历史渊源和研究现状进行了概括整理,对我国传统知识产权犯罪被害机理研究解释方法进行了反思,揭示了它的理论基础,并对在我国知识产权犯罪被害人保护和救济研究中,引入和强化科学实证方法及其具体展开的角度进行了论述和探讨。

国际事务与公共管理学院

※曹文振

比较宪政制度 / 曹文振…[等] 编著

青岛:中国海洋大学出版社,2005

　　该书研究了宪政制度的基本原理、基本结构和基本制度,选取了具有代表性的八个国家的宪政制度进行了分析,将宪政制度的共性与各国历史、国情所决定的个性结合起来,使读者深刻认识当代世界各国的制度文明。

经济全球化时代的海洋政治 / 曹文振…[等] 著

青岛:中国海洋大学出版社,2006

　　该书介绍了海洋地缘政治理论、经济全球化时代海洋的战略地位、经济全球化时代的国际海洋新秩序、海洋政治热点、中国的海洋主权与安全等内容。

经济全球化问题与应对 / 曹文振著

青岛:中国海洋大学出版社,2003

　　该书对经济全球化时代的国际矛盾、经济全球化时代两种社会制度的矛盾进行了论述。

※陈书全

海域资源市场化配置及政府规制研究 / 陈书全,邓宇冠著

北京:经济科学出版社,2018

　　该书基于海域综合管理视角,梳理并分析了海域资源市场化配置的内在机理与政府规制理论渊源,优化了政府规制模式,进一步拓展了海洋经济与海域管理领域的研究广度与深度。

行政法学 / 孟鸿志主编;陈书全…[等] 副主编

北京:北京大学出版社,2006

　　该书阐述了行政法学的基本理论和基本制度,在理论上具有较强的系统性和概括性,在应用上具有针对性和实用性,在内容上反映了行政法的发展性和时代性等鲜明特色。

中国环境行政监督管理体制研究 / 陈书全著

青岛:中国海洋大学出版社,2011

　　该书强调政府在环境保护事务中,应继续发挥主导性作用。该书结合我国的实际,寻求新的发展途径,并借鉴国外环境管理体制的经验和做法,建立了更有预见性和社会参与性的环境监督管理的新机制和新模式。

※陈涛

产业转型的社会逻辑:大公圩河蟹产业发展的社会学阐释 / 陈涛著

北京:社会科学文献出版社,2014

　　该书深入考察了大公圩河蟹产业转型的历程,通过对适用技术、组织体系、生态资本和民间实践等维度的分析,揭示了产业转型背后的社会逻辑,为破解经济发展与环境保护的"两难论"及"无工不富论"提供了新思路。

※耿爱生

海洋社会风险与社会政策转型升级:贫困、失业与健康等相关福利问题 / 耿爱生,同春芬著

北京:人民出版社,2015

　　该书分析了风险所造成的社会问题及其后

果,阐述了海洋社会政策在预防海洋社会风险、控制海洋社会问题方面的作用,并结合贫困、失业与健康等典型问题,论证了海洋社会政策发展的战略价值。

海洋政策的福利效应研究 / 耿爱生著

青岛:中国海洋大学出版社,2015

该书从福利效应的视角,对我国现行海洋政策及其已产生的福利效应进行了剖析,并对我国海洋政策存在的不足及未来发展趋势做了深入的阐述。

社会调查方法 / 耿爱生,刘海英,同春芬编著

北京:知识产权出版社,2014

该书将社会调查的理论、方法与实际操作技术紧密结合,按照社会调查的基本程序,通过丰富的、典型的实际案例,介绍了选题、调查设计、资料收集与分析及调查报告撰写等完整的调查过程。

※郭培清

北极航道的国际问题研究 / 郭培清…[等]著

北京:海洋出版社,2009

该书主要介绍了北极航道概况与北极航道的国际研究活动、西北航道的政治与法律、北方海航道的政治与法律、中国视角中的北极航道问题等内容。

南极政治问题的多角度探讨 / 郭培清,石伟华编著

北京:海洋出版社,2012

该书研究探讨了南极政治问题,内容包括南极政治的法律基础和制度框架、南极政治中的资源问题、南极政治中的南极科学研究问题等。

※吕建华

正义与智慧 / 吕建华…[等]主编

青岛:青岛海洋大学出版社,1998

该书凭借许多典型的斗争故事,运用启发

式,设问求答。每个故事都设有两种问题:一种是用斗智方法所做的判断;另一种是谜,得开动脑筋才能解开。

中国海洋倾废管理的理论与实践 / 吕建华著

北京:人民出版社,2013

该书通过丰富的案例和实证研究,对我国的海洋倾废管理进行了梳理和分析,首次提出了海洋倾废管理流程的精细化管理思想和中国四大海区整合统一的整体性管理思想,为我国海洋倾废的有效管理提供了建设性的思路和对策。

※马学广

城市边缘区空间生产与土地利用冲突研究 / 马学广著

北京:北京大学出版社,2014

该书以城市空间政治经济学理论为指导,探讨了制度变迁与生产方式变革背景下的城市空间生产过程,以及城市空间生产过程中社会行动者基于土地利用的各种社会冲突及其整合机制。

海岸地带城市 - 区域空间治理研究 / 马学广…[等]著

北京:人民出版社,2015

该书基于海岸地带城市 - 区域的空间组织格局演变和空间联系特征分析,结合珠三角地区和山东半岛的实证案例,提出了新的空间治理策略。

※宋宁而

日本濑户内海的海民群体 / 宋宁而,姜春洁著

北京:社会科学文献出版社,2014

该书对日本濑户内海区域的海民群体的概念、分类、特征及其生产活动进行了阐释,并对其发展变迁过程进行了梳理,探析了日本海民群体的发展对日本国家政策产生与变化的影响。

中国海洋社会发展报告 .2015/ 崔凤，宋宁而主编
北京：社会科学文献出版社，2015

　　该书围绕我国海洋文化、海洋科技、海洋执法与权益维护、涉海就业、海洋政策与法制、沿海区域规划等领域进行了跟踪研究、分析和预测，形成连续性成果，并以年度报告的形式发布。

中国海洋社会发展报告 .2016/ 崔凤，宋宁而主编
北京：社会科学文献出版社，2017

　　该书介绍了中国海洋社会发展总报告、中国海洋文化发展报告、中国海洋公益服务发展报告、中国海洋环境发展报告等内容。

中国海洋社会发展报告 .2017/ 崔凤，宋宁而主编
北京：社会科学文献出版社，2018

　　该书就 2016 年度我国海洋社会发展的现状、取得的成就、存在的问题、总体的趋势和相关的对策进行了科学、系统的梳理和分析，提出了可行的政策建议。

中国海洋社会发展报告 .2018/ 崔凤，宋宁而主编
北京：社会科学文献出版社，2019

　　该书以官方统计数据和社会调研为基础，分别围绕我国海洋环境、海洋管理、海洋法治、海上丝绸之路、海洋执法与海洋权益维护等展开了深入分析，提出了具有可行性的政策建议。

※孙凯

捕鲸的国际管制及其变迁/ 孙凯著
北京：社会科学文献出版社，2012

　　该书为国内第一本专门研究国际捕鲸机制的著作，介绍了当前国际捕鲸机制、国际捕鲸机制与其他相关机制的联系、对鲸的保护等实际问题。

※同春芬

传统与超越：中国农民与农村的现代化/ 司汉武，同春芬著
杨凌：西北农林科技大学出版社，2006

　　该书通过对农民心理和行为特征及其形成原因的分析，对农村社会结构乃至中国社会宏观制度背景及形成这种制度的国民素质的分析，向读者展示了中国农业社会宏大而传统的历史画卷。

海洋渔业转型与渔民转型/ 同春芬…［等］著
北京：社会科学文献出版社，2013

　　该书对我国海洋渔业、渔民面临的困境及转型的路径进行了深入的阐述。回答了以下问题：何为海洋渔业转型？我国海洋渔业转型的实现目标是什么？哪些因素制约海洋渔业转型？

和谐渔村/ 同春芬…［等］著
北京：社会科学文献出版社，2008

　　该书从微观层面对后石村的经济社会发展状况进行了深刻剖析，挖掘其中的内在品质和外在表现，阐释了我国农村社会由传统社会向现代社会转型的一般轨迹，以及由此引发的一系列社会问题。

农村青年成才顾问/ 同春芬主编
西安：陕西人民出版社，2002

　　该书展现了新世纪带给农村青年的希望，以及如何抓住机遇、把握人生的命运；讲述了如何科学种田、创办企业脱贫、共同致富奔小康等内容。

农村社会学/ 同春芬主编
北京：知识产权出版社，2010

　　该书考察了二元社会结构及农村与渔区的社会发展、社会保障与社会问题，对农民与渔民群体、组织、社会分层与流动等内容进行了客观阐述，对新农村建设的模式及新渔村建设面临的问题的考察富有创新意义。

农村社区管理学/ 同春芬，党晓虹，王书明编著
北京：知识产权出版社，2010

　　该书对中国农村社区管理体制与模式、农村社区人口管理、环境管理、财务管理、土地管理、治安管理、农村社区社会工作以及社区发展等内容进行了全面阐述。

中国农村社会结构转型问题研究 / 同春芬著

西安：三秦出版社，2001

　　该书把中国农村社会结构转型纳入中国社会发展和中国农村社会现代化的大系统中进行考察，从理论和实践的结合上，研究中国农村社会结构转型中的一系列新情况、新问题。

转型时期中国农民的不平等待遇透析 / 同春芬著

北京：社会科学文献出版社，2006

　　该书论述了社会转型时期中国农民的生活处境和社会地位，对农民遭受的不平等待遇做了深刻剖析，指出：没有农村的现代化，中国就不能实现真正的现代化；没有农民身份的市民化，中国就不能实现城市化，也不可能实现城乡人群之间的真正平等。

※ 王刚

逻辑学 / 王刚编著

沈阳：东北大学出版社，2017

　　该书介绍了逻辑的含义及其发展演变，概念的种类以及定义、划分等内容；阐述了联言命题、选言命题、假言命题及其推理，求因果关系以及有关批判性思维等内容。

生态文明建设中的沿海滩涂使用与补偿制度研究 / 王刚著

北京：中国社会科学出版社，2017

　　生态文明为沿海滩涂经济开发与生态保护的平衡提供了全新的视阈，其所蕴含的"保有但不开发自然资源"的理念有利于沿海滩涂使用与补偿制度的构建。

※ 王琪

变革中的海洋管理 / 王琪…[等]编著

北京：社会科学文献出版社，2013

　　该书探讨了海洋管理中最为基本的几个问题。上篇探讨了海洋管理的基本理论问题；下篇探讨了海洋管理领域的一些重要问题，内容包括海洋权益维护、海洋环境治理等。

当代世界与中国 / 张建华，王琪主编

青岛：青岛海洋大学出版社，1998

　　该书在讲述现代国际政治经济关系的基础上，阐述了我国所处的国际地位及应有的态度与对策，从深层次上把握当今人类社会的发展趋势，树立了坚定的社会主义信念和对党和政府的信赖。

公共管理（MPA）教学案例集 . 第 1 辑 / 王琪，孙凯主编

青岛：中国海洋大学出版社，2013

　　该书通过对社会上发生的现实的公共管理案例的介绍，结合公共管理常识和理论进行了探讨和讲解，为公共管理的实践提供了更为真实、丰富的范例和借鉴。

公共管理论丛 / 王琪主编

青岛：中国海洋大学出版社，2018

　　该书选择了公共管理领域相关研究者的一些研究成果，通过对公共管理领域的案例进行研究，获得了大量的现实材料，为公共管理的研究积累了大量素材和富有借鉴意义的成果。

公共经济学原理 / 王琪…[等]编著

上海：上海人民出版社，2007

　　该书介绍了公共经济的主要内容，包括资源配置中的公共理性、市场配置效能与效果分析、公共物品及其提供、市场外部性及其矫正、公共预算及其管理财政收入与支出等。

公共治理视域下海洋环境管理研究 / 王琪…[等]著

北京：人民出版社，2015

　　该书分析了公共治理理论在海洋环境管理领域的适用性，梳理了我国海洋环境管理的发展历程及现状，探讨了参与海洋环境管理的多元主体在海洋环境管理过程中的职能及定位。

海洋公共管理评论 .2015 卷 / 王琪主编

青岛:中国海洋大学出版社,2015

　　该书是中国海洋大学 MPA 中心研究生对海洋公共管理方面的相关论述。各篇论文对海洋公共管理方面的案例进行了评述,对海洋公共管理事务做出了剖析,并对一些问题进行了深入细致的探索。

海洋管理从理念到制度 / 王琪…[等]编

北京:海洋出版社,2007

　　该书以公共管理基本理论、新制度经济学的基本理论为理论基础,展开了对海洋管理的论述。该书把海洋管理的分析纳入公共管理的视野,对海洋管理手段等问题进行了重新定位,以确立海洋管理的基础思路。

海洋行政管理学 / 王琪…[等] 著

北京:人民出版社,2013

　　该书将海洋管理的个性与行政管理的共性有机结合,达到内容和形式、一般和个别的有机统一,既体现了海洋行政管理理论的厚重性,又表现出海洋行政管理的实践性、应用性,做到了理论与实践的有机结合。

海洋行政管理学 . 修订本 / 王琪编著

北京:人民出版社,2020

　　该书在原有教材内容基础上增加了部分内容,对部分章节内容进行了调整,同时反映了现实的海洋管理变化。

基于陆海统筹的蓝色海湾整治管理创新研究 / 王琪…[等] 著

北京:人民出版社,2019

　　该书从整体性角度探究了海洋环境治理困境的观念与体制性根源,通过总结各国海湾整治成功的经验及实践中的教训,为我国蓝色海湾的整治与管理提供了借鉴。

社会治理体系现代化建设实践 / 王琪,郑敬高主编

青岛:中国海洋大学出版社,2015

　　该书是中国海洋大学 MPA 中心研究生对公共管理方面的相关论述,汇集了对公共管理领域的思考。全书以案例为中心,既有对现实的关注,也有一定的理论深度,并对相关公共管理的实践进行了深入探索。

新常态下公共管理制度创新理论与实践 / 王琪主编

青岛:中国海洋大学出版社,2016

　　该书就新形势下公共管理的理论与实践进行了阐述,结合现实管理案例,引入公共管理理论,借鉴国际经验,对我国公共管理的现状进行了剖析,对其中的管理经验进行了总结。

中国海洋管理:运行与变革 / 王琪…[等] 著

北京:海洋出版社,2014

　　该书通过对我国海洋管理运行现状的剖析,从战略的高度对当前我国海洋管理领域的一些最基本的、重要的议题进行了深入探讨,以此为中国海洋管理的发展提供战略和政策依据。

※王书明

从科学哲学走向文化哲学:库恩与费耶阿本德思想的后现代转型 / 王书明,万丹著

北京:社会科学文献出版社,2006

　　该书介绍了历史主义与不可通约性、文化论域中的不可通约性、费耶阿本德与科学哲学的解构、费耶阿本德与科学哲学的文化转型等内容。

海洋、城市与生态文明建设研究 / 王书明…[等] 著

北京:人民出版社,2014

　　该书选取了珠三角城市群、长三角城市群、环渤海城市群等沿海城市,研究了这些城市在生态文明理念引领下的海洋发展与城市发展存在的问题,提出了海洋发展与城市发展实现良性互动与整合的思路。

环境、科学与社会变迁 / 王书明著

北京:人民出版社,2014

　　该书讲解了环境是影响当代社会发展的关键变量,正是环境危机刺激了可持续发展思想的产生与发展,科学对于当代社会变迁的影响既有正面的推动作用,又有副作用。

环境、社会与可持续发展:环境友好型社会建构的理论与实践 / 王书明,崔凤,同春芬著

哈尔滨:黑龙江人民出版社,2008

生态文明与环境友好型社会的建设是一个庞大的系统工程。该书没有试图勾勒它们的总体框架,只是选择了几个侧面的理论与实际问题加以研讨,如环境社会学思想资源的研究、理论与实际相结合的问题。

环境社会学 / 王书明主编

哈尔滨:黑龙江人民出版社,2014

该书从环境社会学的概念及相关理论入手,对环境社会学的具体内容、价值与意义进行了系统研究。

科学、批判与自由:费耶阿本德有限理性论研究 / 王书明著

哈尔滨:黑龙江人民出版社,2004

该书作者对费耶阿本德的哲学理论进行了研究,研究结论是"费耶阿本德的哲学既不是非理性主义的,也不是传统意义的理性主义的,而是有限理性论"。

中国海洋社会学研究.2013年卷(总第1卷) / 崔凤主编;王书明执行主编

北京:社会科学文献出版社,2013

该书介绍了海洋社会学基础理论、海洋文化与海洋民俗、海洋群体与渔村社会等内容,收录了《关于逐步完善海洋社会学的若干思考》《中华海洋文化特质及其现代价值》等文章。

※杨振姣

中国海洋生态安全治理的理论与实践 / 杨振姣著

北京:海洋出版社,2016

该书在对我国海洋生态安全严峻形势及海洋生态安全治理中存在的问题进行分析的基础上,对国内外海洋生态安全治理经验进行了对比研究,提出了中国海洋生态安全治理的理论和实践。

中国海洋生态安全治理现代化研究 / 杨振姣,王斌著

青岛:中国海洋大学出版社,2017

该书通过分析我国海洋生态安全治理现状,借鉴欧美等国的成功经验,对我国海洋生态安全治理现代化的实现路径和管理机制进行了深入探讨,提出了推进我国海洋生态安全治理现代化进程和实现治理现代化目标的思路。

※允春喜

创新山东 / 允春喜…[等]编

济南:山东人民出版社,2008

该书立足山东政治、经济、文化发展的大背景,介绍了山东致力于自主创新,以创新求发展、建立创新型省份的新进展。

黄宗羲与清初民本思潮 / 允春喜著

长春:吉林出版集团,2010

该书介绍了黄宗羲民本思想的理论渊源、关于限制君权的构想、黄宗羲民本思想对中国近代社会的影响、黄宗羲民本思想的历史意义及时代局限等内容。

社会结构 / (英)杰西·洛佩兹,(英)约翰·斯科特著;允春喜译

长春:吉林人民出版社,2007

该书讲述了何谓社会结构,如何将社会结构概念化,介绍了制度结构、关系结构、结构层次和具象结构等内容。

作为公道的正义 / (英)布莱恩·巴利著;曹海军,允春喜译

南京:江苏人民出版社,2008

该书提出了作为公道的正义理论,解释了其原理,并对它遭到的各种批评给予了回答。

※赵宗金

中国海洋社会学研究 .2014 年卷（总第 2 卷）/ 崔凤,赵宗金主编

北京:社会科学文献出版社,2014

  该书分为海洋文化与海洋民俗、海洋群体与渔村社会、海洋管理,收录了《福建昙石山文化遗址的海洋社会学考察》《渤海溢油事件的社会影响研究》等文章。

※郑敬高

变革中的公共管理 / 郑敬高主编

青岛:中国海洋大学出版社,2008

  该书收录的论文和案例分析,涉及我国公共管理的体制、行政管理方式以及公共管理的机关建设等领域;讨论了公共管理的价值规范、提高行政绩效的责任机制、管理技术和管理方法等问题。

当代中国地方公务员制度研究 / 郑敬高…[等] 著

太原:山西人民出版社,2001

  该书介绍了我国地方公务员制度的制度环境,当代中国地方公务员制度,地方公务员分类管理机制、选拔任用机制、开发机制、奖惩机制等内容。

服务与管理:转型时期政府行为研究 / 郑敬高主编

青岛:中国海洋大学出版社,2013

  该书主要从社会管理、公共服务、经济管理、文化与教育管理、政府管理等方面研究了转型时期的政府服务与管理行为。

公共治理与公共管理创新 / 郑敬高主编

北京:海洋出版社,2010

  该书为公共管理学方面的文论集,收录了40 余篇论文,分为六个部分:公民社会与公共治理、公共管理创新、公共经济与财政、人力资源管理、社区管理和海洋资源管理。

海洋行政管理 / 郑敬高…[等]编著

青岛:青岛海洋大学出版社,2002

  该书探讨了海洋行政管理科学的成立及其基本学术范畴、海洋行政管理的主体及其工作机制,讨论了实施海洋行政管理的对象及具体内容。

经济·民生·公共管理 / 郑敬高主编

青岛:中国海洋大学出版社,2009

  该书汇集了中国海洋大学 MPA 研究生的学习研究成果,介绍了国家与社会、民生事务、政府经济管理、公共事务管理及管理技术、公共人力资源等内容。

政策科学 / 郑敬高主编

济南:山东人民出版社,2005

  该书介绍了政策的内涵与特征、政策系统与政策环境、政策制定、政策执行、政策评估与政策终结、政策分析的方法和思维特征等内容。

中国的文化和现代化 / 郑敬高主编

青岛:青岛海洋大学出版社,1998

  该书将"文化"这一社会热门话题纳入政治课,旨在加强读者对中国传统文化的了解,认识到中国的现代化发展不能割断其同传统文化的联系。

数学科学学院

※白锦东

高等数学 . 概率统计 / 白锦东…［等］编

青岛：中国海洋大学出版社，2003

　　该书讲述了随机事件与概率、随机变量及其分布函数等内容。该书分为两部分：概率论部分为基础；数理统计部分主要讲述了参数估计、假设检验和一元线性回归分析。

高等数学 . 微积分 / 白锦东…［等］编

青岛：中国海洋大学出版社，2003

　　该书在吸取传统教材优点的基础上，对微积分部分内容体系进行了改革尝试，同时注重微积分在经济理论研究和经济管理中的应用。

高等数学 . 线性代数 / 白锦东…［等］编

青岛：中国海洋大学出版社，2003

　　该书在吸取传统教材优点的基础上，对线性代数部分内容体系进行了改革尝试。书中配备了较多的例题，以阐明分析问题的思路和解题方法。

※崔玉亭

广义逆矩阵 / 崔玉亭，李淑霞编著

青岛：青岛海洋大学出版社，1990

　　该书介绍了广义逆矩阵的种类、结构、性质、计算及在统计学中的立用。该书取材新颖，叙述简明易懂，并附有大量的应用例题。

※方进明

剩余格与模糊集 / 方进明编著

北京：科学出版社，2012

　　该书介绍了序集理论和格理论的基本知识，论述了具有较好分配性和逻辑推理背景的各种典型格，反思模糊集在描述概念中的格值逻辑本质，还介绍了一级格值逻辑的实用部分。

※方奇志

近似算法 / （美）Vijay V. Vazirani 著；郭效江，方奇志，农庆琴译

北京：高等教育出版社，2010

　　该书系统地总结了到 21 世纪初为止近似算法领域的成果，重点关注了近似算法的设计与分析，介绍了这个领域中最重要的问题及这个领域中所使用的基本方法和思想。

※高存臣

大型动力系统的理论与应用 .9：滞后系统的变结构控制 / 刘永清，高存臣，袁付顺著

广州：华南理工大学出版社，1998

　　该书总结了作者的研究工作，涉及已发表的 30 多篇论文，是国内外第一本关于滞后系统的变结构控制著作。

时滞变结构控制系统 / 高存臣…［等］著

北京：科学出版社，2004

　　该书介绍了时滞变结构控制的基本理论、设

计方法及一些应用成果。作者根据近几年时滞变结构控制的进展,从选材与体系上对作者1998年出版的专著做了较大的修改,使该书内容更丰富、更新颖。

时滞广义变结构控制系统 / 高存臣,刘云龙,考永贵著

北京:科学出版社,2017

该书介绍了时滞广义系统和变结构控制的基本理论、准滑模变结构控制法、扰动动态补偿法、分散变结构控制方法、时滞随机广义系统的变结构控制等内容。

数学模型 / 高存臣,张逢臣编著

海口:海南出版社,2001

该书介绍了初等数学、离散数学中相当数量的物理和工程技术方面的数学模型;介绍了建模的方法与步骤,分析了能用同一类型数学模型表示不同物理领域中的问题;介绍了规划论、网络、经济管理、生物、战争中的应用模型。

※ 刘新国

高等数学.上 / 刘新国主编

东营:石油大学出版社,2003

该书介绍了函数与极限、一元函数微分学和积分学、空间解析几何与矢量代数等内容。书末附有二、三阶行列式简介、习题答案或提示等。

高等数学.下 / 刘新国主编

东营:石油大学出版社,2003

该书介绍了多元函数的微分学、重积分及其应用、级数、常微分方程等内容。书末附有主要数学概念中英文对照表、习题答案或提示等。

数值代数基础 / 刘新国编

青岛:青岛海洋大学出版社,1996

该书介绍了初等变换和常用的矩阵分解、普通特征值问题、对称特征值问题的各种有效求解方法;讨论了求解线性代数方程组的直接法、迭代法、最小二乘法以及方程的求根问题等方法。

※ 卢同善

泛函分析基础及应用 / 卢同善编

青岛:青岛海洋大学出版社,1997

该书讨论了度量空间、赋范线性空间和内积空间,阐述了有关泛函分析的应用方面的内容。

实变函数 / 卢同善,王学锋编著

青岛:青岛海洋大学出版社,2001

该书介绍了集合、n 维空间中的点集、可测函数、Lebesgue 积分与微分的关系等内容。

实变函数 / 卢同善,王学锋,赵元章编著

青岛:中国海洋大学出版社,2013

该书对 2001 年版进行了修订,对部分内容做了修改或调整,更利于课堂教学。

随机泛函分析及应用 / 卢同善编著

青岛:青岛海洋大学出版社,1990

该书介绍了随机泛函分析的理论、方法和应用,扼要地介绍了随机不动点理论、线性和非线性的随机积分方程理论以及在某些具体应用领域中的应用。

※ 路季平

积分变换及其在物理海洋学中的应用 / 路季平著

北京:海洋出版社,1984

该书介绍了傅立叶变换、拉普拉斯变换以及它们在变换分析与变换求解中的应用,并着重介绍了这两种积分变换在物理海洋学中的实际应用。

※ 王林山

时滞递归神经网络 / 王林山著

北京:科学出版社,2008

该书介绍了时滞递归神经网络中的重要问题,主要内容包括时滞递归神经网络的初边值问题、平衡态、周期解、吸引性和吸引子的存在性及

其空间位置的估计等问题。

※张炳根

科学与工程中的随机微分方程 / 张炳根,赵玉芝 编

北京:海洋出版社,1980

该书第一次向国内读者介绍了随机微分方程的基础理论和基本内容,讲述了随机极限均方微积分、随机常微分方程、随机稳定性、随机控制和几种主要的随机微分方程。

生态学数学模型 / 张炳根编著

青岛:青岛海洋大学出版社,1990

该书叙述了单个种群的确定性模型、二个种群的捕食模型、竞争模型和共生模型、多个种群的生态模型等。

※张若军

数学思想与文化 / 张若军编著

北京:科学出版社,2015

该书选材较为系统,兼顾数学的总体概貌,数学发展的历史、现状和未来,数学的主要分支、常用的思想方法以及重要的数学问题。该书介绍了数学分支、数学美学、世界数学中心与数学国际等内容。

材料科学与工程学院

※ 陈守刚

先进结构陶瓷及其复合材料 / 尹衍升,陈守刚,李嘉编著

北京:化学工业出版社,2006

　　该书在综述国内外先进结构陶瓷及其复合材料研究现状的基础上,从材料学的角度,分别阐述了其结构、性能、特点及其应用。

氧化锆陶瓷的掺杂稳定及生长动力学 / 尹衍升,陈守刚,刘英才著

北京:化学工业出版社,2004

　　该书阐述了氧化锆陶瓷的结构、性能和特点,利用密度泛函理论优化计算了氧化锆陶瓷团簇各种可能的结构,探索了这类材料的理论设计并提高了其性能。

※ 戴金辉

无机非金属材料概论 / 戴金辉,葛兆明主编

哈尔滨:哈尔滨工业大学出版社,1999

　　该书讨论了玻璃、陶瓷、水泥和耐火材料的结构、性能及制备工艺,介绍了几种材料的最新发展动态,以及新工艺、新产品。

无机非金属材料工学 / 戴金辉,柳伟主编

哈尔滨:哈尔滨工业大学出版社,2012

　　该书讨论了玻璃、陶瓷、耐火材料及水泥四种传统无机非金属材料的结构、性能及制备工艺,介绍了相关材料的发展动态。

※ 高荣杰

海洋腐蚀与防护技术 / 高荣杰,杜敏编著

北京:化学工业出版社,2011

　　该书讲述了海洋环境的腐蚀原理、防护技术和腐蚀试验方法,介绍了基础腐蚀理论,防护技术,腐蚀试验方法,腐蚀检测、监测与评价等内容。

※ 黄翔

海洋工程材料学 / 尹衍升,黄翔,董丽华编著

北京:科学出版社,2008

　　该书介绍了海洋工程材料腐蚀与防护的基本理论、各类海洋材料的选取和设计原则,以及金属腐蚀基本知识,阐述了材料在海洋环境中的腐蚀规律及海洋腐蚀评定方法、海洋材料的防护技术等。

※ 王昕

材料成形及制造工艺实习与实验 / 王昕主编

北京:机械工业出版社,2003

　　该书根据制造技术发展的现状,介绍了铸造、锻压、焊接、数控加工、微型计算机的组装、特种加工与先进制造技术等内容。

工程材料与机械制造基础 / 孙康宁,张景德主编;王昕,莫德秀副主编

北京:高等教育出版社,2019

　　该书力求在内容上与国外先进教材接轨,体

现工程材料成形与机械制造基础课程知识体系的完整性与系统性。

海洋材料工程 / 王昕…［等］编著
北京：科学出版社，2011

该书介绍了涉海材料焊接、成形加工与防腐蚀等方面的基本理论与工艺过程。该书以船机常用金属材料的成形与加工为重点，同时涉及其他种类涉海工程材料的制备与加工。

先进陶瓷制备工艺 / 王昕，田进涛编著
北京：化学工业出版社，2009

该书介绍了国内外常用及最新前沿制备技术与工艺，并对先进陶瓷复合材料、多孔材料及先进陶瓷的加工等技术进行了介绍。

现代工程材料成形与机械制造基础 / 孙康宁主编；王昕，莫德秀，张景德副主编
北京：高等教育出版社，2005

该书是借鉴国外教材内容、结构特点，结合作者多年来取得的教学改革经验和成果编写而成，展现了新材料制备与制造技术在跨学科领域中的交叉渗透和通道作用。

※赵文元

功能高分子材料 / 赵文元，王亦军编著
北京：化学工业出版社，2008

该书在阐述功能高分子材料结构与性能的关系、研究方法的基础上，对反应型功能高分子材料、导电高分子材料、高分子功能膜材料等进行了论述，并阐述了其结构与性能、制备方法和应用领域。

功能高分子材料化学 / 赵文元，王亦军编著
北京：化学工业出版社，1996

该书涵盖了功能高分子材料的绝大部分内容。该书理论联系实际，对科学研究和生产实际有一定的指导意义。

功能高分子材料化学 . 第 2 版 / 赵文元，王亦军编著
北京：化学工业出版社，2003

该书对第 1 版进行了较大规模的修订，对原书中 3/4 的内容进行了重写，补充了大量新的例证，同时增加了部分章节，修订了原书中的错误和疏漏，充实了部分内容。

计算机在化学化工中的应用技术 / 赵文元，王亦军编著
北京：科学出版社，2001

该书介绍了计算机网络技术、模拟技术、智能化技术等在计算化学、化学教学、实验管理及其他化学化工领域中的应用。

聚合物材料的电学性能及其应用 / 赵文元，赵文明，王亦军编著
北京：化学工业出版社，2006

该书涉及聚合物材料的一般电学性能及其相关理论概念，在聚合物的电学性能方面给出了系统的描述，阐述了聚合物的导电性能及其应用、聚合物的介电性能及其应用、聚合物的光导电性能及其应用等内容。

基础教学中心

※蔡勤禹

国家、社会与弱势群体：民国时期的社会救济 (1927—1949) / 蔡勤禹著

天津：天津人民出版社，2003

　　该书研究考察了民国的社会救济，对民国社会救济立法、社会救济思想、社会救济体制、社会救济的绩效和水平等方面都做了具体的考察。

民国以来慈善救济事业研究 / 蔡勤禹，李娜著

天津：天津人民出版社，2010

　　该书分为五篇。前四篇围绕民国以来慈善与社会救济内容展开了描述；第五篇通过对民间组织几种形态及功能研究，分析了在现代化进程中国家社会控制政策及民间组织面临的问题与挑战。

民间组织与灾荒救治：民国华洋义赈会研究 / 蔡勤禹著

北京：商务印书馆，2005

　　该书对"华洋义赈会"的研究突破了以往在同一领域所采用的单一的历史学实证方法，吸收了政治学的合法性理论、治理理论以及社会学的互动论、社会控制论、社会资本等学科的研究方法和概念。

青岛慈善史 / 蔡勤禹，张家惠著

北京：中国社会科学出版社，2014

　　该书按照通史的体例，将青岛建置以来慈善事业发展历史分为七个阶段。在每个阶段，结合政治、经济和社会环境的变化，对该阶段的慈善政策、慈善设施、慈善活动、慈善功能等分别进行了论述。

青岛红十字运动史 / 蔡勤禹，王付欣，刘云飞著

北京：人民出版社，2016

　　该书以档案、报告、年鉴等文献资料，对一个以人道主义精神为理念的慈善组织进行了全景式透视。

山东红十字会百年史 / 蔡勤禹，王永君主编

青岛：中国海洋大学出版社，2012

　　该书介绍了山东红十字会百年历史，包括山东红十字会成立与演变、战乱背景下的救护赈济与社会服务、山东红十字会恢复与蓬勃发展、山东红十字事业全面发展等内容。

现代法国大众文化 / 黄建远，蔡勤禹著

北京：中国经济出版社，2000

　　该书涉及法国大众的衣、食、住、行、休闲、信仰等方面，描述了法国别具特色的大众文化。

※陈雷

广播电视技术基础 / 陈雷…[等]编

长春：吉林科学技术出版社，2003

　　该书介绍了演播系统、外景节目制作系统、编辑系统、视频特技效果发生器及数字电视节目播出系统，主要内容包括电视机概述、彩色电视摄像机、磁带录像机。

※陈林

大学音乐鉴赏 / 陈林,夏威主编

青岛:中国海洋大学出版社,2005

该书论述了中国音乐简史、西方音乐流派、音乐类型等,介绍了器乐基本知识及常见乐队编制、富有哲理的崇高完美的交响曲,为普通高等学校艺术素质教育普及教材。

※陈平

新编大学体育与健康教程 / 陈平主编

青岛:中国海洋大学出版社,2011

该书除涵盖传统体育运动项目外,增添了帆船帆板、游泳、潜水、跳水、花样滑冰等水上运动项目以及轮滑、健美操、形体等体育项目。

※董振娟

管理心理学原理与应用 / 薛振田,刘启辉,董振娟编著

青岛:中国海洋大学出版社,2005

该书介绍了人性假设与管理、社会知觉与管理、情绪情感与管理、个性心理特征与管理、态度与管理、群体心理与管理等内容。

现代社会心理学教程 / 董振娟主编

青岛:中国海洋大学出版社,2012

该书借鉴了国内外社会心理学研究的经典理论和前沿成果,以理论与实践相结合为指导思想,对社会生活实践问题及个人生活中的心理学问题给予了深入的探索和剖析。

※干焱平

国际海洋法知识 / 干焱平编著

北京:海军出版社,1989

该书介绍了海军与国际海洋法、国际管辖海域的划分及其法律制度、海洋国际争端等内容。

海洋国土 / 干焱平编著

北京:海潮出版社,1996

该书阐明了我国的海洋战略,介绍了领海、制海权、海洋法等内容,研究了中国海洋国土的开发、管理、防卫等经略对策以及海洋发展战略等内容,从多个角度展示了我国捍卫海洋国土安全的决心和实力。

海洋权益与中国 / 干焱平,刘晓玮编著

北京:海洋出版社,2011

该书介绍了海洋与中国的未来、海洋权益的产生与发展、国家管辖海域的组成与中国海洋国土等内容。该书从加强海洋权益的角度,讲述了如何提高中国的海洋意识、捍卫中国的海洋权益。

海洋与中国未来概论 / 干焱平主编

北京:海洋出版社,2001

该书论述了海洋与人类生存、海洋与中国发展的关系,介绍了《联合国海洋法公约》、中国海洋国土的组成与法律制度以及享有的国际海洋权益,提出了"中国的希望在海洋"的观点。

海战风云 / 干焱平主编

青岛:中国海洋大学出版社,2011

该书以战船的变化为明线,以对世界的影响为隐线,遴选了世界范围内的 29 次经典海战。它们都对人类历史进程产生过重大影响,有其非常独特的历史价值。

中国的海洋国土 / 干焱平编著

北京:海洋出版社,1998

该书作者在收集大量资料的基础上,经过总结、概括、提炼,在我国首次以正式书籍的形式确认了"海洋国土"的概念;阐述了中国海洋国土的依据及其范围、加强海洋意识、建设海洋强国等内容。

※ 姜永玲

大学计算机基础 / 姜永玲主编

北京：清华大学出版社，2011

　　该书讲解了计算机硬件、信息表示、网络及多媒体原理，侧重提高计算机操作技能，引入设计界的经典准则等内容。

大学计算机基础实验指导 / 姜永玲主编

北京：清华大学出版社，2011

　　该书分为基础实验和提高实验两部分。基础实验部分高度概括了软件的基本操作，以极简的篇幅综合了烦琐的操作步骤；提高实验部分应用了经典设计法则，旨在引导学生完成简约而精美的版面设计，从而提升自身的设计水平。

※ 焦玲

Java 程序设计 / 焦玲…［等］编著

北京：中国铁道出版社，2006

　　该书介绍了 Java 的编程基础及原理、Java 面向对象的特性、Java 语言的特色、Java 高级编程等内容。

Java 程序设计案例汇编 / 焦玲…［等］编著

北京：中国铁道出版社，2008

　　该书通过 40 个案例说明了 Java 的特点、功能和应用。

Java 程序设计例题解析与实验指导 / 焦玲…
［等］编著

北京：中国铁道出版社，2008

　　该书介绍了典型例题解析和课后习题解答、上机实验、综合实例等内容。

※ 康建东

海洋艺术 / 康建东主编

青岛：中国海洋大学出版社，2012

　　该书介绍了海洋艺术的基础知识和经典案例及轶闻趣事，分为海洋绘画与雕塑、海洋音乐、海洋建筑、海洋影视板块。

祁连山狂想曲：钢琴与乐队（总谱） / 康建东曲

兰州：敦煌文艺出版社，1999

　　该曲是一首以甘肃裕固族音乐为素材，体现西部民族风情、祁连山美丽景色、勤劳勇敢的西部人劳动生活与精神风貌的巨作。

乐理与欣赏 / 康建东…［等］编著

重庆：西南师范大学出版社，2000

　　该书介绍了音的高低与记谱法、音符、休止符、延长音值、节奏、节拍、音程等音乐的基本理论；介绍了音乐的表现手段、音乐作品的结构形式、器乐曲基本体裁等内容。

※ 李春荣

信息技术基础教程 / 李春荣主编

青岛：青岛海洋大学出版社，2001

　　该书介绍了信息技术及其应用的主要方面，包括计算机系统的原理、组成，信息处理软件的应用技术、网页的制作与发布，多媒体应用系统及其发展等内容。

信息技术基础实验教材 / 李春荣主编

青岛：青岛海洋大学出版社，2002

　　该书讲述了电脑的组装设计、Windows 98 操作系统、信息处理软件、网络应用基础、网页制作和多媒体应用基础、电子商务等内容，增添了网络技术相关内容。

文科计算机教程 / 卢湘鸿，李春荣主编

北京：高等教育出版社，2004

　　该书介绍了计算机基础知识、中文操作系统 Windows XP、电子表格软件 Excel 2002、多媒体应用基础、Internet 使用等内容，书中配有例题和丰富的习题。

※李强

透明海洋：主题海报特邀作品集 / 李强，黄建琦，徐静编著

青岛：中国海洋大学出版社，2018

　　该书为全国大中学生海洋文化创意设计大赛的主题海报作品集。多姿多彩的海洋文化设计大赛的主题海报创意作品，呈现出现代海洋智慧，对中国海洋观、海洋意识的宣传教育起积极的载体作用。

※李若鹏

海上求生技能 / 李若鹏主编

青岛：中国海洋大学出版社，2016

　　该书对最基本的海上救助设备的使用、求生基础理论知识、航海中的求生技能、求生时常见疾病的诊治及药物应用、实用游泳技能、竞技游泳技能等做了详细的阐述。

※李世明

基于多源信息融合的人体滑倒生物力学研究 / 李世明著

北京：科学出版社，2017

　　该书基于多源信息融合理论与方法，探索了人体滑倒的生物力学特征及预判准确率，并进一步探索了人体滑倒多源信息预警系统的初步设计和人体平衡多维动态测训设备的研制及在实践中的应用。

运动生物力学理论与方法 / 李世明著

北京：科学出版社，2006

　　该书介绍了当前运动生物力学的学科发展和应用状况，包括运动生物力学概论、人体运动环节重量参数测量与最优化计算、人体模型与多体系统动力学等内容。

※林晓彤

Fortran 90 编程基础 / 林晓彤主编

青岛：中国海洋大学出版社，2006

　　该书讲述了 Fortran 90 编程的相关概念和知识，着重介绍了 Fortran 90 新增加的特点，如种别参数、数组的整体运算、超载运算符、派生类型和指针类型的使用。

※刘成新

教育技术技能训练 / 李兴保，刘成新主编

青岛：青岛海洋大学出版社，2000

　　该书结合了教育技术的最新进展，将本专业的基本技能训练与现代科技的发展趋势融合在一起，适当增加了部分数字化技术的实验训练内容。

现代教育技术：信息化教学理论与方法 / 刘成新，李兴保主编

北京：电子工业出版社，2009

　　该书结合教育信息化发展的现实需求，反映了当代信息技术和教育研究的最新进展，围绕全面培养与提升教师的信息化教学素养和教学能力的教学目标，融理论、技术和应用实践于一体。

※刘兰芳

全国计算机等级考试习题及解答（Windows版） / 刘兰芳，王兴玲编著

青岛：青岛出版社，2000

　　该书介绍了计算机基础知识、Windows 操作系统、字表处理软件 Word、数据库系统 FoxPro、计算机网络初步知识以及上机软件的操作。

※刘士才

Visual FoxPro 实验教程 / 刘士才，武波主编

青岛：中国海洋大学出版社，2003

　　该书全面介绍了表单设计，数据库、数据表操作，结构化程序设计，应用程序开发等内容。

※陆信礼

梁启超中国哲学史研究评述 / 陆信礼著

北京：中国社会科学出版社，2013

　　该书介绍了梁启超对先秦诸子哲学的研究、对佛教哲学与佛学史的研究、对中国哲学史方法论的探讨、对 20 世纪中国哲学史研究之影响等内容。

※欧婷

大学计算机应用基础实验指导 / 欧婷，王兴玲主编

北京：清华大学出版社，2010

　　该书介绍了操作系统基础、文字处理软件、电子表格软件、演示文稿制作、多媒体应用基础、网页制作基础及小组综合实践等内容。

※彭善友

漫谈中外音乐史 / 彭善友编著

北京：中国社会科学出版社，2008

　　该书概述了中外音乐发展的整体状况以及中外音乐变迁过程中最重要的历史文献，并将每一民族的音乐视为世界音乐整体的有机组成部分加以论述。

※曲少珍

C++ 程序设计 / 曲少珍编著

北京：中国铁道出版社，2006

　　该书着重介绍了 C++ 过程式编程、C++ 中基于对象的编程、C++ 中面向对象的编程等内容。

※王海涛

多样化与自主建构：大众化时期高等教育质量观研究 / 王海涛著

青岛：中国海洋大学出版社，2010

　　该书阐述了我国高等教育改革与发展应树立多样化的高等教育质量观，构建了基于多样化高等教育质量观的质量政策，强调了质量观的自主建立，反对了在高等教育质量的定义、政策、评价和实现路径上的划一性，强调了对质量内涵的建构性、政策的针对性、评价标准的多样性和推行建构性评价。

知识产权犯罪中的被害人：控制被害的实证分析 / 赵国玲，王海涛主编

北京：北京大学出版社，2008

　　如何有效预防和减少我国现阶段知识产权犯罪被害？该书首次从控制被害的角度，以实证分析的方法对此给出了开创性的回答。

※王克达

航海院校大学体育教程 / 王克达，丁华主编

北京：北京体育大学出版社，2006

　　该书阐述了健康教育、体育健身和体质健康标准，在介绍一般体育项目运动技能的同时，介绍了与航海专业有关的体育项目的运动技能。

※王兴玲

ASP 动态网页设计 / 王兴玲，于海波编著

北京：清华大学出版社，2009

　　该书讲述了如何用 ASP 实现动态网页，介绍了 HTML 语言介绍、VBScript 语言、ASP 内置对象、ASP 对数据库的操作及案例研究等内容。

Internet 基础教程 / 石冰主编；王兴玲…[等] 副主编

东营：石油大学出版社，2000

　　该书介绍了 Internet 的基本组成原理、概念、技术、应用和发展动向。

大学计算机应用基础 / 王兴玲，刘鹏，王燚编著

北京：机械工业出版社，2009

　　该书介绍了微机组成与计算机基础、因特网和局域网技术、网站规划和网页制作、多媒体技术基础等内容。

计算机实用技术基础 / 王兴玲主编

青岛：中国海洋大学出版社，2003

该书讲述了计算机体系结构知识、基本组成原理，介绍了计算机系统的各个子系统、组成计算机的基本构件和评价参考标准等内容。

计算机网络教程 / 王兴玲…［等］编著

北京：电子工业出版社，2000

该书介绍了计算机网络的发展、原理体系结构、数据通信技术、局域网技术、网络互联技术和因特网技术等内容。

网页设计三合一实训教程 / 王兴玲，马晓峰编著

北京：中国铁道出版社，2007

该书系统地讲述了网页制作、动画制作和图像处理等内容。

信息技术应用基础. 第 2 版 / 王兴玲…［等］编著

北京：中国铁道出版社，2008

该书对第 1 版进行了修订，增加并修改了部分内容，更加注重实用性。

信息技术应用基础实验指导与习题解答 / 王兴玲…［等］编著

北京：中国铁道出版社，2006

该书介绍了 Windows XP 操作系统、文字处理软件 Word、网络应用基础等内容。实验指导给出了典型实验的具体操作步骤，上机练习提供了大量的综合实例。该书于 2008 年再版。

文科计算机教程实验指导与习题解答 / 卢湘鸿，王兴玲主编

北京：高等教育出版社，2006

该书每一章均由习题解答和实验指导两部分组成，介绍了多媒体计算机组成、Windows XP 操作系统、图片处理、动画制作、网页制作等内容。

※王振

信息管理技术 / 王振，李春荣主编

青岛：中国海洋大学出版社，2004

该书介绍了算法与数据结构、软件工程、数据库技术、计算计划信息系统和信息系统的开发等内容。

※王忠勇

现代大学体育与健康教程 / 王伦国，王忠勇主编

青岛：中国海洋大学出版社，2009

该书内容精练、翔实、通俗易懂，充分体现了"健康第一"的指导思想和"以人为本"的教学理念，以培养现代大学生的体育与健康意识，全面增进身心健康。

※武波

Access 数据库应用技术 / 武波，季托，王兴玲编著

北京：机械工业出版社，2009

该书介绍了数据库的基本概念和 Access 的启动，讲述了数据表的建立方法和对表的基本操作，介绍了查询和结构化查询语言 SQL 等内容。

Visual FoxPro 6.0 程序设计教程 / 武波，刘士才主编

青岛：中国海洋大学出版社，2005

该书介绍了数据库的基本概念和 Visual FoxPro 6.0 的基础知识、Visual FoxPro 6.0 的结构化程序设计和面向对象程序设计。

※徐平

音乐审美与欣赏 / 徐平编著

济南：山东大学出版社，1994

该书介绍了音乐的审美特征、音乐欣赏中的心理因素、音乐语言及结构的审美意义、中外音乐作品的审美类型与欣赏等内容。

※许冠忠

大学体育教育教程 / 许冠忠…[等] 主编

北京：中国档案出版社，2007

　　该书阐述了大学体育教育的科学理念、科学健康观等内容，介绍了篮球、排球、足球、乒乓球、网球、羽毛球、游泳、武术、跆拳道、体育舞蹈、健美运动等体育运动项目。

帆船比赛组织与实施 / 许冠忠，周长城，肖春著

青岛：中国海洋大学出版社，2008

　　该书介绍了帆船比赛组织与实施规则，包括帆船运动简介、帆船级别简介、赛前准备、竞赛实施、赛后工作等内容。

※薛晓明

中国"海上文化线路"遗产的环境法保护 / 薛晓明著

青岛：中国海洋大学出版社，2016

　　该书提出了中国建立"海上文化线路"遗产专门法律法规的建议，并在立法原则、相关制度设计、执法建议等方面对"海上文化线路"遗产的环境法律建设问题提出了全新的观点。

※周转

电子表格 Excel / 周转编著

西安：西安交通大学出版社，2004

　　该书介绍了建立 Excel 工作簿和工作表、编辑充实工作表的内容、公式与函数的应用、美化与打印工作表、高级数据管理等内容。

※朱萍

中国体育产业发展探析 / 梁超勋，朱萍，袁威主编

北京：中国时代经济出版社，2012

　　该书通过对我国体育产业的发展和现状进行分析，提出了我国体育产业的发展战略及体育产业人力资源的培养。

后勤保障处

※王哲强

高等学校学生公寓标准化管理研究 / 王哲强主编

青岛：中国海洋大学出版社，2006

　　该书分为背景篇、构架篇和使命篇，对高校学生公寓标准化管理做了比较系统的论述。

高校学生社区管理与 ISO9001:2000 / 王哲强主编

青岛：中国海洋大学出版社，2002

　　该书在国家创新社会治理的背景下，基于实践，对高校学生社区管理体系进行了系统的研究。

党委、校长办公室

※ 冯瑞龙

新编大学生党课培训教材 / 冯瑞龙,毕芳芳主编

青岛:中国海洋大学出版社,2003

　　该书介绍了中国共产党的宗旨、党的组织原则和纪律、党的作风、端正入党动机、做合格党员等内容。

※ 李耀臻

大学生必读 / 李耀臻主编

青岛:青岛海洋大学出版社,1998

　　该书阐述了大学生如何尽快适应大学生活、努力提高思想道德素质、顺利完成学习任务、全面锻炼和完善自己、做文明合格的大学生等内容。

大学文化与大学精神:山东省高校大学文化建设研讨会优秀论文选 / 李耀臻主编

青岛:中国海洋大学出版社,2005

　　该书分为理论篇、实践篇,收录了《关于大学文化建设的思考》《校园文化是高校学生政治社会化的重要途径》等40余篇优秀论文。

海洋世纪与中国海洋发展战略研究 / 李耀臻,徐祥民主编

青岛:中国海洋大学出版社,2006

　　该书分为海洋政治与法律、海洋经济与管理、海洋文化与社会、外国海洋发展战略四部分,收入了《现代国际海洋法的实质及其给我们的启示》《海洋世纪背景下的海洋文化与综合国力竞争》等文章。

军事科学教程 / 李耀臻,李勤斋主编

青岛:中国海洋大学出版社,2005

　　该书主要讲授了军事科学概论、军事思想、世界军事、高技术战争、海洋军事和军事地形学等基础知识。

人生铭语考疏 / 李耀臻著

青岛:中国海洋大学出版社,2014

　　该书用格言教导青年人怎样励志、怎样学习与研究学问、怎样修养品德、怎样恋爱,领导中年人怎样工作与创业、怎样对待成功与失败等。

新时代新理念新起点新成果:中国海洋大学学生思想政治工作成果选 / 李耀臻主编

青岛:中国海洋大学出版社,2003

　　该书是关于中国海洋大学学生政治工作的文集,其文章展现了面对新形势,校教育工作者以素质拓展为中心,以学生学习为重点,进行思想教育的实践。

中国海洋大学 / 中国海洋大学党委宣传部编;李耀臻主编

杭州:浙江大学出版社,2004

　　该书全面阐述了中国海洋大学的建设和发展情况,分13个方面介绍了校况综述、校史沿革、院系学科简介、国际交流与留学生教育等内容。

中国海洋大学大事记 / 李耀臻主编

青岛:中国海洋大学出版社,2004

　　该书采用传统的以时系事的编年体体式,遵循大事略简、要事稍详的原则,反映了学校的历史概貌。该书所记史事,基本上一事一条。

※王元忠

青岛海洋大学大事记 / 王元忠主编

青岛：青岛海洋大学出版社，1999

　　该书采用传统的以时系事的编年体体式，遵循大事略简、要事稍详的原则，所记史事，基本上一事一条；对少数要事，有的一事数条，有的则做简要综述。凡事件和人物，均尊重历史和事实，以可考的文字材料为依据，反映了学校75年的历史概貌。

※于利

追求与实践：记山东省优秀大学生先进事迹 / 于利，魏金陵主编

青岛：中国海洋大学出版社，2002

　　该书收集了近两年来山东高校十大优秀学生和部分候选人的先进事迹。

※张静

春风化雨：中国海洋大学学生思想政治教育工作理论与实践探索 / 张静主编

青岛：中国海洋大学出版社，2012

　　该书收录了56篇论文，覆盖了大学生思想政治教育的核心内容，针对学生工作中存在的问题进行了研究和分析，及时总结提升，汇聚形成了学生工作的思路和理念。

大学生，凭什么找份好工作 / 张静主编

济南：山东人民出版社，2012

　　该书从知己、知彼、抉择、行动、评估这五个职业生涯规划的关键环节入手，以生动的语言和大量的案例，与大学生一起探讨职业发展问题，帮助大学生认识自己、了解职场、付出行动、评估反馈。

大学生凭什么找份好工作：大学生职业生涯规划 / 张静主编

青岛：中国海洋大学出版社，2016

　　该书在问题设计上注重引发学生思考，巧妙提供了有冲突的问题情境，培养了学生的分析和判断能力，从而使学生在思考问题和讨论问题的过程中养成良好的行为习惯和分析、判断能力，科学地进行职业生涯规划。

海阔扬帆：中国海洋大学校友访谈录. 第一辑 / 张静主编

青岛：中国海洋大学出版社，2014

　　该书记录了109位中国海洋大学年轻的优秀校友前行中的纠结与喜悦、成长中的思考与感悟以及事业发展中专业与职业的碰撞。

海之子风采录：中国海洋大学2010~2012年国家奖学金、国家励志奖学金获奖学生事迹选编 / 张静主编

青岛：中国海洋大学出版社，2013

　　该书是中国海洋大学2010~2012年国家奖学金、国家励志奖学金获奖学生事迹选编，记录了他们学习生活的点滴及成长的路程。

海之子风采录（第二辑）：中国海洋大学2013~2014年国家奖学金、国家励志奖学金获奖学生事迹选编 / 张静主编

青岛：中国海洋大学出版社，2016

　　该书汇聚了近年来中国海洋大学先进学生典型（集体）感人至深、催人奋进的先进事迹，是对广大优秀青年学子的生动写照。

中国海洋大学大事记 / 张静主编；丁林，刘永平副主编

青岛：中国海洋大学出版社，2014

　　该书主要记述了学校教学、科研、管理、党建与思想政治工作、学生工作、后勤、基础建设及各院（系）和各部门在各个时期的改革与发展方面的方案、措施、取得的成果，以及学校召开的重要会议、举办的重要活动等内容。

财务处

※钞天虎

多维复式会计研究 / 钞天虎著

北京：经济科学出版社，2019

该书针对会计确认、会计计量和会计报告等方面的理论纷争和实务难题，结合会计信息化应用实践对借贷复式会计范式的冲击，在继承复式记录科学性的基础上，提出并创建了一个以多元主体、二重确认、二重计价和实时预算控制为基本组成内容并可不断扩展的多维复式会计范式。

※许志昂

商业银行营销策略 / 许志昂…[等] 编写

青岛：中国海洋大学出版社，2006

该书在概述商业银行市场营销的基础上，对商业银行的传统营销策略以及我国商业银行的营销现状、存在的问题、发展的趋势、客户经理制的建立等做了详尽的阐述。

出版社

※陈万青

大海的臣民 / 陈万青,魏建功编著
北京:海洋出版社,1998

该书介绍了海洋五彩缤纷的生物及其生态类群,包括海洋的植物世界、海绵动物、海洋蠕虫、海洋哺乳动物、深海生物等内容。

大海的臣民:海洋动物的秘密 / 陈万青,魏建功编著
北京:海洋出版社,2008

该书介绍了海洋的植物世界、海绵动物、腔肠动物、海洋蠕虫、五光十色的贝类等内容。

海错溯古:中华海洋脊椎动物考释 / 陈万青…[等]编著
青岛:中国海洋大学出版社,2014

该书由古达今,追溯海洋无脊椎动物的记载,辨识正名,并简记轶事典故。每种动物,以现代分类名称列一条目,除正名外,分述其异称,异称之后有书证。至清代前的文献中出现的异名,大致按先后顺序排列。

海兽检索手册 / 陈万青编
北京:科学出版社,1978

该书论述鲸目74种,鳍脚目30种,海牛目2种,食肉目1种。先简介各目、科、属的一般特征,并有科、属、种的检索表,可检索到种。每种按形态、生态进行论述,有经济价值的种类亦有简述,每种后附有异名与英文名。

海洋哺乳动物 / 陈万青…[等]著
青岛:青岛海洋大学出版社,1992

该书介绍了系统分类、机能解剖、生理、生态、开发利用,包括开发历史、种群结构、数量变动、现状和前景及管理保护等内容。

海洋动物 / 陈万青编著
北京:中国少年儿童出版社,2002

该书根据青少年摄取知识的特点,采用问答的形式,图文并茂地回答了376道有关海洋动物知识的题目。该书于2007年再版。

海洋动物 / 陈万青,尹晖编著
广州:中山大学出版社,2012

该书对2007年版进行了修订。此次修订在保持原有知识体系和编写风格的情况下更新了知识内容。

海洋脊椎动物 / 陈万青编
济南:山东科学技术出版社,1980

在辽阔的海洋里,鸟击长空,鱼翔浅底,龟游近岸,万物峥嵘。该书对海洋中这些脊椎动物是怎样产生的、怎样生活的、有什么特征、都分布在什么地方做了系统的介绍。

海洋——蓝色生命摇篮 / 陈万青,魏建功编著
青岛:青岛海洋大学出版社,1999

该书介绍了海洋五彩缤纷的生物及其生态类群,包括生命的起源、海洋生物五彩缤纷、海洋生物生态类群、人与海洋等内容。

海之兽 / 陈万青著
北京：海洋出版社，1980

　　该书以活泼的语言和大量有关海兽的趣闻轶事，介绍了它们的形态特征、生活习性、资源分布和经济价值等内容。

鲸与捕鲸 / 陈万青编
北京：科学出版社，1978

　　该书介绍了鲸的基础知识，包括鲸的形态特征、生活习性、资源分布和经济价值等内容，并介绍了捕鲸历史、方法和设备。

老年人的情趣 / 陈万青…［等］编著
青岛：青岛海洋大学出版社，1999

　　该书介绍了几种可供老年朋友选择的有趣活动，有些是离退休老人自身体验的总结，有些是知名专家的论述。

企鹅 / 陈万青，汪望星编
青岛：青岛海洋大学出版社，1992

　　该书介绍了企鹅的种类、求爱的情趣、繁殖的艰辛、潜水的本领、捕食的巧妙以及对它们开发的危害和保护的必要。

鱼和环境：渔业丰收、歉收的生物学 /（日）川崎健著；陈万青，孙修勤译
北京：海洋出版社，1982

　　该书论述了引起渔获量变动的原因；鱼类资源的变化，即分布移动及个体数量变动与海洋环境之间的关系；鱼类的活动规律等内容。

※ 冯广明

海贝采集与收藏 / 冯广明主编
青岛：中国海洋大学出版社，2015

　　该书讲述了海贝的生存环境、海贝采集方式和寻贝方法，介绍了一些著名的采贝胜地，讲解了海贝收藏的基本要领。

※ 韩玉堂

生态产业链系统构建研究 / 韩玉堂著
北京：中国致公出版社，2011

　　该书从 EIC 的链接及其生态效率、EIC 系统构建、EIC 系统运营的稳定性评价等维度，对生态工业区的生态产业链系统的构建及稳定性问题进行了比较系统的研究，并列举了青岛的实例进行佐证。

※ 纪丽真

海盐传奇 / 纪丽真主编
青岛：中国海洋大学出版社，2017

　　该书在讲述传统中国海盐的生产技术、管理制度、利益分配、著名人物与事件的同时，介绍了盐场变迁与区域发展，盐商对当地文化、教育、慈善等方面的影响，最后呼吁读者保护海盐历史遗产，关注海盐文化。

明清山东盐业研究 / 纪丽真著
济南：齐鲁书社，2009

　　该书在正确解读历史文献的基础上，就明清山东盐业的场产、运销、缉私、职官等做专门的分析和研究，系统地展示了明清时期山东盐业状况和发展轨迹，全面地反映出明清时期山东盐业的真实面貌。

※ 李建筑

东海故事 / 李建筑主编
青岛：中国海洋大学出版社，2014

　　该书作者从东海的风土人情着笔，将东海精彩的人文风貌和波澜壮阔的历史娓娓道来，分别讲述了东海名士、东海传说与故事、东海民俗、东海历史等内容。

※ 李夕聪

渤海故事 / 李夕聪，纪玉洪主编
青岛：中国海洋大学出版社，2014

    该书作者从渤海的风土人情着笔，介绍了渤海的人文风貌和历史，分别讲述了渤海名士、渤海传说与故事、渤海民俗、渤海历史等内容。

大学英语水平步步高：4000 单词记忆与阶梯阅读理解 / 姜德杰，李夕聪编著
青岛：青岛海洋大学出版社，1999

    该书共有 36 课，课文由易到难，循序渐进。书中文章多选自 20 世纪 90 年代的报刊，内容涉及文化、科技、经济、环境等诸多领域。

大学英语水平步步高：6000 单词记忆与阶梯阅读理解 / 姜德杰，李夕聪编著
青岛：青岛海洋大学出版社，2000

    该书共有 30 课，书中文章均选自 1997 年后出版的英语原版报刊、书籍，内容涉及地理、历史、文化、科技、探险等诸多领域。

海贝传奇 / 李夕聪主编
青岛：中国海洋大学出版社，2015

    该书在成员众多的海贝家族中遴选出十余种最具传奇色彩的海贝，通过对海贝进行多方位的描写并辅以精美的图片，将一个个鲜活的海贝呈现给读者。

青少年应当知道的 100 个海洋故事 / 李夕聪主编
青岛：中国海洋大学出版社，2016

    该书向青少年介绍了 100 个重要的、典型的海洋故事，包括海洋神话故事、海洋历史故事、航海探险故事和海洋民俗故事等，从不同方面展现多彩的海洋。

人文印记 / 李夕聪，纪玉洪主编
青岛：中国海洋大学出版社，2017

    该书选取了 21 个在海洋人文方面具有代表性的城市，对每个城市进行了具体介绍，涵盖其海洋相关历史、神话传说、名称起源，沿海人民的海神信仰及相关习俗，典型的人文地理景观及相关文学艺术作品。

中国海洋故事．传说卷 / 李夕聪主编
青岛：中国海洋大学出版社，2019

    该书共含 15 个传说，如葫芦岛的传说、石老人的传说、刘公岛的传说、秦皇求仙的传说、鹿回头的传说、天涯海角的传说，展示了中国海洋传说的悠久与魅力。

※ 李学伦

海洋地质学 / 李学伦主编
青岛：青岛海洋大学出版社，1997

    该书阐述了海洋岩石圈的结构和性质、板块构造学原理、大陆边缘和洋底地质构造、古海洋学等内容，反映了国内外海洋地质学领域的最新研究成果和发展趋势。

黄海宝藏 / 李学伦主编
青岛：中国海洋大学出版社，2014

    该书讲述了黄海的矿产资源、化学资源、动力能源、渔业资源以及最新的水下考古情况。

探秘海底 / 李学伦主编
青岛：中国海洋大学出版社，2011

    该书介绍了海洋考古、海底形貌、深海生物、海底矿藏、海底科考、海底空间等内容。

※ 刘文菁

中国海洋故事．人物卷 / 刘文菁主编
青岛：中国海洋大学出版社，2019

    该书选取 15 个有代表性的中国海洋人物进行了介绍，带领读者穿越历史长河，走近他们各具特色的海洋人生。

※邵成军

青少年应当知道的 100 个海洋人物 / 邵成军主编

青岛：中国海洋大学出版社，2016

　　该书选取 100 个有代表性的海洋人物进行了介绍，从不同方面展示了人类认识海洋、探索海洋、开发海洋、保卫海洋的历史。

※魏建功

海贝生存术 / 魏建功主编

青岛：中国海洋大学出版社，2015

　　该书介绍了海贝在错综复杂的生态环境中所具备的生存本领，以特定海贝的生存方式为例进行讲述。讲述时，配以名片夹来介绍一些常见海贝，并列有相应的代表海贝，内容涵盖不同生活类型的整体概况。

海洋生物 / 魏建功主编

青岛：中国海洋大学出版社，2011

　　该书介绍了海洋哺乳动物、海洋鱼类、海洋鸟类、海洋虾蟹、海洋贝类以及其他海洋生物等内容。

青少年应当知道的 100 种海洋生物 / 魏建功主编

青岛：中国海洋大学出版社，2016

　　该书介绍了 100 种与人类生活联系比较密切的海洋生物，包括海洋哺乳动物、海洋鱼类、海洋贝类、海洋虾蟹、海洋鸟类以及其他海洋生物。

图说海洋生物 / 魏建功主编

青岛：中国海洋大学出版社，2013

　　该书以图文结合的形式介绍了海洋哺乳动物、海洋鱼类、海洋鸟类、海洋贝类、海洋植物以及其他常见的海洋生物。

※谢洪芳

老年人的运动 / 谢洪芳，纪丽真编著

青岛：青岛海洋大学出版社，1999

　　该书介绍了老年人运动与健身益寿的关系、运动中应注意的问题和一些适合老年人的运动项目。

※杨立敏

渤海印象 / 杨立敏主编

青岛：中国海洋大学出版社，2014

　　该书直观地描写了我国美丽的渤海，从地理风光到海洋景象，再到人文景观，让读者图文并茂地感受中国海的美丽。

船舶胜览 / 杨立敏主编

青岛：中国海洋大学出版社，2011

　　该书介绍了船舶史话、军用舰船、民用船舶，配以大量精美的图片，图文相辅相成，带领读者一起进入充满诗意的船舶世界。

大学生诚信教育典型案例与评析 / 杨立敏主编

青岛：中国海洋大学出版社，2004

　　该书采纳了古今中外已经发生的政治类、经济类和体育及社会生活类的 31 个典型诚信案例，对其进行了归类、整理、充实，并加以点评。

海贝与人类 / 杨立敏主编

青岛：中国海洋大学出版社，2015

　　该书揭示了海贝与人类物质生活和精神生活等方面的关系，着重介绍了海贝在衣、食、住、行、乐等方面所做的贡献。

海珍食话 / 杨立敏主编

青岛：中国海洋大学出版社，2012

　　该书介绍了我国沿海生活中海洋美食品种，着重挖掘了一些传统名菜蕴含的文化意义，美食图片有助于读者在阅读中领略海洋饮食文化的独特魅力。

青少年应当知道的 100 个著名海港 / 杨立敏主编

青岛:中国海洋大学出版社,2016

　　该书深入浅出地向青少年介绍了 100 个重要的、典型的海洋港口。

中国海洋地标 / 杨立敏主编

青岛:中国海洋大学出版社,2019

　　该书分为渤海篇、黄海篇、东海篇、南海篇以及介绍我国南极、北极科考站的极地篇。从每个海域选取十余个具有地标性意义的海洋地理标志进行了介绍,反映了本海区海洋地理与海洋文化特征,并介绍了我国南极、北极的六个科考站,从而建构我国沿海领域整体的海洋地理与海洋文化符号。

中国海洋故事. 海战卷 / 杨立敏主编

青岛:中国海洋大学出版社,2019

　　该书讲述了从古至今发生在中国的壮丽的海战,记录着我们坚决抵御外敌入侵,维护领土完整的决心。

中国海洋科学家 / 杨立敏主编

青岛:中国海洋大学出版社,2019

　　该书介绍了新中国成立以来,我国海洋领域的主要科学家简历、他们的研究成果以及对我国及世界海洋科学界的重大贡献。

※张华

中国海洋故事. 神话卷 / 张华主编

青岛:中国海洋大学出版社,2019

　　该书选取了 14 个与海洋有关的神话故事,对其中的内容进行了改写和再加工;在编辑过程中兼顾经典性与可读性,结合极具表现力的美绘场景图,将神话天马行空的大场景表现得真实可感。

船舶中心

※黄磊

海洋化学调查指导手册 / 黄磊主编

青岛：中国海洋大学出版社，2017

    该书针对海上调查和海上分析进行了详细的描述，对海洋调查方法和分析进行了汇总。在附录中，简单介绍了"东方红2"船现有的大型海洋调查仪器的操作步骤和注意事项。

※杨宝起

海洋调查船安全知识指导手册 / 杨宝起主编

青岛：中国海洋大学出版社，2011

    该书主要讲述了船舶的基本构造、性能、适航条件，船舶安全知识，船舶部分规章制度等内容。

※杨世民

中国海域常见浮游硅藻图谱 / 杨世民，董树刚著

青岛：中国海洋大学出版社，2006

    该书作者对近几年中国海域常见浮游硅藻的标本进行了拍摄，收录 724 张图片，共 19 科、69 属、202 种、13 变种、7 变形。

中国海域甲藻．Ⅰ：原甲藻目、鳍藻目 / 杨世民，李瑞香，董树刚著

北京：海洋出版社，2014

    该书记述了我国海域甲藻门甲藻纲的 2 个大目——原甲藻目、鳍藻目的海洋甲藻，共 3 科、7 属、101 种；详细描述了每个种的形态特征、地

理分布、生态特点和出现时间；对于相似的物种进行了比较区分，对于不同的分类观点也给予了讨论。每个物种都附有手绘图片，绝大多数物种还摄有实物照片，少数物种添加了扫描电子显微镜图片。书后附有学名索引和参考文献。

中国海域甲藻．Ⅱ：膝沟藻目 / 杨世民，李瑞香，董树刚著

北京：海洋出版社，2016

    该书记述了我国海域甲藻门甲藻纲最大的 1 个目——膝沟藻目的海洋甲藻，共 8 科、16 属、175 种，详细描述了每个种的形态特征、地理分布、生态特点和出现时间，对于相似的物种进行了比较区分，对于不同的分类观点也给予了讨论。每个物种都附有手绘图片，绝大多数物种还配有实物照片和扫描电子显微镜图片。

中国海域甲藻．Ⅲ：多甲藻目 / 杨世民，李瑞香，董树刚著

北京：海洋出版社，2019

    该书记述了我国海域甲藻门甲藻纲的 1 个大目——多甲藻目的海洋甲藻，共 5 科、14 属、167 种；详细描述了每个种的形态特征、地理分布、生态特点和出现时间；对于相似的物种进行了比较区分，对于不同的分类观点也给予了讨论。每个物种都附有手绘图片，绝大多数物种还配有实物照片和扫描电子显微镜图片。

中国海域甲藻扫描电镜图谱 / 杨世民，李瑞香著

北京：海洋出版社，2014

    该书精选了我国海域 24 属、184 种海洋甲藻的扫描电子显微镜照片，对各物种的形态特

点、壳面结构及采样的海域进行了简要的描述，展示了甲藻细胞壳面的横沟、纵沟、脊状条纹、网纹等细小精美的结构，并对一些物种按照新的分类学观点进行了更名。书后附有学名索引和参考文献。

党委宣传部

※ 陈鹭

破立之间：古今妙论品谈 / 陈鹭著
青岛：中国海洋大学出版社，2006

　　该书分为驳论和立论，对精选的 30 篇古今说理文章进行了品评，并介绍了这些文章的写作背景和产生的影响。书后附有说理文章原文，并对有关词句做了注释。

勇者乐海 / 陈鹭，郭香莲主编
青岛：中国海洋大学出版社，2015

　　该书集结了国内教育界、文学界、科学界的诸位院士及学者，就科学与人文的关系展开了热烈智慧的讨论。该书收录了《杞人忧海》《海防不固，江山不稳》《生命健康和大海》等文章。

档案馆

※季岸先

同光之际海防人才政策研究 / 季岸先著

青岛：中国海洋大学出版社，2017

该书以 1874 至 1875 年晚清政府"同光之际"海防大讨论为考察中心，从思想基础、政策决策、政策执行、政策调整及其历史教训与当代启示等方面，分析研究了 1874 至 1894 年晚清政府的海防人才政策。

中国古代海洋意象史辑 / 季岸先选辑

青岛：中国海洋大学出版社，2010

该书较全面地梳理了中国古代海洋意象的历史脉络及其特点与特质，探讨了古代海洋意象的价值取向。

※杨洪勋

文化名人的青岛时光 / 杨洪勋著

西安：西安出版社，2014

该书从各个方面记述了文化名人与青岛的这一历史事实，将其与青岛的交感情怀一一叙出，对于青岛的历史文化、地理环境、社会状况有深刻的记述。

文学家与海大园 / 杨洪勋著

北京：中国国际广播出版社，2010

该书介绍了在中国海洋大学（海大）工作时间较长或者对青岛文学贡献较大的一些作家；介绍了在海大园主要从事教育的知名作家；还介绍了王蒙先生加盟海大以来的各位作家和文学史家。

闻一多：从诗人到学者 / 杨洪勋著

青岛：中国海洋大学出版社，2006

该书讲述了闻一多在青岛的文学活动，结合其在青岛的日常生活及交友情况，阐述了闻一多由诗人到学者的转变历程。

※赵瑞红

科研成果背后的故事 / 赵瑞红，孙厚娟，韩宇亮主编

青岛：中国海洋大学出版社，2015

该书将改革开放近 40 年来中国海洋大学已经获得的科研（含教学）成果奖励情况进行了系统梳理，重点收集整理了省部级以上科研（含教学）成果奖励项目。获奖者本人用第一人称叙述了亲身经历，回忆并记述了自己在当时的社会背景和条件下，从获奖项目创意构思、立项研究直至最终完成项目的整个过程。

高等教育研究与评估中心

※涂仁亮

高等教育研究论文集 / 涂仁亮,张永玲主编

青岛:青岛海洋大学出版社,1997

　　该书取材于青岛海洋大学《高教论坛》编辑部近年来编印的《高教论坛》期刊,从众多的文章中优选出 47 篇论文编成本论文集,较全面地反映了学校的教学改革和管理体制改革的动态。

物理海洋学.第 2 卷 /(日)高野健三,(日)川合英夫著;涂仁亮…[等] 译

北京:科学出版社,1985

　　该书主要包括两部分。在大洋环流部分,论述了海水的流动及研究大洋环流的新动态、数值分析等内容;在黑潮和亲潮海况学部分,介绍了黑潮和亲潮的梗概结构、细部结构、断面结构及其海流图像的类型和变迁,并论述了研究方法。

国际合作与交流处

※宋文红

建构与行动：中国海洋大学新世纪第二届本科教育教学讨论会文集 / 宋文红，曾名湧主编

青岛：中国海洋大学出版社，2013

该书收录了中国海洋大学新世纪第二届教育教学研讨会的有关报告会、研讨会和座谈会的文稿，国内外高等教育专家在海大的讲演，从一个侧面反映了老师们的教学研究成果。

交流与对话：中国海洋大学首届本科教育教学讨论会报告文集 / 宋文红主编

青岛：中国海洋大学出版社，2008

该书收录了中国海洋大学教学支持中心约请的国内外高等教育专家在海大的讲演稿，包括国际视野中的教育教学、高校评估与质量保障、教学支持中心总结及展望等内容。

欧洲中世纪大学的演进 / 宋文红著

北京：商务印书馆，2010

该书通过对中世纪大学进行综合的历史叙事与分析，展现了西方大学传统的生发流变过程，勾勒了中世纪大学的整体面貌。

现代创造教育论 / 宋文红…［等］编著

青岛：中国海洋大学出版社，2004

该书从创造教育研究的背景和意义入手，对创造教育的起源与发展做了简要回顾，对创造教育的学科基础及对教师素质的要求做了深入分析，并对创造教育的实施做了详细阐述。

质量之本孜孜以求 / 宋文红，马勇主编

青岛：中国海洋大学出版社，2007

中国海洋大学的教学评估工作和与之密切相关的教学督导制度、教学支持中心的成立，其特色体现在哪里？到底是什么力量使其历久不衰、不断发展？该书从两个方面进行了探讨：一是它的前瞻性和发展性；二是它的独立性和学术性。

※邹卫宁

巴哈马农业历史沿革：1492—2012 / （巴哈马）戈弗雷·埃尼亚斯著；邹卫宁，樊丽霞译

青岛：中国海洋大学出版社，2018

该书讲述了农业在巴哈马的早期发展、巴哈马农业和英国殖民政策、农业部门的管理、耕作方式、旅游业对于农业的影响等问题，勾勒出一幅巴哈马农业发展的清晰画面。

大学英语外报外刊阅读教程 / 端木义万主编；邹卫宁…［等］副主编

北京：北京大学出版社，2003

该书精选了49篇英美新闻报刊文章，以专题为线，分为12个单元，介绍了政治体制、教育卫生、家庭婚姻、文艺体育、企业经济、社会问题、热点新闻等内容。

大学英语外报外刊阅读教程教学参考手册 / 端木义万主编；邹卫宁…［等］副主编

北京：北京大学出版社，2003

该书系《大学英语外报外刊阅读教程》的教学参考手册，提供了内容分析和问题思考两项练习答案以及文章的层次分析。

新加勒比：转型之地.1943—2005/（巴哈马）戈弗雷·埃尼亚斯著；邹卫宁，刘冬萌，谭敏译

青岛：中国海洋大学出版社，2018

　　该书刻画了加勒比地区 1943 至 2005 年农业的逐渐衰落和旅游业的不断崛起带给这个地区的新变化。

国际教育学院

※宁爱花

大学国际化与组织系统活性：案例研究 / 宁爱花著

青岛：中国海洋大学出版社，2014

　　该书阐述了高等教育国际化的历史脉络和现实需要，论述了高等教育国际化的基础理论，同时对国际化的概念界定、高等教育国际化的内涵和基本特征做了分析。该书还介绍了西方发达国家高等教育国际化的现状和发展趋势，重点介绍了美国、澳大利亚及欧盟高等教育国际化的发展现状及成功经验等内容。

国有资产与实验室管理处

※李莉

财经词汇一本搞定 / 李莉,万琳,董宇编著
合肥:安徽人民出版社,2013

该书由当今最受关注、使用率最高的财经用语汇编而成,撷取的词汇包罗万象,从最基本的概念(如资产、商品、指数)到高阶术语(如份额、信用债券、价值投资法),全都涵盖在内。

海洋发展研究院

※高艳

海洋生态文明视域下的海洋综合管理研究 / 高艳,李彬主编
青岛:中国海洋大学出版社,2016

该书对基于海洋生态系统的海洋综合管理的内涵、原则、特点、国内外实施情况及我国实施中存在的问题进行了研究,分析了基于海洋生态系统的海洋综合管理实施所面临的主要困境。通过博弈分析,对我国海洋综合管理提出了发展方向和策略措施。

海洋综合管理的经济学基础研究 / 高艳编著
北京:海洋出版社,2008

该书分析了海洋综合管理各管理活动和环节的关系,将价值链思想运用其中,构建了综合、统一、协调、高效的海洋综合管理系统,最后给出了海洋综合管理体制的新型模式。

※刘洪滨

"海上山东"建设概论 / 刘洪滨…[等]主编
北京:中国社会科学出版社,2015

该书对"海上山东"建设的实践和有关理论问题进行了深入研讨,初步总结了建设"海上山东"的基本经验,并对加速发展海洋经济提出了对策和建议。

海洋保护区:概念与应用 / 刘洪滨,刘康编著
北京:海洋出版社,2007

该书论述了海洋生态系统的概况,海洋环境管理发展和管理模式;海洋保护区的作用与意义,保护区外的种群效应和保护区的发展;海洋保护区的设计与规划以及管理监测和绩效评估等。

海洋经济 / 刘洪滨…[等]编著
广州:中山大学出版社,2012

该书介绍了世界海商发展史料、当代海洋经济产业概貌、支撑海洋经济发展的技术等内容。

韩国海洋发展战略及对我国的启示 / 刘洪滨,刘振,孙丽编著
北京:海洋出版社,2013

该书从借鉴国外海洋开发经验的角度出发,整理了韩国的两次海洋开发计划和其他资料,阐述了韩国海洋战略,同时与我国的战略进行了对比,提出了我国海洋发展战略应坚持的原则、发展目标和具体的推进措施。

环湾保护拥湾发展战略研究:国内外海湾城市发展研究 / 刘洪滨,张树枫,孙梦元编著
青岛:青岛出版社,2009

该书对国内外主要海湾城市的发展模式、产业结构和经验教训进行了系统的分析研究,根据胶州湾与青岛市的资源环境、区位条件等要素,提出了要在严格保护胶州湾生态环境的基础上进行城市建设与发展,确立了建设现代都市型海湾城市与友好生态型城市的发展目标。

加拿大海洋事务研究 / 刘洪滨,倪国江主编
北京:海洋出版社,2011

该书介绍了加拿大的海洋立法和海洋执法、加拿大海洋综合管理、加拿大海洋环境保护、加

拿大海洋产业、加拿大海洋战略与政策等内容。

青岛市国家海洋高技术产业基地研究 / 刘洪滨，刘康主编

北京：海洋出版社，2009

　　该书讲述了海洋资源的开发利用离不开海洋科技的发展，特别是海洋高新技术的应用，介绍了海洋高技术产业概况、青岛市海洋高技术产业发展现状等内容。

山东省滨海旅游及旅游业 / 刘洪滨主编

北京：海洋出版社，2004

　　该书介绍了滨海旅游业在山东省的经济地位、山东省滨海旅游自然条件与社会条件、山东省滨海旅游资源类型与评价、山东省滨海旅游业的发展前景等内容。

中韩海洋药物和保健食品发展现状及合作方案研究 / 刘洪滨，刘康主编

北京：海洋出版社，2002

　　该研究试图较全面、系统地掌握中、韩两国海洋药物和保健食品的开发研究现状，并在此基础上提出合作方案，以期推动两国海洋科技领域更广泛深入的合作。

※ 倪国江

基于海洋可持续发展的中国海洋科技创新战略研究 / 倪国江著

北京：海洋出版社，2012

　　该书以明确海洋科技创新与海洋可持续发展的相互关系为基础，研究提出中国海洋科技生态化创新的战略目标、重点及优化国家海洋科技创新系统的基本策略。

※ 杨强

北洋之利：古代渤黄海区域的海洋经济 / 杨强著

南昌：江西高校出版社，2007

　　该书着力于渤黄海区域海洋经济史的建构，选取了古代渤黄海区域海洋渔业、海洋盐业、海洋运输和海洋贸易四个海洋经济发展场景，论述了它们的发展过程，分析了其主要特点，勾勒出古代渤黄海区域海洋经济的发展图景。

※ 陈云霞

Visual Basic 实用教程 / 陈云霞主编
东营：石油大学出版社，2004

该书介绍了计算机语言的基本知识、面向对象程序设计的概念与方法、常用算法等，通过大量实例介绍了 Visual Basic 语言的程序设计方法，对一些难以理解但又非常重要的知识点给予了详尽的分析。

Visual Basic 实用教程学习指导与上机实验 / 陈云霞主编
东营：石油大学出版社，2004

该书通过有针对性的上机实验，帮助读者更好地熟悉 Visual Basic 程序设计的方法和技巧。

信息技术基础 / 段友祥，陈云霞主编
东营：中国石油大学出版社，2006

该书分别讲述了信息技术概论、计算机的知识基础、Windows XP 操作系统、文字处理系统 Word 2000 的使用、电子表格系统 Excel 2000 的使用等内容。

※ 赵焕登

海带、裙带菜和紫菜养殖 / 赵焕登著
北京：科学出版社，1973

该书分别叙述了海带、裙带菜和紫菜等三种海藻的养殖简史、养殖方法、收割加工、综合利用等内容。

海洋植物 / 赵焕登编
济南：山东科学技术出版社，1982

该书介绍了海洋植物的种类，海洋植物的繁殖和人工栽培，开发、利用海洋植物的具体方法等内容。

海藻 / 赵焕登编
济南：山东人民出版社，1975

该书介绍了海藻的综合利用、海藻生长与环境的关系、常见的经济海藻、海藻的人工养殖、海藻养殖事业的广阔前景等内容。

海藻养殖生物学 / 赵焕登编著
青岛：青岛海洋大学出版社，1993

该书叙述了国内外有关经济海藻的生态学和培育方法，在了解前人工作的基础上开展研究和养殖工作，加速了海藻事业的发展。

马克思主义学院

※ 荆友奎

中国国情与现代化建设 / 荆友奎,李元峰主编

青岛:青岛海洋大学出版社,1998

　　该书是从国情来认识形势,加强对党的路线、方针、政策的理解和支持,进一步解放思想,在探索适合中国国情的社会主义现代化建设道路上取得新进展。

※ 李克山

西方经济学概论 / 李克山主编

青岛:青岛出版社,1989

　　该书追溯了经济学在西方的产生与发展,系统地评介了西方经济学的全貌。

※ 李元峰

马克思主义经典著作精选及导读 / 王令金,李元峰,张祥云主编

北京:中央编译出版社,2002

　　该书选编的马克思主义经典著作有马克思的《关于费尔巴哈的提纲》、恩格斯的《在马克思墓前的讲话》、列宁的《马克思主义的三个来源和三个组成部分》等。导读既坚持马克思主义的立场、观点和方法,又结合我国的实际情况,贯穿"三个代表"的重要思想,发展马克思主义。

※ 邹积贵

马克思主义基本原理 / 邹积贵,郑可圃主编

青岛:青岛海洋大学出版社,1990

　　该书包含十章,介绍了马克思主义的科学理论体系、世界的物质统一性、人类社会发展的一般规律、资本主义制度的本质特征、社会主义由理论到现实的伟大飞跃等内容。

马克思主义基本原理教程 / 邹积贵,郑可圃主编

青岛:青岛海洋大学出版社,1993

　　该书以1992年党的十四大报告精神为指导,全面阐述了马克思主义科学理论体系,着重阐明并体现了马克思主义本质属性的基本原理。

期刊社

※ 刘安国

风暴潮浅说 / 张德山,刘安国编著

北京:海洋出版社,1989

　　该书介绍了风暴潮在世界各沿海国家造成的灾害,对历史上几次特大的风暴潮做了专门的论述;阐述了风暴潮的发生、发展机制、特征以及在大洋和浅海海域上传播的特点与效应。

海洋探险纪实 / 刘安国编著

哈尔滨:哈尔滨工程大学出版社,2008

　　该书描写了一代又一代的先驱者为了了解海洋奥秘所做的种种努力,介绍了哥伦布、麦哲伦等人的地理大发现,讲述了海洋探险带来的前所未闻的新鲜事。

诱人的海洋探险 / 刘安国编著

济南:黄河出版社,2000

　　该书描述了北极探险与南极探险的惊险历程以及海洋探险家不畏生死、勇于探险的壮举。

与海神对话 / 刘安国,王倩英编著

北京:海洋出版社,1998

　　该书介绍了从航空工程专家到物理海洋学家——文圣常院士、一生勤奋的著名海洋生物学家——方宗熙教授、中国现代海洋事业的先驱——赫崇本教授、达尔文与海洋科学等内容。

与海神对话:海洋科学家的故事 / 刘安国,王倩英编著

北京:海洋出版社,2008

　　该书介绍了勇于深海探险的海洋学家,包括从航空工程专家到物理海洋学家——文圣常院士、一生勤奋的著名海洋生物学家——方宗熙教授。

※ 彭垣

海洋水文 / 彭垣,孙即霖编著

北京:中国少年儿童出版社,2002

　　该书根据青少年摄取知识的特点,采用问答的形式,图文并茂地回答了有关海洋水文知识的384题。该书分别于2007年和2012年再版。

※ 袁宗久

党课党性教程 / 袁宗久,包永善,朱桐主编

青岛:青岛海洋大学出版社,1994

　　该书遵照党的十四大精神,结合新时期的特点,阐述了当前党的建设的若干基本理论问题和实际问题,探讨了新时期加强和改善党的领导的问题,较好地体现了邓小平同志关于新时期执政党的建设思想。

建设有中国特色社会主义理论读本 / 袁宗久主编

青岛:青岛海洋大学出版社,1995

　　该书论述了建设有中国特色社会主义理论创立的历史背景、形成过程及主要内容,论述了这一理论在当代中国现代化建设事业中的指导地位和作用。

思想道德修养 / 袁宗久,刘业英主编
青岛:青岛海洋大学出版社,1993

该书内容丰富,旨在告诉青年人应该怎样识别生活中的善与美,建立正确的道德价值观、科学的人生观,从而明确进行自我行为的选择,最大限度地发掘自身潜能,走向成功之路。

※ 徐瑜

老年食疗集锦 / 徐晓芳,徐瑜编著

青岛:青岛海洋大学出版社,1999

　　该书分为补益篇、食疗篇。补益篇又分为粥补和食补,分别介绍了 77 种粥、153 种营养膳食的食补方法。在食疗篇中,针对心脑血管系统、呼吸系统、消化系统等常见病列举了相应的食疗验方。

图书馆

※ 关庆利

海洋化学 / 关庆利…［等］编著

北京：中国少年儿童出版社，2002

该书根据青少年摄取知识的特点，采用问答的形式，图文并茂地回答了 390 道有关海洋化学知识的题目。该书分别于 2007 年和 2012 年再版。

※ 胡远珍

青岛市古籍普查登记目录．第一卷 / 于婧，张旭丽主编；胡远珍…［等］副主编

青岛：中国海洋大学出版社，2017

该书收录了青岛市图书馆、青岛市博物馆、中国海洋大学图书馆、黄岛区图书馆已完成普查的 6 000 余条古籍数据。所收录古籍时间跨度从明代至清末，版本形式包括刻本、抄本、写本、套印本、石印本、活字印本等，其中不乏珍稀善本古籍。

※ 解登峰

2016 年涉海图书出版分析报告与目录提要 / 解登峰，张莉红主编

青岛：中国海洋大学出版社，2018

该书收集、梳理了国家新闻出版广电总局于 2016 年核准并已经出版的涉海图书信息，对涉海图书出版进行了分析，通过序化整理，以专题书目及提要的形式介绍了年度涉海图书信息。

中国涉海图书目录提要．古文献卷 / 解登峰，齐晓晨主编

北京：中国社会科学出版社，2020

该书通过引文分析、数据挖掘等方法，全面系统地搜集、梳理、考证、揭示了涉海古文献，传递了文献的基本信息。

中国涉海图书目录提要．民国卷 / 解登峰，宋旅黄主编

北京：中国社会科学出版社，2016

该书收录了 1911 至 1949 年 9 月我国出版的 3 000 余种涉海中文图书，围绕图书涉海内容撰写内容提要，方便读者快捷地查阅该书与涉海相关的内容。

※ 李建平

高山流水 / 李建平，王卫栋主编

青岛：中国海洋大学出版社，2015

该书集结了国内教育界、文学界、科学界的诸位院士及学者，就科学与人文的关系展开了讨论，收录了《创新与人才资源开发探讨》《科学与文学及艺术的关系》等文章。

管华诗教育文集：高水平特色大学的探索与实践 / 李建平，魏世江，陈鷟主编

青岛：中国海洋大学出版社，2007

该书分为报告讲话篇、论文书信篇和访谈篇，收录了《迎接 21 世纪办好海洋大学》《适应市场经济发展高等教育》等 203 篇论文。

※ 李琳

程序员考点精讲与试题精解 / 李琳主编

北京: 人民邮电出版社, 2005

　　该书介绍了考试的基本情况介绍和新大纲的特点分析、按照新大纲将历年真题做的分类、2005年5月及2004年11月程序员考试真题精解。

程序员考试试题分类精解 / 李琳主编

北京: 人民邮电出版社, 2001

　　该书对1990至2000年度的程序员级试题进行了分类精解,并对相关知识点进行了综述。

初级程序员考试试题分类精解 / 李琳主编

北京: 人民邮电出版社, 2001

　　该书对1991至2000年度的初级程序员级试题进行了分类精解,并对相关知识点进行了综述。

等级考试学习笔记. 一级 MS Office / 李琳主编

北京: 人民邮电出版社, 2005

　　该书介绍了一级MS Office全国计算机等级考试的考试指南、历年真题解析、练习题及答案、五套全真预测试题以及2004年4月和9月的考试试题。该书于2006年再版,增加了三套全真预测试题以及2005年4月9日的考试试题。

等级考试学习笔记. 二级 C 语言 / 李琳主编

北京: 人民邮电出版社, 2005

　　该书介绍了考试指南、知识点分析、历年真题解析、练习题及答案、三套全真预测试题以及2004年4月和9月的考试试题。该书于2006年再版,增加了两套全真预测试题以及2005年4月和9月的考试试题。

等级考试学习笔记. 二级 Visual Basic / 李琳主编

北京: 人民邮电出版社, 2005

　　该书介绍了三套全真预测试题以及2004年4月和9月的考试试题。其他主要内容同2005年版。该书于2006年再版,增加了两套全真预测试题以及2005年4月和9月的考试试题。

等级考试学习笔记. 二级 Visual FoxPro / 李琳主编

北京: 人民邮电出版社, 2005

　　该书介绍了考试指南、知识点分析、历年真题解析、三套全真预测试题以及2004年4月和9月的考试试题。该书于2006年再版,增加了两套全真预测试题以及2005年4月和9月的考试试题。

等级考试学习笔记. 三级数据库技术 / 李琳主编

北京: 人民邮电出版社, 2005

　　该书介绍了考试指南、知识点分析、历年真题解析、两套全真预测试题以及2004年4月和9月的考试试题。该书于2006年再版,增加了两套全真预测试题以及2005年4月和9月的考试试题。

等级考试学习笔记. 三级网络技术 / 李琳主编

北京: 人民邮电出版社, 2005

　　该书介绍了考试指南、知识点分析、历年真题解析、练习题及答案、三套全真预测试题以及2004年4月和9月的考试试题。该书于2006年再版,增加了两套全真预测试题以及2005年4月和9月的考试试题。

多彩的海洋生命 / 李琳编著

济南: 黄河出版社, 2000

　　该书描述了神奇的海洋世界、海洋生物的生存技能,介绍了五花八门的鱼类家族、异彩纷呈的藻类世界、海洋生命与人类智慧等内容。

海洋生物概览 / 李琳编著

哈尔滨: 哈尔滨工程大学出版社, 2008

　　该书描述了奇妙多姿的海洋生物世界、海洋生物资源的分布和特点及生物生态,介绍了海洋植物、贝类、鱼类家族、海鸟及海兽趣闻,讲述了海洋生物技术、海洋生物资源的奥秘及发展前景。

软件设计师考点精讲与试题精解 / 李琳主编
北京：人民邮电出版社，2005

　　该书介绍了考试指南（包括考试的基本情况介绍和新大纲的特点分析）、历年真题分类解析（包括计算机科学、信息化、系统开发）等内容。

网络工程师考点精讲与试题精解 / 李琳主编
北京：人民邮电出版社，2005

　　该书对2001至2004年度的网络工程师试题进行了分类精解，并对相关知识点进行了综述。

无尽宝藏：海洋生物一览 / 李琳编著
哈尔滨：哈尔滨工程大学出版社，1999

　　该书描述了奇妙多姿的海洋生物世界、海洋生物资源的分布和特点及生物生态，介绍了海洋植物、贝类、海鸟及海兽，讲述了神奇的海洋生物技术、海洋生物资源的奥秘及发展前景。

系统分析师考点精讲与试题精解 / 李琳主编
北京：人民邮电出版社，2005

　　该书对历年真题进行了分类精解，并对相关知识点进行了综述。

信息传播学 / 高洁，李琳主编
哈尔滨：哈尔滨工程大学出版社，1997

　　该书运用信息学、传播学、社会学、心理学、语言学等多学科知识，阐述了人类社会传播现象及其规律。

※ 陆斑

拉汉寄生生物名称 / 陆斑…[等] 编
青岛：青岛海洋大学出版社，1995

　　该书收录了18 000余条寄生生物名称，包括水生、陆生生物及人体寄生虫。这些名称是1986年以来国内外专著和期刊上发表的新种或国内新纪录以及其他旧的工具书漏编的部分。某些种类的中文名称由编者根据《生物名称和生物学术语的词源》等工具书译出。

鱼病学教程 / （苏）略伊曼，Э.М. 原著；陆斑译
上海：上海科学技术出版社，1960

　　该书介绍了苏联鱼病学的理论和实际知识，对鱼类的各种传染病、侵袭性疾病和非寄生性疾病的病理学、病理解剖学、病原体、症候及防治方法均有全面的叙述；同时，对与鱼病有关的流行病学、水生生物学、水化学等也有详细的介绍。

※ 王明泉

大学生思想教育研究 / 夏晓虹，王明泉主编
济南：山东大学出版社，2007

　　该书对高等学校学生工作的理论与实践进行了研究与探索，阐述了新形势下做好大学生思想政治工作的重要性及如何做好思想政治工作。

※ 王雪凤

海洋科教 / 胡领太，童立勤，王雪凤编著
广州：中山大学出版社，2012

　　该书介绍了著名的海洋科学家、世界海洋科技之最、重大的海洋科学考察及海洋科技教育等科普知识。

实用英语写作手册 / 李悦，王雪凤，王春兰编著
青岛：青岛出版社，1996

　　该书是为爱好英语写作和经常使用英语进行写作的人提供的写作手册。该书在编排上采用了比较独特的方式，使章、节、段落、条目的层次和界限清晰可见，在写作理论和实践上也做了一些有益的尝试。

世界海洋科技名人 / 王雪凤主编
青岛：中国海洋大学出版社，2012

　　该书从海洋生物、海洋地质、海洋物理化学等类别，对世界上与海洋科技有关的名人（如亚里士多德、阿加西斯、丹皮尔、牛顿、布什内尔）的生平事迹进行了讲述。

※魏世江

中国现代海洋药物研究的开拓者／魏世江主编
济南：山东科学技术出版社，2002

　　该书介绍了中国工程院院士管华诗的事迹，分为运河之子、艰难起航和再创辉煌三部分。该书讴歌了海洋学家的探求精神，展示了海洋药物研制的艰辛和蓝色国土的无限魅力。

走近海大园．大师足迹篇／魏世江主编
青岛：中国海洋大学出版社，2007

　　该书介绍了中国海洋大学中的大师级人才，他们为弘扬科学、创新学术、繁荣文化做出了不朽的历史贡献，留下了宝贵的精神财富。

走近海大园．魂牵梦萦篇／魏世江主编
青岛：中国海洋大学出版社，2007

　　该书以感怀母校、感恩老师为主题，收录了不同时期的校友描写母校和寄书老师的作品，分为记事部分、记人部分和抒情部分。

走近海大园．英才辈出篇／魏世江主编
青岛：中国海洋大学出版社，2007

　　该书介绍了毕业于中国海洋大学的校友的生平事迹及近年来他们为海洋事业所做的贡献，彰显了学校治学育人之功业，展示了海大英才辈出之盛景。

走在特色之路上：中国海洋大学校外媒体新闻作品选 (2000~2004)／魏世江主编
青岛：中国海洋大学出版社，2005

　　该书收集了 2000 至 2004 年校外媒体上宣传中国海洋大学的 150 多篇代表性作品，集中反映了海大人建设高水平特色大学的实践中所创造出的新鲜经验、先进典型、科研成就。

网络与信息中心

※邓拥军

Internet 基础与应用教程／邓拥军编著

青岛：青岛出版社，1998

该书介绍了网络基础知识、Internet 基础知识、建立与 Internet 的连接、WWW、FTP 等内容。

武装部

※李春雷

国防生任职参考 / 李春雷，曲凤桐编著

青岛：中国海洋大学出版社，2012

国防生如何迈好到部队任职的第一步？该书从争取良好开端、加强自我修养、融洽上下关系、初识排长岗位、掌握带兵常识和熟悉基层规定等方面，给大家提供了一些参考。

新闻中心

※金松

心血结晶 / 金松主编

青岛：中国海洋大学出版社，2014

该书是中国海洋大学校报名牌栏目"我在教学一线"的精选集萃，集中展示了一批殚精竭虑、默默奉献、坚守三尺讲台、挥洒心血和汗水的优秀教师。

※曲静

共同走过 / 曲静，赵奚赟主编

青岛：中国海洋大学出版社，2014

该书撷取的是2009年以来发表在中国海洋大学校报上的消息、通讯精品及历年十大新闻。

※孙丽君

厚重海大 / 孙丽君主编

青岛：中国海洋大学出版社，2014

该书为中国海洋大学报月末版作品精选，从近几年近百期月末版精挑细选出十余期作品结集，重在展示校园文化、海洋特色、人物春秋、学子风范。

※王宣民

我们共同见证：中国海洋大学改革发展30年新闻集萃 / 王宣民主编

青岛：中国海洋大学出版社，2008

该书撷取了中国海洋大学30年间发表在校报上的消息、通讯和言论等新闻体裁中的部分精品，本着体现历史厚重感、人文底蕴及尊重读者阅读习惯的编纂原则，力求将历史画卷铺展开来，回眸昨天，品味今天，进而以史为鉴，开创未来。

我在教学一线 / 王宣民，金松主编

青岛：中国海洋大学出版社，2018

该书收录了中国海洋大学教学一线的老师的先进事迹报道。书中收录的老师既有著作等身的著名学者，也有刚走上讲台的年轻教师；既有学校特色学科的教师，也有学校新兴学科的教师。

学生工作处

※段善利

逐梦 / 段善利主编

青岛：中国海洋大学出版社，2015

    该书汇集了部分具有特点和代表性的本、硕、博层面的学生先进典型在大学里的成长奋斗事迹，收录了部分辅导员、班主任日常工作的感受和体会，借此来影响和推进学生整体的教育。

参考文献

1. 高跃新,楼含松.浙大文库:书目及获奖著作简介 [M].杭州:浙江大学出版社,2003.

2. 李国添.台湾海洋大学专任教师著作目录 [M].基隆:台湾海洋大学,1998.

3. 解登峰,张莉红.2016年涉海图书出版分析报告与目录提要 [M].青岛:中国海洋大学出版社,2018.

后 记

自建校以来，一代又一代海大人辛勤耕耘，以严谨的科学精神和优良的学风，取得了丰硕的成果，出版了大量的学术著作。这些学术著作不仅是我校最宝贵的文化资源和学术蕴藏，也是全社会乃至全人类的财富。为弘扬先辈，激励后人，守护我校学术记忆，促进学术繁荣，笔者着手编撰本书。笔者通过多种渠道和方式查询、收集海大教师出版著作的相关信息，查证了大量的文献资料。为保证书目著录信息的准确性，笔者对每一条记录都进行了多重检索，剔除了存疑的版本信息及书目记录，对教师著作的相关资料进行了考证、分类、整理和编辑。

由于笔者掌握的教师出版著作信息有限，尚有大量教师著作未被收入本书。敬请各位教师及广大读者提出宝贵意见，提供出版著作的相关信息，使笔者有机会进行本书内容的续编工作，并在编辑、整理时一并补充完善，尽可能更全面、更完整地展示海大教师的学术成就。

在本书的编撰、出版过程中，得到了图书馆领导的大力支持，得到了"中央高校基本科研业务费专项"资金项目的资助。校出版社的李夕聪副总编和杨亦飞编辑的敬业精神令我感动，借此机会向她们以及参与编撰的同仁表示衷心的感谢！

高 鼎

2022.5.6